El Conocimiento de la Vida

Witness Lee

Living Stream Ministry
Anaheim, California

Primera edición: 2,500 ejemplares. Octubre de 1995.

ISBN 0-87083-917-9

Traducido del inglés
Título original: *The Knowledge of Life*
(Spanish Translation)

Publicado por

Living Stream Ministry
1853 W. Ball Road, Anaheim, CA 92804 U.S.A.
P. O. Box 2121, Anaheim, CA 92814 U.S.A.

Impreso en los Estados Unidos de América

CONTENIDO

INTRODUCCION

Sabemos que el deseo y la intención de Dios consiste en obtener un hombre corporativo, que tenga Su imagen, manifieste Su gloria, y posea Su autoridad para hacer frente a Su enemigo, a fin de encontrar reposo eterno. Sin embargo, muy pocos saben que este gran deseo y gran intención de Dios solamente se logra por medio de la vida de Dios. Son menos aún los que han tocado el asunto de conocer y experimentar la vida que realiza el propósito de Dios. Por lo tanto, los santos de hoy son bastante débiles e inmaduros. Aunque hay muchos que buscan al Señor, muy pocos han encontrado el camino de la vida. Muchos han confundido con la vida el celo, el conocimiento, el poder y los dones, etc.

Le damos gracias a Dios porque en estos últimos días de urgente necesidad, Dios ha puesto de manifiesto, por medio de los mensajes de nuestro hermano, la línea de Su vida maravillosa y escondida, y de esta manera ha hecho posible que todos los creyentes vean y toquen este asunto. Se puede considerar estos mensajes como una cristalización de la nata del conocimiento y experiencia de los santos durante los últimos dos mil años, y de los treinta años de experiencia personal de nuestro hermano. Verdaderamente son completos y espléndidos. El contenido de estos mensajes se divide en dos partes principales. La primera parte abarca el conocimiento de la vida y se divide en cuatro aspectos principales que muestran las características de la vida y sus diferentes principios de operación. La segunda parte* abarca las experiencias de la vida y se divide en diecinueve puntos que explican las experiencias que se tiene en las diferentes etapas de la vida espiritual y la búsqueda de la vida. Si seguimos estas lecciones una por una y las practicamos, podremos levantarnos y andar en una línea recta para así llegar rápidamente a la etapa de la madurez de la vida.

Por lo tanto, estos mensajes han hecho factible la ciencia de la vida, la cual es casi invisible e inasequible. Todos los santos que aman al Señor y buscan el crecimiento de la vida necesitan leer estos mensajes.

Dr. Y. L. Chang

Noviembre de 1956
Taipéi, Taiwán, República de China

---

*La segunda parte fue publicada por *Living Stream Ministry* en un tomo titulado *La experiencia de vida*.

CATORCE PUNTOS
CON RESPECTO A LA VIDA

Vamos a dedicar catorce capítulos, que abarcan catorce aspectos principales, para poder ver desde todos los ángulos lo que es la vida y algunos asuntos relacionados con ella. En este libro echamos un cimiento con respecto al conocimiento de la vida. Abarcamos lo tocante a la experiencia de la vida en otro tomo*.

La experiencia de vida, publicado por *Living Stream Ministry*.

Capitulo Uno

¿QUE ES LA VIDA?

Primeramente veremos qué es la vida. Para conocer la vida, debemos saber lo que es. Es muy difícil explicarla; por lo tanto, realmente necesitamos la misericordia del Señor. Según la enseñanza de la Biblia, se deben mencionar al menos seis puntos para poner en claro este tema.

I. SOLO LA VIDA DE DIOS ES VIDA

Al explicar lo que es la vida, primero debemos tener un entendimiento claro acerca de una cosa: la clase de vida que, en todo el universo, puede considerarse vida. En Juan 5:12 dice: "El que tiene al Hijo tiene la vida; el que no tiene al Hijo, no tiene la vida". Juan 3:16 también dice: "El que cree en el Hijo tiene vida eterna; pero el que no obedece al Hijo, no verá la vida". Estos dos versículos de las Escrituras nos dicen que si un hombre no tiene la vida de Dios, no tiene vida. Esto nos muestra que a los ojos de Dios, sólo la vida de El es vida; aparte de ésta, ninguna vida puede considerarse vida. Así que, cuando se menciona la vida de Dios en la Biblia, se hace referencia a ella como si fuera la única vida (Jn. 1:4; 10:10; 11:25; 14:6; etc.).

Sólo la vida de Dios es vida; las otras vidas no figuran como vida, porque solamente la vida de Dios es divina y eterna.

¿Qué significa la palabra *divino?* Ser divino significa ser de Dios, tener la naturaleza de Dios o trascenderlo todo y ser distinto de todo lo demás. Sólo Dios es Dios, sólo Dios tiene la naturaleza de Dios y sólo Dios lo trasciende todo y es distinto; por consiguiente, sólo Dios es divino. La vida de Dios es Dios mismo (más adelante consideraremos este punto), y por ser Dios mismo, por supuesto tiene la naturaleza de Dios. Por ejemplo, una copa de oro es de oro, y por ser de oro, tiene la naturaleza del oro; de hecho, el oro es su naturaleza. De igual manera, la vida de Dios es Dios mismo y tiene la naturaleza de Dios; Dios es la naturaleza de Su vida. Puesto que la vida de Dios es Dios y tiene la naturaleza de Dios, la vida de Dios es divina.

¿Qué quiere decir *eterno?* Eterno significa no creado, que no tiene comienzo ni fin, que existe por sí mismo y para siempre con una existencia inmutable. Dios es lo único que no fue creado; sólo El existe desde la eternidad hasta la eternidad (Sal. 90:2, heb.), es decir, sin principio ni fin. El es "Yo soy el que soy" (Ex. 3:14), y siempre es "el mismo" (Sal. 102:27). Puesto que Dios mismo es así, así también es la vida que es Dios mismo. La vida de Dios, como Dios mismo, es increada, es decir, no tiene principio ni fin, existe por sí misma y para siempre, y es inmutable; por lo tanto, la vida de Dios es eterna. Por esta razón las Escrituras llaman la vida de Dios vida eterna.

Puesto que lo divino y lo eterno son la naturaleza de Dios y muestran las características de Dios mismo, también son la naturaleza de Su vida y muestran las características de Su vida. Sin embargo, el hecho de ser divino no sólo es una característica de la vida de Dios, sino que aun más, es la esencia de Su vida; mientras que el hecho de ser eterno es solamente una característica de la vida de Dios. Consideremos de nuevo el ejemplo de la copa de oro. Su naturaleza es oro y además es inoxidable. Sin embargo, el oro no solamente caracteriza la copa, sino que también constituye su misma esencia; mientras que el hecho de que es inoxidable se debe a su calidad de oro. De igual manera, la vida de Dios es eterna porque es divina. (Ser divino no sólo indica lo que es de Dios, sino a Dios mismo). La vida de Dios es eterna porque es divina. En el universo, ninguna vida creada tiene la naturaleza divina; por lo tanto, ninguna vida creada es eterna. Sólo la naturaleza de la vida increada de Dios es divina y eterna. Dado que la naturaleza de la vida de Dios es así, la vida misma de Dios también es así. La vida de Dios es eterna porque es divina. En todo el universo, sólo la vida de Dios es divina y también eterna; por lo tanto, sólo la vida de Dios es considerada vida.

Sólo la vida que es divina y eterna puede considerarse vida porque la vida denota algo viviente, y todo lo que se considere vida debe ser algo inmortal. Lo inmortal es inmutable; sigue igual y continúa viviendo aun después de haber pasado por toda clase de golpe o destrucción. Una vida sujeta a la muerte e incapaz de resistir un golpe o la destrucción no es eterna, inmortal ni inmutable, y por tanto no puede ser considerada vida. Lo que es vida debe ser algo que viva para siempre y que nunca cambie. Sólo lo que es eterno puede ser así. Entonces, ¿qué es eterno? ¡Sólo lo divino! Lo que es divino procede de Dios, y es Dios mismo. Dios mismo no tiene principio ni fin, sino que existe por sí mismo y para siempre; por tanto es eterno. Sólo lo divino es eterno y sólo lo eterno puede vivir eternamente sin cambiar, por esta razón sólo lo que es divino y eterno puede ser considerado vida.

Toda vida en el universo, ya sea de ángel, de hombre, de animal o de planta, es mortal y está sujeta a cambios; por eso no es vida eterna. Estas vidas no tienen la naturaleza de Dios, ni tampoco son divinas. Sólo la vida de Dios tiene la naturaleza de Dios; por lo tanto, es divina y eterna, inmortal e inmutable; no puede ser retenida por la muerte y es indestructible (Hch. 2:24; He. 7:16). No importa el golpe o la destrucción que sufra, permanece inmutable y sigue igual para siempre. En el universo, aparte de la vida de Dios, ninguna vida puede ser semejante. Por lo tanto, desde el punto de vista de la eternidad, sólo la vida de Dios es vida. No sólo tiene el nombre de vida, sino también la realidad de vida, y de esta manera satisface plenamente la definición de la vida. Otras vidas son vida sólo de nombre, mas no en realidad; así que, no pueden satisfacer el criterio de la inmortalidad e inmutabilidad de la vida, y no pueden considerarse vida. Por eso, conforme a la naturaleza divina y eterna de la vida de Dios, la vida de Dios es la única vida en todo el universo*.

---

*La vida de Dios es la única vida, y el texto original del Nuevo Testamento, el griego, al referirse a la vida de Dios, indica este hecho siempre usando la palabra zoé, la cual denota la vida más elevada (Jn. 1:4; 1 Jn. 1:2; 5:12; etc.). Además de esta palabra, el texto original también usa (1) bíos para hablar de la vida de la carne (Lc. 8:43; 21:4; etc.), y (2) psujé para referirse a la vida del alma, o sea, la vida natural, del hombre (Mt. 16:25-26; Lc. 9:24; etc.).

II. LA VIDA ES EL FLUIR DE DIOS

Con respecto a la definición de la vida, primero debemos ver que sólo la vida de Dios es vida. Luego debemos ver que la vida es el fluir de Dios. Apocalipsis 22:1-2 habla de un río de agua de vida que procede del trono de Dios, y de que en este río de agua de vida está el árbol de la vida. Tanto el agua de vida como el árbol de la vida representan la vida. Por consiguiente, aquí se nos muestra claramente que la vida es lo que procede de Dios. Entonces, podemos decir que la vida es el fluir de Dios.

Ya hemos visto que la vida debe ser divina y eterna. Dios, por ser Dios, es naturalmente divino. Y la Biblia también dice que Dios es eterno. Así que, como Dios es divino y también eterno, El es la vida. Por lo tanto, el fluir de Dios es la vida.

En cuanto a la naturaleza divina y eterna de Dios mismo, Dios es vida. Pero si Dios no fluye, aunque es vida con respecto a Sí mismo, para nosotros no lo es. El tiene que fluir; entonces será vida para nosotros. Su fluir pasa por dos etapas. La primera etapa consiste en hacerse carne. Esto hizo posible que El saliera de los cielos para fluir en medio de los hombres y manifestarse como vida (Jn. 1:1, 14, 4). Así que, por una parte la Biblia, hablando de esto, dice que fue "manifestado en carne" (1 Ti. 3:16) y, por otra, dice que "la vida fue manifestada" (1 Jn. 1:2). Por tanto, cuando El estaba en la carne, dijo que El es la vida (Jn. 14:6). Aunque en la primera etapa de este fluir El podía manifestarse a nosotros como vida, nosotros no podíamos recibirlo como vida. Por eso tuvo que dar el segundo paso para fluir. El segundo paso de Su fluir consistió en ser clavado en la cruz. Mediante la muerte, el cuerpo de carne que El había tomado fue quebrantado, permitiendo que El fluyera de la carne y llegara a ser el agua viva de vida para que nosotros lo recibiéramos (Jn. 19:34; 4:10, 14). La roca mencionada en el Antiguo Testamento lo tipificaba; esta roca fue herida y de ella salió agua viva para que la obtuviera el pueblo de Israel (Ex. 17:6; 1 Co. 10:4). Cristo se hizo carne para ser un grano de trigo que contuviera vida. Fue crucificado para que, fluyendo, pudiera salir de la cáscara de la carne y entrar en nosotros —Sus muchos frutos— y llegar a ser nuestra vida (Jn. 12:24).

Por tanto, la vida que recibimos de Dios es el fluir de Dios mismo. Desde nuestro punto de vista, esta vida que entra en nosotros es el fluir de Dios que se introduce en nosotros, y desde el punto de vista de Dios, es el fluir que sale de El. Entonces, cuando esta vida sale de nosotros, de nuevo es el fluir que sale de Dios. Este fluir de Dios comenzó en Su trono: primero entró en Jesús el nazareno; luego pasó por la cruz y entró en los apóstoles; después este fluir salió de los apóstoles como ríos de agua de vida (Jn. 7:38); pasó por los santos de todos los siglos, y finalmente entró en nosotros. Este fluir saldrá de nosotros y entrará en millones más y seguirá así por toda la eternidad, fluyendo para siempre y sin cesar, tal como lo afirman Apocalipsis 22:1-2 y Juan 4:14.

Las aguas mencionadas en Ezequiel 47 simbolizan este fluir de Dios. Adondequiera que fluyan las aguas, todas las cosas tendrán vida. Asimismo, adondequiera que llegue este fluir de Dios, habrá vida, porque este fluir es la vida misma. Cuando este fluir llegue a la eternidad, entonces la eternidad estará llena de la calidad de vida y llegará a ser una eternidad de vida.

Al comienzo, cuando la Biblia habla de la vida, nos muestra un río que fluye (Gn. 2:9-14). Al final, en Apocalipsis, se nos muestra que en cuanto a nosotros, todas las cosas relacionadas con la vida, ya sea el agua de vida o el árbol de la vida, proceden de Dios. Esto indica claramente que para nosotros la vida es el fluir de Dios mismo. Dios fluyó desde los cielos, y por medio de la carne entró en medio de nosotros como la vida que nos fue manifestada. Luego, Su fluir salió de la carne y entró en nosotros como la vida que hemos recibido.

III. LA VIDA ES EL CONTENIDO DE DIOS

Con respecto a la definición de la vida, el tercer punto consiste en que la vida es el contenido de Dios. Puesto que la vida es el fluir de Dios, es por lo tanto el contenido de Dios, porque el fluir de Dios procede de Dios mismo, y Dios es Su propio contenido.

Este contenido, por ser Dios mismo, es todo lo que Dios

es, o sea, la plenitud de la Deidad. La Biblia nos dice que toda la plenitud de la Deidad está en Cristo (Col. 2:9). Cristo, la corporificación de Dios, fue manifestado para ser la vida del hombre. Esta vida contiene toda la plenitud de la Deidad, la cual es todo lo que Dios es. Todo lo que Dios es, se encuentra en esta vida. El hecho de que Dios sea Dios radica en esta vida. Por lo tanto, esta vida es el contenido de Dios, la plenitud de la Deidad. Cuando recibimos esta vida, recibimos el contenido de Dios, y recibimos todo lo que está en Dios. Esta vida dentro de nosotros es lo que Dios es. Ahora en esta vida Dios llega a ser nuestro todo y es nuestro todo; Dios llega a ser nuestro Dios y es nuestro Dios. En Cristo esta vida es la plenitud de la Deidad y el contenido de Dios mismo; por eso, también en nosotros esta vida es la plenitud de la Deidad y el contenido de Dios mismo.

IV. LA VIDA ES DIOS MISMO

Hemos visto que esta vida es el fluir de Dios, y que la vida es el contenido de Dios. El fluir de Dios procede de Dios mismo, y el contenido de Dios también es Dios mismo. Por ser la vida el fluir de Dios así como el contenido de Dios, la vida es Dios mismo. Este es el cuarto punto que debemos conocer con respecto a lo que la vida es.

En Juan 14:6 el Señor Jesús dijo que El es la vida. Después de decir esto, desde el versículo 7 hasta el 11, dio a conocer a los discípulos que El y Dios son uno (y cuando dice esto, es Dios quien habla en El). El es Dios hecho carne, y es Dios en la carne (Jn. 1:1, 14; 1 Ti. 3:16). Cuando dice que El es la vida, es Dios quien dice que Dios es la vida. Por consiguiente, Sus palabras nos muestran que la vida es el propio Dios.

Debemos prestar atención al hecho de que la Biblia muy pocas veces usa la expresión "la vida de Dios". La enseñanza de la Biblia nos revela principalmente que Dios *es* la vida; habla principalmente de Dios *como* vida; muy pocas veces menciona "la vida de Dios". Nos dice que Dios es nuestra vida y habla de Dios como nuestra vida; casi nunca dice que Dios quiere que recibamos "Su vida". Decir "la vida de Dios" es diferente de decir "Dios es vida" o "Dios como vida". *La vida de Dios* no implica necesariamente la totalidad de Dios mismo, mientras que las expresiones *Dios es vida* o *Dios como vida* denotan al Dios completo. Hablando con propiedad, cuando recibimos vida, no sólo recibimos la vida de Dios, sino a Dios *como* vida. Dios no solamente nos dio Su vida; El mismo vino para ser nuestra vida. Por ser Dios mismo la vida, Su vida es Su mismo ser.

Entonces, ¿qué es la vida? La vida es Dios mismo. ¿Qué significa tener vida? Tener vida es tener a Dios mismo. ¿Qué significa vivir la vida? Vivir la vida es vivir a Dios mismo. La vida no es diferente de Dios en lo más mínimo. Si lo fuera, no sería la vida. Debemos entender esto claramente. No es suficiente saber que tenemos vida; además debemos saber que esta vida que tenemos es Dios mismo. No es suficiente saber que debemos vivir esta vida; debemos saber también que la vida que debemos vivir es Dios mismo.

Hermanos y hermanas, en verdad ¿cuál es la vida que debemos vivir? ¿Qué es lo que vivimos cuando vivimos la vida? ¿Es el amor, la humildad, la ternura y la paciencia lo mismo que vivir la vida? ¡De ninguna manera!, porque ni el amor, ni la humildad, ni la ternura, ni la paciencia es vida; ni tampoco lo es la bondad o la virtud. Sólo Dios mismo es la vida. Por lo tanto, vivir tales virtudes no es vivir la vida. Solamente vivir a Dios es vivir la vida. Si el amor, la humildad, la ternura y la paciencia que vivimos no son el fluir de Dios ni la manifestación de Dios, entonces no son vida. Toda bondad o virtud que vivamos no es vida, a menos que sea la expresión de Dios a través de nosotros. Las buenas virtudes que vivimos deben ser el fluir, la manifestación y la expresión de Dios; entonces estaremos viviendo la vida; porque la vida es Dios mismo.

Colosenses 2:9 y Efesios 3:19 nos muestran la plenitud de Dios. La vida que recibimos es este Dios "completo". Por lo tanto, esta vida también es "completa". En ella están el amor y la luz, la humildad y la ternura, la paciencia y la longanimidad, la compasión y la comprensión. Todas las bondades y virtudes contenidas en Dios se hallan en esta vida. Por lo tanto, esta vida puede expresar en nuestro vivir todas estas virtudes desde nuestro interior. Vivir estas virtudes equivale a vivir a Dios, porque esta vida es Dios. Aunque esta vida se expresa por medio de muchas manifestaciones, tales como el amor, la humildad, la ternura y la paciencia, todas éstas son expresiones de Dios, porque brotan de Dios. Lo que brota de Dios es la expresión de Dios, o la expresión de la vida, porque Dios es la vida y la vida es Dios.

V. LA VIDA ES CRISTO

La Biblia nos muestra que la vida es Dios mismo. Además, nos muestra que la vida es Cristo. La vida era Dios; luego Dios se hizo carne, lo cual es Cristo. Por lo tanto, Cristo es Dios, y también es la vida (1 Jn. 5:12). La vida que era Dios, la vida que es Dios, está en El (Jn. 1:4). Así que, Cristo repitió continuamente que El era la vida (Jn. 14:6; 11:25), y que vino a la tierra para que el hombre tuviera vida (Jn. 10:10). Por tanto, la Biblia dice que el que lo tiene a El tiene la vida (1 Jn. 5:12), y que El está en nosotros como nuestra vida (Col. 3:4).

Así como la vida es Dios mismo, así también la vida es Cristo. Tal como tener la vida es tener a Dios mismo, así también tener la vida es tener a Cristo. Así como el vivir la vida significa vivir a Dios mismo, también el vivir la vida es vivir a Cristo. De la misma manera que la vida no es diferente de Dios en lo más mínimo, tampoco es diferente de Cristo. Extraviarse ligeramente de Dios no es vida, tampoco lo es extraviarse ligeramente de Cristo. Esto se debe a que Cristo es Dios como vida. Por medio de Cristo y como Cristo Dios se manifiesta como vida. Así que, Cristo es la vida y la vida es Cristo.

VI. LA VIDA ES EL ESPIRITU SANTO

En Juan 14:6, después de decir el Señor Jesús que El era la vida, dio a conocer a Sus discípulos que no sólo El y Dios eran uno (vs. 7-11), sino que también el Espíritu Santo y El eran uno (vs. 16-20)*. En los versículos del 7 al 11 nos mostró que El es la corporificación de Dios, es decir, que El está en

---

*En los versículos 16 y 17 el Señor aludió al Espíritu Santo con "le", pero en el versículo 18, cambió el pronombre de "le" al "Yo" de manera implícita. Al cambiar el pronombre implícito de El [estará] a Yo [no dejaré], el Señor estaba diciendo que "El es Yo". Esto revela que el Espíritu Santo mencionado en los versículos 16 y 17 es El mismo.

Dios y Dios está en El. Por lo tanto, que El sea vida significa que Dios es vida. En los versículos del 16 al 20 El reveló además que el Espíritu Santo es Su corporificación, Su otra forma; y cuando Su presencia física nos deja, este Espíritu de realidad, quien es El mismo como el otro Consolador, entra en nosotros y mora con nosotros. Este Espíritu que vive en nosotros y mora con nosotros es Su misma persona que vive en nosotros como la vida que podemos vivir. Por lo tanto, estos dos pasajes nos muestran que debido a que Dios está en El y a que El es el Espíritu Santo, El es la vida. Dios está en El como vida, y El es el Espíritu Santo como vida. Que El sea la vida significa que Dios es vida y también que el Espíritu Santo es vida. Por tanto, Juan 4:10 y 14 nos dicen que el agua viva que El nos da es la vida eterna. Juan 7:38 y 39 nos dicen además que el agua viva que fluye de nosotros es el Espíritu Santo que hemos recibido. Esto revela que el Espíritu Santo es la vida eterna. El Espíritu Santo que recibimos es la vida eterna que experimentamos, es decir, es el Cristo que experimentamos como vida. Hemos de experimentar la vida eterna, o sea, a Cristo como vida, en la persona del Espíritu Santo. Por esta razón el Espíritu Santo se llama "el Espíritu de vida" (Ro. 8:2).

El Espíritu Santo es "el Espíritu de vida" porque el hecho de que Dios y Cristo sean vida depende de El. El y la vida están unidos como uno y no pueden ser separados. El es de vida y la vida es de El. La vida es Su contenido, y El es la realidad de la vida. Hablando en términos más exactos, El no sólo es la realidad de la vida, sino también la vida misma.

Todos sabemos que Dios es un Dios triuno: el Padre, el Hijo y el Espíritu. El Padre está en el Hijo, y el Hijo es el Espíritu. El Padre en el Hijo es manifestado entre los hombres; por lo tanto, el Hijo es la manifestación del Padre. El Hijo es el Espíritu, y entra en el hombre como tal; por lo tanto, el Espíritu es el Hijo que entra. El Padre es la fuente de la vida, la vida misma. El Hijo, por ser la manifestación del Padre (1 Ti. 3:16), es la manifestación de la vida (1 Jn. 1:2). Además, el Espíritu, por ser el Hijo que entra, es la vida que entra. Originalmente la vida es el Padre; en el Hijo esta vida es manifestada entre los hombres; y como Espíritu entra en el hombre para que el hombre la experimente. De esta manera el Espíritu llega a ser el Espíritu de vida. Puesto que el Espíritu es el Espíritu de vida, el hombre puede recibir vida mediante el Espíritu, y cuando el hombre pone la mente en el Espíritu, su mente es vida (Ro. 8:6). Ya que el Espíritu es el Espíritu de vida, cuando el hombre ejercita su espíritu para tocar al Espíritu, él toca la vida. Al tener contacto con el Espíritu, tiene contacto con la vida, y cuando obedece al Espíritu, experimenta la vida.

En resumen, la vida es el Dios Triuno. Sin embargo, para nosotros la vida no es el Dios Triuno que está en los cielos, sino el Dios Triuno que fluye. Este fluir del Dios Triuno indica que Su contenido, el cual es El mismo, primero fluyó a través de Cristo; luego fluyó como Espíritu para que lo recibamos como vida. Así que, cuando tocamos a Dios en Cristo, el Espíritu, tocamos vida, porque la vida está en Cristo, el Espíritu.

Capitulo Dos

¿QUE ES LA EXPERIENCIA DE VIDA?

Ahora haremos una segunda pregunta: ¿qué es la experiencia de vida? Una vez que hemos visto lo que es la vida, fácilmente podemos saber qué es la experiencia de vida.

I. EXPERIMENTAR A DIOS

Hemos visto que la vida es Dios mismo. Dios mismo, que entra en nosotros y a quien recibimos y experimentamos, es vida. Por lo tanto, experimentar a Dios equivale a experimentar la vida. Toda experiencia de vida involucra una experiencia íntima con Dios y un contacto con El. Toda experiencia que no implique contacto con Dios, no constituye una experiencia de vida.

Por ejemplo, a veces el arrepentimiento de una persona no se debe a la iluminación de Dios, sino a la propia introspección humana. Puesto que esto no requiere que el hombre toque a Dios, tal arrepentimiento no es una experiencia de vida. El arrepentimiento que resulte de la iluminación de Dios ciertamente hará que el hombre toque a Dios; por lo tanto, es una experiencia de vida.

Lo que procede del comportamiento del hombre mismo no constituye una experiencia de vida. Es artificial y proviene de sus propios esfuerzos; no resulta del paso de Dios a través del hombre ni del paso del hombre a través de Dios. Así que, no puede considerarse una experiencia de vida.

Entonces, ¿qué podemos considerar una experiencia de vida? Se considera como una experiencia de vida cualquier experiencia que resulte de que Dios pase a través del hombre y de que el hombre pase a través de Dios. Por ejemplo, en nuestra oración nos encontramos con Dios, somos iluminados, vemos nuestra propia imperfección y la tratamos en la presencia de Dios. No es que nosotros descubramos nuestros propios defectos, sino que, al acercarnos a Dios, nos encontramos cara a cara con Dios interiormente, y así vemos nuestra propia carencia. Dios es luz; así que, cuando nos encontramos con El, vemos nuestra imperfección a la luz de El. Desde luego, nos confesamos a Dios y pedimos que Su sangre nos limpie. En consecuencia, Dios pasa a través de nosotros, y nosotros también pasamos a través de El. Tal experiencia nos hace experimentar a Dios; por lo tanto, es una experiencia de vida.

Todas las experiencias de vida provienen de Dios y son Su operación dentro de nosotros; por lo tanto, nos permiten tocar a Dios y experimentarlo. Toda experiencia que difiere no es una experiencia de vida, porque la vida es Dios, y experimentar la vida es experimentar a Dios. Por lo tanto, toda experiencia que tengamos de Dios, exhibirá la vida (Fil. 2:13-16).

II. EXPERIMENTAR A CRISTO

Sin duda, experimentar la vida es experimentar a Dios; pero Dios está en Cristo para que lo experimentemos. Cristo es la manifestación y la corporificación de Dios; El es Dios que se hace nuestra experiencia. Por lo tanto, toda la experiencia que tenemos de Dios, es una experiencia de Cristo y se produce en Cristo. Entonces, ya que experimentar la vida equivale a experimentar a Dios, también equivale a experimentar a Cristo.

Aunque Dios es vida, no puede ser nuestra vida sin estar en Cristo y ser Cristo, y de esta manera ser experimentado por nosotros. El debe ser nuestra vida para que lo experimentemos. Pero no puede ser nuestra vida mientras permanece en los cielos, en luz inaccesible (1 Ti. 6:16). Además, para ser nuestra vida, debe tener nuestra naturaleza humana. Su vida divina debe estar mezclada con la naturaleza humana para poder unirse a nosotros, los que poseemos la naturaleza humana, y ser así nuestra vida. Por eso, El salió del cielo, se hizo carne y se mezcló con la naturaleza humana. De esta manera Dios llegó a ser Cristo y llega a ser nuestra vida en la naturaleza humana para que lo experimentemos. Cuando lo experimentamos como nuestra vida, experimentamos a Cristo.

En breve, al experimentar a Cristo experimentaremos los aspectos siguientes:

A. Cristo revelado en nosotros (Gá. 1:16)

Esta es nuestra experiencia inicial de Cristo al ser salvos. Experimentamos que Dios revela a Cristo en nosotros por medio del Espíritu Santo, lo cual nos capacita para conocerlo y recibirlo como nuestra vida y nuestro todo.

B. Cristo vive en nosotros (Gá. 2:20)

Esta es nuestra experiencia continua de Cristo que vive en nosotros como nuestra vida después de que somos salvos. En otras palabras, experimentamos a Cristo que permanece en nosotros y vive para nosotros. Esta, la experiencia continua de Cristo en nuestra vida diaria como santos, constituye la mayor parte de nuestra experiencia de Cristo.

C. Cristo es formado en nosotros (Gá. 4:19)

Esto es permitir que todo lo de Cristo sea el elemento de nuestra vida interior, para que Cristo crezca y sea formado en nosotros. Cristo está en nosotros no sólo para que lo experimentemos como nuestra vida, es decir, como aquel que vive por nosotros, sino que además lo experimentemos como nuestro todo, de tal manera que El pueda crecer y ser formado en nuestra vida, a fin de que Su vida llegue a plena madurez en nosotros.

D. Cristo es magnificado en nuestro cuerpo (Fil. 1:20-21)

Esto es permitir que todo lo de Cristo llegue a ser la expresión de nuestro vivir exterior, para que Cristo sea manifestado exteriormente. Ya sea por muerte o por vida, en cualquier circunstancia, permitimos que Cristo sea magnificado en nuestro cuerpo. En otras palabras, para nosotros el vivir es Cristo. Por supuesto, ésta es una experiencia más profunda de Cristo. No consiste solamente en experimentar Su formación en nosotros, sino también en que El sea magnificado a través de nosotros. La formación de Cristo en nosotros indica la madurez de la vida interior; entonces tenemos como elementos interiores todo lo que es de El. El hecho de que Cristo sea magnificado en nuestro cuerpo denota la expresión del vivir exterior; con esto permitimos que todo lo que es de El sea nuestra manifestación exterior. Por tanto, en esta experiencia, experimentamos a Cristo no sólo como los elementos de nuestra vida interior, sino también como la manifestación de nuestro vivir exterior.

E. Llenos de la medida de la estatura de la plenitud de Cristo (Ef. 4:13)

Esto significa que todos nosotros, el Cuerpo, experimentamos a Cristo hasta que estemos llenos de Sus elementos y de Su constitución; de esta manera crecemos y somos llenos de la estatura de la plenitud de Cristo. Por supuesto, esta claramente es una experiencia corporativa de Cristo en plenitud.

F. Transformados en la imagen de Cristo (2 Co. 3:18)

La experiencia de Cristo puede transformarnos hasta que lleguemos a ser como El. Esto comienza con la experiencia de tener a Cristo revelado en nosotros y continúa hasta que nuestro cuerpo sea redimido (Ro. 8:23). Cuanto más lo experimentemos, más seremos cambiados, hasta que incluso nuestro cuerpo sea transformado para ser semejante al cuerpo de Su gloria (Fil. 3:21). Para ese entonces estaremos completamente conformados a Su imagen (Ro. 8:29) y seremos "semejantes a El" (1 Jn. 3:2). Entonces lo experimentaremos plenamente.

Todo lo relacionado con la vida que está en nosotros y con la vida santificada que vivimos, debe ser una experiencia de Cristo. Por ser Cristo nuestra vida, también es nuestra santificación (Col. 3:4; 1 Co. 1:30). Toda experiencia relacionada con nuestra vida interior debe ser Cristo que vive en nosotros; además, nuestro vivir exterior en santificación debe ser Cristo que vive a través de nosotros. Toda experiencia de vida debe ser la experiencia de Cristo. No sólo debemos tener las grandes experiencias de vida, tales como morir con Cristo, resucitar con El y ascender con El, sino que incluso las pequeñas experiencias de vida que tenemos en nuestro vivir diario, deben ser experiencias de Cristo. Ser librados del pecado o vencer al mundo, o vivir en santificación y espiritualidad, o expresar amor y humildad, todo debe ser la experiencia de Cristo. Incluso la pequeña medida de tolerancia y paciencia que tenemos para con otros debe ser la experiencia de Cristo.

Experimentar a Cristo es permitir que Cristo viva en nosotros y que se exprese desde nuestro interior. Experimentar a Cristo es tomar a Cristo como vida y así vivir por medio de El. Experimentar a Cristo significa que todo nuestro vivir y todas nuestras acciones son Cristo mismo que vive y actúa desde nuestro interior. Experimentar a Cristo significa experimentar el poder de Su resurrección (Fil. 3:10). Esta es la experiencia de El como vida. Por lo tanto, tal experiencia también es la experiencia de vida.

III. EXPERIMENTAR AL ESPIRITU SANTO

En Juan 14, después que el Señor Jesús nos dice que El es la vida (v. 6), no sólo nos muestra que El y Dios son uno, que El está en Dios y Dios está en El, y que el hecho de que El sea la vida significa que Dios es vida (vs. 7-11); no sólo nos muestra que también el Espíritu Santo y El son uno, que el Espíritu Santo que entra en nosotros y mora con nosotros es Cristo que vive en nosotros para ser nuestra vida (vs. 16-19), sino que también nos muestra que el hecho de que El, como Espíritu Santo, entre en nosotros y viva en nosotros significa que El y Dios como Espíritu entran en nosotros y permanecen con nosotros como nuestra vida (vs. 20-23). En términos sencillos, después de que el Señor dijo que El es la vida, nos muestra tres cosas: (1) Dios está en El como vida; (2) El es el Espíritu Santo como vida; y (3) el Dios Triuno entra en nosotros como vida. Por tanto, cuando experimentamos la vida, no sólo experimentamos a Dios, no solamente experimentamos a Cristo, sino que también experimentamos al Espíritu Santo. En realidad, el Espíritu Santo es Dios y Cristo como vida en nuestra experiencia, o sea, Dios en Cristo experimentado por nosotros.

Así como Cristo es la corporificación de Dios, así también

el Espíritu Santo es la corporificación de Cristo. Dios como vida está en Cristo, y Cristo como vida es el Espíritu Santo. Experimentamos a Dios en Cristo, y experimentamos a Cristo como el Espíritu Santo. Por lo tanto, de la misma manera que la experiencia de vida es la experiencia de Dios y Cristo, la experiencia de vida también es la experiencia del Espíritu Santo.

Dios es vida, Cristo es Dios que viene como vida, y el Espíritu Santo es el Espíritu de Dios en Cristo como vida o el Espíritu de vida (Ro. 8:2). Este Espíritu de vida, el Espíritu Santo, hace que experimentemos como vida todo el contenido de Dios en Cristo. Este Espíritu Santo de vida nos permite experimentar al Cristo que mora en nosotros, y este Espíritu Santo de vida nos permite experimentar el poder de resurrección de Dios en Cristo (Ro. 8:9-11). El Espíritu Santo de vida es el que nos conduce a hacer morir las obras malignas del cuerpo, y el Espíritu Santo de vida es el que ora en nosotros (Ro. 8:13, 26). Todas las experiencias de vida que tenemos, ya sean profundas o superficiales, son producidas por el Espíritu Santo; por lo tanto, todas son experiencias del Espíritu Santo de vida.

Romanos 8:9-11 no sólo nos muestra que el Espíritu Santo es el que nos capacita para experimentar al Cristo que mora en nosotros y el poder de resurrección de Dios, sino que también el Espíritu Santo que mora en nosotros es el que nos hace experimentar que la vida es Cristo, y también nos muestra que Dios quien mora en nosotros es el que nos hace experimentar la vida. Así que, experimentamos la vida de Dios en Cristo por medio del Espíritu Santo. Por tanto, para experimentar esta vida, debemos experimentar al Espíritu Santo; y cuando experimentamos esta vida, experimentamos al Espíritu Santo.

Por lo tanto, la experiencia de vida es la experiencia del Dios Triuno, o sea, la experiencia de Dios en Cristo y de Cristo como el Espíritu Santo para ser nuestra vida. La experiencia de vida es el Espíritu Santo que obra en nosotros, llevándonos a experimentar a Cristo y a experimentar a Dios en Cristo. Esta es la experiencia de vida. Si nosotros, en el Espíritu Santo, pasamos a través de Dios y Cristo y permitimos que Dios y Cristo pasen a través de nosotros, entonces tenemos una experiencia de vida. Solamente esta experiencia del Espíritu Santo, Cristo y Dios, es la experiencia de vida. Todo lo demás no puede considerarse la experiencia de vida. Podemos decir que es el celo, el vivir religioso o el mejoramiento personal, pero no podemos decir que es la experiencia de vida. Experimentar la vida es experimentar a Dios, a Cristo y al Espíritu Santo. Esto no proviene de nuestros propios esfuerzos ni tampoco es un intento para mejorarnos; más bien, proviene de Dios que se mueve en nosotros, de Cristo que vive a través de nosotros y del Espíritu Santo que nos unge. Que nosotros busquemos esto.

Capitulo Tres

LA PRIMERA EXPERIENCIA DE VIDA: LA REGENERACION

Ya vimos lo que es la vida, y vimos también lo que es la experiencia de vida. Ahora queremos ver la primera experiencia de vida, la cual es la regeneración. La regeneración es el primer paso de la experiencia de la vida de Dios; por lo tanto, es la primera experiencia de la vida de Dios que tenemos. Esta experiencia es fundamental y sumamente importante. La consideraremos en varios aspectos. Primero veamos:

I. ¿POR QUE SE NECESITA LA REGENERACION?

¿Por qué necesitamos la regeneración? La necesitamos por dos razones: primero, empezando con el aspecto menos elevado, la regeneración es necesaria porque nuestra vida ha sido corrompida y se ha hecho maligna (Jer. 17:9; 7:18), y no puede cambiarse de maligna a buena (Jer. 13:23). Esta es la razón que acostumbramos dar con respecto a la regeneración. Puesto que nuestra vida (1) es corrupta y maligna y (2) no puede ser mejorada, es necesario que seamos regenerados. Todos los sabios del pasado y del presente han promulgado la doctrina del mejoramiento propio a fin de mejorar al hombre. Pero la salvación de Dios no corrige ni mejora al hombre, sino que lo regenera, puesto que nuestra vida humana ya está corrupta y no puede mejorarse por nuestros esfuerzos. Esta es la primera razón por la cual debemos ser regenerados.

En segundo lugar, y considerando un aspecto más elevado, necesitamos ser regenerados por otra razón. No obstante, preguntémonos primero: si nuestra vida no hubiera sido corrompida y hecha maligna, ¿todavía necesitaríamos la regeneración? Sí. De todos modos nos sería necesario ser regenerados, porque nuestra vida humana solamente es una vida creada; no es la vida increada de Dios. Cuando fuimos creados, solamente obtuvimos una vida creada; no obtuvimos la vida increada de Dios. El propósito de Dios para con nosotros los seres humanos consiste en que obtengamos Su vida increada y seamos transformados a Su imagen para ser semejantes a El, es decir, para ser como El. Por lo tanto, aunque nuestra vida humana no hubiera sido corrupta, aún así necesitaríamos ser regenerados.

Al principio, aunque la vida de Adán no era corrupta, era una vida creada, y no increada; era una vida humana, no la vida de Dios. Por eso, aunque el hombre no hubiera caído o su vida no hubiera sido corrupta, aunque hubiera sido bueno sin nada maligno, aun así el hombre habría necesitado la regeneración. El propósito de Dios al crear al hombre no era solamente obtener un buen hombre, sino un *DIOS-hombre*, un hombre que tuviera la vida y la naturaleza de Dios y que fuera exactamente como El. Si Dios deseara que el hombre fuese sólo un buen hombre, y si el hombre no hubiera caído y se hubiera hecho corrupto, éste no necesitaría ser regenerado. Pero el deseo de Dios no es que el hombre sea meramente un buen hombre, sino que sea un DIOS-hombre, uno que sea lo mismo que El. Por lo tanto, incluso un buen hombre debe ser regenerado.

No tome a la ligera esta segunda razón. Es un asunto muy importante. ¡Oh, el propósito de la regeneración consiste en que tengamos la vida de Dios y que seamos como Dios! Sobra decir que somos corruptos y malignos y que no podemos mejorar; pero aun si fuéramos absolutamente buenos o si pudiéramos mejorarnos hasta ser perfectos, aun así deberíamos ser regenerados para poseer la vida de Dios.

Dios creó al hombre con la intención de que el hombre fuese como El y que fuese un DIOS-hombre, que poseyera Su vida y naturaleza. Pero cuando creó al hombre, no puso Su vida en él. Quería que el hombre ejerciera su propia voluntad para decidirse a recibir Su vida. Por lo tanto, aunque nosotros los seres humanos creados por Dios no hubiéramos caído, todavía nos sería necesario obtener la vida de Dios además de nuestra vida humana original. Esto significa que debemos nacer de nuevo.

Por lo tanto, los motivos para ser regenerados son de dos

aspectos: En el aspecto inferior nuestra vida es corrupta y maligna y no puede cambiar; por eso, requerimos otra vida por medio de la cual vivir. En el aspecto superior Dios tiene la intención de que el hombre sea como El; por lo tanto, además de nuestra propia vida, tenemos que obtener la vida de Dios. Que todos veamos esto para que de aquí en adelante, al hablar de la regeneración, también señalemos este aspecto más alto, para que la gente pueda ver que aunque fuéramos perfectos y sin pecado, nos sería necesario ser regenerados.

II. ¿QUE ES LA REGENERACION?

Según las Escrituras, ser regenerado significa nacer del Espíritu (Jn. 3:3-6). Antes, nuestro espíritu estaba muerto, pero en el momento en que creímos, el Espíritu de Dios vino y tocó nuestro espíritu; así, nuestro espíritu obtuvo la vida de Dios y fue vivificado. De esta manera nacimos del Espíritu de Dios, aparte de nuestro primer nacimiento, que fue natural. En pocas palabras, ser regenerado significa nacer de nuevo, nacer de Dios (Jn. 1:13), o, nacer aparte de nuestra vida humana original para obtener la vida de Dios.

Ser regenerado significa nacer de nuevo. ¿Por qué usamos la expresión "nacer de nuevo"? Al principio, nacimos de nuestros padres; pero ahora nacimos otra vez, esta vez de *Dios;* por tanto, esta experiencia se llama nacer de nuevo. El hecho de nacer de nuestros padres nos hizo obtener la vida humana, mientras que nacer de Dios nos proporciona la vida de Dios. Por lo tanto, los que hemos sido regenerados tenemos la vida de Dios además de la vida humana.

Así que, debemos ver claramente que ser regenerado es nacer de Dios, o sea, poseer la vida de Dios además de nuestra vida humana original. Aparte de nuestra vida original, Dios pone Su vida en nosotros. Esta es la regeneración.

III. ¿COMO PODEMOS SER REGENERADOS?

¿Cómo puede un hombre ser regenerado? Para decirlo en pocas palabras, el Espíritu de Dios entra en el espíritu del hombre y pone allí la vida de Dios; de esta manera el hombre es regenerado.

¿Cómo puede entrar el Espíritu de Dios en el espíritu del

hombre? Cuando un hombre escucha el evangelio o lee las Escrituras, el Espíritu de Dios obra en él y hace que se dé cuenta de que ha pecado y es corrupto; así que, es convencido de pecado, de justicia y de juicio (Jn. 16:8). Cuando el hombre ve que es pecador, cuando reconoce su corrupción y está dispuesto a arrepentirse, entonces el Espíritu de Dios le muestra que el Señor Jesús es su Salvador, y que El murió en la cruz y derramó Su sangre para la remisión del pecado. Entonces el hombre cree automáticamente en el Señor y lo recibe como su Salvador. Cuando recibe al Señor como su Salvador, el Espíritu de Dios entra en el espíritu de él y pone allí la vida de Dios, regenerando así al hombre.

Así que, desde el punto de vista del Espíritu de Dios, lo que nos hace ser regenerados es la entrada del Espíritu de Dios en nuestro espíritu para poner en él la vida de Dios. Desde nuestro punto de vista, somos regenerados, lo cual significa que obtenemos la vida de Dios además de nuestra vida original al arrepentirnos, creer y aceptar al Señor Jesús como nuestro Salvador.

IV. LOS RESULTADOS DE LA REGENERACION

Los resultados o logros de la regeneración pueden clasificarse brevemente en tres grupos:

1) La regeneración hace de los hombres hijos de Dios. Puesto que la regeneración significa nacer de Dios, automáticamente da por resultado que los hombres sean hijos de Dios (Jn. 1:12, 13) y que tengan una relación de vida con Dios. La vida que se obtiene de Dios por medio de la regeneración hace que los hombres puedan ser hijos de Dios; esta vida también es la autoridad para que los hombres sean hijos de Dios. Tales hijos de Dios, que tienen la vida y naturaleza de Dios y que pueden ser semejantes a Dios, pueden cumplir el propósito que Dios tenía al crear al hombre.

2) La regeneración hace del hombre una nueva creación. Una nueva creación es lo que contiene los elementos de Dios. Cuando algo contiene los elementos de Dios, es una nueva creación. En la vieja creación, no hay ningún elemento de Dios. En nuestra condición original los seres humanos no tenemos ningún elemento de Dios; por eso, somos la vieja

creación. Nos convertimos en la nueva creación sólo cuando el elemento de Dios se añade a nosotros. Esto es lo que la regeneración ha realizado en nosotros. La regeneración hace que recibamos la vida de Dios y Su elemento mismo, haciéndonos así una nueva creación (2 Co. 5:17). Esta nueva creación es la cristalización de la mezcla de Dios con el hombre, y es lo más maravilloso del universo: tiene los elementos divinos y también los humanos, es tanto hombre como Dios y es semejante al hombre y también a Dios.

3) La regeneración une al hombre con Dios en una sola entidad. No sólo permite que el hombre obtenga la vida de Dios y Sus elementos, sino que también sea uno con Dios. Por medio de la regeneración, Dios el Espíritu entra en el espíritu del hombre, uniendo al hombre con El como un solo espíritu (1 Co. 6:17). Así Dios hace que el hombre entre en la relación más profunda con El mismo, que llegue a ser uno con Dios mismo.

En conclusión, la regeneración se produce cuando el Espíritu Santo, mediante nuestra fe en el Señor Jesús, pone en nuestro espíritu la vida de Dios y nos hace nacer de Dios, nos hace hijos de Dios, y nos une a Dios como una sola entidad en la nueva creación.

Capitulo Cuatro

LO QUE SE OBTIENE
POR MEDIO DE LA REGENERACION

Si deseamos crecer en vida, debemos comprender todo el significado de la regeneración y debemos saber lo que hemos obtenido mediante la regeneración. La regeneración nos proporciona un comienzo en vida, y lo que se obtiene por medio de la regeneración nos proporciona el crecimiento de vida. Por tanto, si queremos buscar el crecimiento en vida, es menester que tengamos algún conocimiento acerca de la regeneración, y debemos saber lo que se obtiene por medio de la regeneración.

Lo que obtenemos por medio de la regeneración se relaciona muy íntimamente con los resultados de la regeneración. Los resultados de la regeneración provienen de lo que obtenemos por medio de la regeneración; pues los resultados son llevados a cabo debido a lo que obtenemos. Los resultados de la regeneración son lo que la regeneración lleva a cabo en nosotros, mientras que lo obtenido mediante la regeneración es lo que recibimos por medio de la regeneración. Debido a que la regeneración nos permitió obtener ciertas cosas, puede realizar ciertos logros en nosotros. La regeneración puede hacernos hijos de Dios porque nos hace obtener la vida de Dios. La regeneración puede hacer de nosotros una nueva creación porque nos proporciona los elementos de Dios. La regeneración puede unirnos a Dios porque hace que obtengamos el Espíritu de Dios. Todo lo que la regeneración lleva a cabo en nosotros se realiza debido a las cosas que hemos obtenido mediante la regeneración. Estas cosas no sólo nos hacen tener ciertas experiencias en la vida espiritual en el momento de ser regenerados, sino que también nos hacen crecer en vida después de la regeneración. Por tanto, si buscamos el crecimiento en vida, debemos saber cuáles son las cosas que hemos obtenido mediante la regeneración.

Según la enseñanza de la Biblia, la regeneración nos da por lo menos siete cosas. Estas siete cosas o son divinas y grandes, o nos son muy importantes y subjetivas. Consideremos estos siete puntos brevemente, uno por uno.

I. LA VIDA DE DIOS

Lo primero que obtenemos mediante la regeneración es la vida de Dios. Ya vimos en el capítulo anterior que la regeneración se efectúa cuando el Espíritu de Dios pone en nuestro espíritu la vida de Dios. En la regeneración la acción principal efectuada por el Espíritu de Dios es poner en nosotros la vida de Dios. Por lo tanto, lo principal que la regeneración nos da es la vida de Dios.

Pero ¿qué es la vida de Dios? Es el contenido de Dios y es Dios mismo. La vida de Dios contiene todo lo que está en Dios y todo lo que Dios mismo es. Toda la plenitud de la Deidad está escondida en la vida de Dios. La naturaleza de Dios también está en la vida de Dios. Todo aspecto de lo que Dios es, está incluido en la vida de Dios.

En todo ser viviente, su naturaleza se basa en el contenido de su vida. Todas las capacidades y funciones proceden de su vida y todas sus actividades y expresiones exteriores se originan en su vida. Es lo que es por la vida que posee. Su ser se basa en su vida. Este es un principio evidente.

Dios es el ser viviente supremo, y todo lo que El es, por supuesto (y aun más), está en Su vida. Todo lo que El es —ya sea verdad, santidad, luz o amor— proviene de Su vida. Todas Sus expresiones —ya sea la bondad, la justicia, la ternura o el perdón— se derivan de Su vida. Su vida le permite tener estas capacidades y funciones divinas interiormente, así como estas acciones y expresiones divinas exteriormente. La vida que Dios tiene es lo que le hace el Dios que es. Así que, el hecho de que es Dios se basa en Su vida.

Por ser la vida de Dios el contenido de Dios, en ella está escondida la plenitud de Dios y en ella también está la naturaleza de Dios; por lo tanto, cuando recibimos la vida de Dios, recibimos la plenitud de Dios (Col. 2:9-10), y tenemos la naturaleza de Dios (2 P. 1:3-4). Ya que todo lo que Dios tiene en Sí y todo lo que Dios mismo es, reside en la vida de Dios, cuando recibimos esta vida, recibimos todo lo que Dios tiene en Sí mismo y todo lo que Dios mismo es. Debido a que la vida de Dios hace que Dios tenga por dentro tales capacidades y funciones divinas, la vida de Dios en nosotros también puede hacer que tengamos en nosotros la misma clase de capacidades y funciones divinas que están en Dios. Debido a que todo lo que Dios es y hace proviene de Su vida, esta vida que está en nosotros también puede hacer que seamos lo que Dios es y que hagamos lo que hace Dios, lo cual significa que puede hacer que seamos como Dios y que vivamos a Dios.

Hermanos y hermanas, ¿se han dado cuenta alguna vez de que por estar en nosotros la vida de Dios, tenemos en nosotros todas las capacidades y funciones que están en Dios? ¿Se han dado cuenta alguna vez de que la vida de Dios en nosotros nos permite ser lo que Dios es y hacer lo que Dios hace? En Dios está la capacidad para ser santo y la función de ser luz. Debido a que la vida de Dios está en nosotros, la misma capacidad para ser santo y la misma función de ser luz que están en Dios también están en nosotros. Así como Dios puede vivir Su santidad y hacer resplandecer Su luz desde Su interior, así también nosotros, debido a la vida de Dios que está en nosotros, podemos vivir la santidad de El y hacer resplandecer Su luz desde nuestro interior, lo cual significa que podemos ser santos tal como Dios es santo y resplandecer tal como Dios resplandece. Lo que Dios es, es amor, y lo que hace es justicia. Ya que tenemos la vida de Dios en nosotros, podemos ser lo que Dios es y hacer lo que hace Dios. De la misma manera que Dios puede ser amor y hacer justicia, nosotros también, debido a la vida de Dios en nosotros, podemos ser el amor que Dios es y hacer la justicia que Dios hace. Esto significa que podemos amar como Dios ama y ser justos como Dios es justo. De esta manera, podemos ser como Dios y vivir a Dios.

Debemos saber además, que la vida de Dios es el gran poder que resucitó al Señor Jesús. Cuando el Señor Jesús resucitó, arrojó de Sí la muerte y la venció. La muerte es muy poderosa (Cnt. 8:6). En todo el universo, aparte de Dios y la vida de Dios, no hay nada más poderoso que la muerte. Cuando el Señor Jesús entró en la muerte, ésta empleó todo su poder para retenerlo, ¡pero el Señor rompió el poder retenedor de la muerte y se levantó! El Señor puede levantarse así y no ser retenido por la muerte (Hch. 2:24) porque en El está la vida poderosa de Dios. La vida del gran poder de Dios le capacitó para romper el gran poder retenedor de la muerte. ¡La vida de Dios que nos es dada por la regeneración es esta gran y poderosa vida de Dios! Esta gran y poderosa vida de Dios es el gran poder de resurrección que está en nosotros hoy y nos permite desechar la muerte y vencer todo lo que pertenece a la muerte, tal como Dios lo venció.

La Biblia nos muestra que Dios tiene dos clases de gran poder: el gran poder de creación y el gran poder de resurrección. El gran poder creador de Dios llama las cosas que no son, como existentes. El gran poder de resurrección da vida a los muertos. Esto es lo que creyó Abraham (Ro. 4:17). El gran poder creador de Dios, el cual está en la mano de Dios, es poderoso para crear todas las cosas para el hombre. El gran poder de resurrección de Dios, el cual reside en la vida de Dios y es la vida de Dios, permite que el hombre sea librado de todas las cosas muertas fuera de Dios y que así viva a Dios mismo. ¡La vida de Dios que recibimos mediante la regeneración es este gran poder de resurrección de Dios! Por medio de la regeneración, Dios ha forjado Su vida en nosotros, lo cual significa que ha forjado en nosotros Su gran poder de resurrección. ¡Que veamos que esta vida de Dios, la cual recibimos cuando somos regenerados, es el gran poder de resurrección de Dios! Esta vida que está en nosotros hoy puede hacernos tan fuertes como Dios. Así como Dios puede vencer a la muerte, así también nosotros podemos vencer a la muerte, debido a esta vida que está dentro de nosotros. ¡Qué vida es esta vida de Dios que hemos obtenido por medio de la regeneración! ¡Hasta qué punto nos puede llevar al hacernos semejantes a Dios! ¡Cuánto debemos adorar a Dios y darle gracias por esta vida!

II. LA LEY DE VIDA

La regeneración nos da la vida de Dios, y por eso también

nos da la ley de vida. Debido a que la vida de Dios ha entrado en nosotros, la ley de vida, contenida en esta vida, también ha sido introducida en nosotros.

Toda clase de vida tiene su propia capacidad innata, la cual es su función natural. La función natural de cada especie de vida es su ley natural, o sea, su ley de vida. Cuando cierta vida entra en cierta criatura, proporciona a esa criatura su propia ley natural o su ley de vida. Asimismo, la vida de Dios tiene su capacidad divina, la cual consiste en las funciones naturales divinas de esta vida. Las funciones naturales de la vida de Dios son su ley natural o la ley de vida. Cuando la vida de Dios entra en nosotros, la ley de vida que está en ella también entra en nosotros. Por tanto, cuando la vida de Dios entra en nosotros, trae consigo la ley natural que está en ella, y esta ley llega a ser la ley de vida en nosotros. Puesto que la vida de Dios es algo que obtuvimos por medio de la regeneración, también, por medio de ella, obtuvimos la ley de vida que esta vida conlleva.

En el capítulo uno vimos que en la vida de Dios está la naturaleza de Dios, y que en la vida de Dios está escondida la plenitud de Dios; por lo tanto, la ley que está en la vida de Dios es compatible con Dios mismo, con lo que Dios es, y con la naturaleza de Dios. Así que, esta ley es la ley de Dios mismo. Cuando la vida de Dios introduce esta ley en nosotros, esto también significa que introduce la ley de Dios en nosotros.

La ley de vida que la vida de Dios introduce en nosotros equivale a las leyes mencionadas en Hebreos 8:10, las cuales Dios puso en nuestras mentes y escribió en nuestros corazones. Estas leyes son diferentes de las leyes del Antiguo Testamento. Las leyes del Antiguo Testamento son las leyes de Dios, las cuales El escribió con letras en tablas de piedra, fuera del hombre (Ex. 34:1, 28). Las leyes de vida son las leyes de Dios, las cuales Dios ha escrito con Su vida en la tabla de nuestro corazón, dentro de nosotros. Las leyes que fueron escritas en las tablas de piedra son leyes exteriores, leyes de letras, leyes muertas y leyes sin poder; son leyes que no pueden efectuar nada en el hombre (Ro. 8:3; He. 7:18-19). Las leyes escritas en la tabla de nuestro corazón son leyes interiores, leyes de vida, leyes vivientes y leyes que tienen gran poder; nos capacitan no sólo para conocer el deseo del corazón de Dios y seguir Su voluntad, sino también para conocer y vivir a Dios mismo.

Las leyes naturales contenidas en cualquier forma de vida siempre hacen que la criatura sepa espontáneamente cómo vivir y comportarse; por tanto, son las leyes vivientes dentro de esa criatura. Consideremos, por ejemplo, una gallina. Su manera de vivir y su manera de poner huevos son las leyes naturales contenidas en su vida; le hacen saber espontáneamente cómo hacer estas cosas y así vivirlas. No es necesario que el hombre le dé ninguna ley exterior. Las leyes naturales contenidas en la vida que está en la gallina son las leyes vivientes dentro de ella. Espontáneamente le dejan saber que debe vivir en cierta manera y la capacitan para hacerlo.

De igual manera, las leyes naturales contenidas en la vida de Dios que llevamos adentro son las capacidades naturales de esta vida. Nos capacitan para saber espontáneamente de qué manera Dios quiere que actuemos y nos comportemos, cómo agradarle a El y cómo vivirle. Las capacidades naturales y las leyes naturales de la vida de Dios nos permiten saber y percibir si algo está de acuerdo con la naturaleza de Dios o si la contradice, y si Dios quiere que hagamos cierta cosa o si El no quiere. De esta manera, las capacidades o leyes naturales de la vida de Dios llegan a ser nuestras leyes interiores.

Estas leyes que están escritas en nosotros son las habilidades y leyes naturales de la vida de Dios; por eso la Biblia las llama la "ley". "La ley del Espíritu de vida" mencionada en Romanos 8:2 es esta ley de vida que está en nosotros. Debido a que esta ley proviene de la vida de Dios, y a que la vida de Dios reside en el Espíritu de Dios y no puede estar separada del Espíritu de Dios, Romanos 8 llama esta ley "la ley del Espíritu de vida". La vida de Dios está en el Espíritu de Dios y está unida al Espíritu de Dios; el Espíritu de Dios contiene la vida de Dios; es el Espíritu de la vida de Dios. Puesto que esta ley proviene de la vida de Dios, entonces procede del Espíritu de la vida de Dios. Puesto que es la ley de la vida de Dios, también es la ley del Espíritu de la vida de Dios.

La vida de Dios es poderosa; el Espíritu de Dios también

es poderoso. La ley del Espíritu de vida, que proviene de la vida poderosa de Dios y del Espíritu poderoso de Dios, también es poderosa. Podemos decir que la vida de Dios en nosotros es el origen de esta ley, y que el Espíritu de Dios en nosotros es su ejecutor. De esta manera esta ley en nosotros es especialmente fuerte y poderosa; no sólo nos capacita para tener el conocimiento divino, sino que también nos capacita para tener el poder divino. Cuando somos regenerados y tenemos la vida de Dios, Dios quiere que seamos Su pueblo y que vivamos en El conforme a esta ley potente y poderosa, esta ley de gran poder. Después de que somos salvos, Dios quiere que vivamos en Su vida y también que vivamos Su vida conforme a esta ley en nosotros, es decir, esta ley de vida, esta ley viviente.

III. UN CORAZON NUEVO

Ezequiel 36:26 dice que cuando Dios nos limpia, nos salva o nos regenera, nos da un corazón nuevo. Así que, conforme a la enseñanza de la Biblia, la regeneración también nos da un corazón nuevo.

¿Qué es un corazón nuevo? Un corazón nuevo indica que el corazón viejo se ha hecho nuevo; el corazón nuevo resulta de la renovación de nuestro corazón viejo. El hecho de que Dios nos dé un corazón nuevo significa que renueva nuestro corazón viejo. En Ezequiel 36:26 después de decir que Dios nos da un corazón nuevo, dice que nos quita el corazón de piedra y nos da un corazón de carne. En este versículo queda claro que Dios nos da un corazón nuevo al renovar nuestro viejo corazón.

Originalmente nuestro corazón se oponía a Dios, no deseaba a Dios, le era tan duro como piedra; así que vino a ser un "corazón de piedra". Cuando el Espíritu Santo nos regenera, El hace que nuestro corazón se arrepienta del pecado y se ablande con respecto a Dios. Por eso, después de la regeneración, nuestro corazón de piedra se convierte en un "corazón de carne". Ese corazón de piedra es el corazón viejo que teníamos; este corazón de carne es el corazón nuevo que Dios nos da. Esto significa que cuando somos regenerados, Dios renueva nuestro corazón viejo y lo suaviza.

Nuestro corazón es el órgano que contiene nuestras inclinaciones y afectos con respecto a las cosas; nos representa en cuanto a nuestra inclinación, afecto, deleite y deseo para las cosas. Todas nuestras inclinaciones, afectos, placeres y deseos son funciones de nuestro corazón. Antes de que fuéramos regenerados, nuestro corazón se inclinaba hacia el pecado, amaba al mundo y deseaba lo que correspondía a las pasiones; sin embargo, para con Dios era frío y duro, sin inclinación ni afecto; con respecto a las cosas de Dios y las cosas espirituales, no sentía placer ni tenía deseo alguno. Así que, cuando Dios nos regenera, renueva nuestro corazón y lo convierte en un corazón nuevo que tiene una nueva inclinación, un nuevo afecto, un nuevo deleite y un nuevo deseo. De esta manera, cuando somos regenerados y salvos, nuestro corazón se inclina hacia Dios, ama a Dios y desea a Dios; con respecto a las cosas de Dios, las cosas espirituales y las cosas celestiales, también siente deleite y las desea. Cada vez que se mencionan tales cosas, nuestro corazón está gozoso, responde y anhela.

Hermanos y hermanas, ¿han visto esto? La razón por la cual Dios renueva nuestro corazón y nos da un corazón nuevo en el momento de nuestra regeneración es que El quiere que nos inclinemos hacia El, que lo adoremos, lo deseemos y lo amemos. Antes, no lo amábamos ni podíamos amarlo, porque nuestro corazón era viejo y duro. Ahora El ha renovado y ablandado nuestro corazón y le ha dado otra inclinación; así que, tenemos la capacidad y también el deseo de amarlo. Ya que nuestro corazón, al ser renovado, ha llegado a ser nuevo, ahora tiene una nueva función: puede inclinarse hacia Dios y amar a Dios y las cosas de Dios.

La regeneración nos da un corazón nuevo; por eso nos proporciona una nueva inclinación y amor, un nuevo deseo y anhelo para con Dios. Esta es la función del nuevo corazón; también es el propósito de Dios al darnos un corazón nuevo.

IV. UN ESPIRITU NUEVO

Después de decir que Dios nos da un corazón nuevo, Ezequiel 36:26 dice que Dios también pone en nosotros un espíritu nuevo. De esta manera, la regeneración no sólo nos proporciona un corazón nuevo; también un espíritu nuevo.

¿Qué es un espíritu nuevo? Un espíritu nuevo indica que

nuestro espíritu viejo y muerto ha sido renovado y vivificado. Así como el corazón nuevo es el corazón viejo hecho nuevo, así también el espíritu nuevo es el espíritu viejo hecho nuevo. El corazón viejo, al ser renovado, es ablandado; mientras que el espíritu viejo, al ser renovado, es vivificado. La razón es sencilla: el problema de nuestro corazón viejo es su dureza, mientras que el problema de nuestro espíritu viejo es su condición muerta. Por lo tanto, cuando Dios nos regenera, así como renueva nuestro corazón viejo ablandándolo hasta hacerlo nuevo, así renueva nuestro espíritu viejo y muerto vivificándolo hasta hacerlo nuevo.

El espíritu humano creado era originalmente el órgano que servía para que el hombre tuviera contacto con Dios. El hombre tenía comunión con Dios y se comunicaba con Dios por y mediante su espíritu. Más tarde, debido a la caída del hombre, su espíritu fue dañado por la contaminación del pecado. De esta manera, el espíritu humano perdió su función con respecto a Dios y vino a ser un espíritu muerto. Era viejo porque estaba muerto. Cuando somos regenerados, por la sangre del Señor Jesús que nos limpia de la contaminación sufrida por nuestro espíritu, el Espíritu de Dios pone la vida de Dios, la cual es el elemento de Dios, dentro de nuestro espíritu y lo vivifica (véase Col. 2:13). De esta manera nuestro espíritu viejo y muerto es renovado y llega a ser un espíritu nuevo y vivo.

Anteriormente nuestro espíritu era una vieja creación; no había en él nada del elemento de Dios. Más tarde, no sólo carecía del elemento de Dios, sino que también fue contaminado por el pecado; así se hizo viejo. Existen dos razones por las cuales algo pertenece a la vieja creación: una es que durante la creación no recibió el elemento de Dios; la otra es que ha sido contaminado y corrompido por el pecado y por Satanás. Por estas dos razones también nuestro espíritu se ha envejecido. Por lo tanto, cuando Dios nos regenera, trabaja desde dos lados para renovar nuestro espíritu viejo y hacerlo un espíritu nuevo. Por un lado, usa la sangre del Señor Jesús para lavarnos de la contaminación de nuestro espíritu, a fin de que nuestro espíritu quede limpio. Por otro, El usa Su Espíritu para poner Su vida en nuestro espíritu de modo que nuestro espíritu tenga Su elemento. De esta manera renueva nuestro espíritu viejo y lo convierte en un espíritu nuevo. El hecho de que El renueve nuestro espíritu viejo y lo haga un espíritu nuevo significa que El pone un espíritu nuevo en nosotros.

Ya que en el momento de nuestra regeneración Dios nos dio un corazón nuevo, ¿por qué prosigue y pone un espíritu nuevo en nosotros? Porque el corazón sólo puede desear a Dios y amarlo; no puede tener contacto con Dios, no puede tocarlo. Por lo tanto, no es suficiente que Dios nos dé solamente un corazón nuevo; también debe poner un espíritu nuevo en nosotros. Si Dios sólo nos da un corazón nuevo, sólo puede incitarnos a desearle y amarlo; no puede capacitarnos para tener contacto con El. Por consiguiente, El tiene que poner un espíritu nuevo en nosotros para que tengamos contacto y comunión con El.

Ya hemos mencionado que el corazón es el órgano de nuestra inclinación y amor. Por lo tanto, la función del corazón con respecto a Dios consiste en inclinarse hacia El y amarlo. La Biblia dice que el corazón jadea tras Dios, el corazón tiene sed de Dios (Sal. 42:1-2, heb.). El corazón puede suspirar por Dios y tener sed de Dios, pero no puede tener contacto con Dios, no puede tocarlo. El corazón sólo tiene la función de amar a Dios y tener sed de El; no tiene la capacidad de tener contacto con El o tocarlo. Lo que puede tener contacto con Dios no es el corazón, sino el espíritu. El corazón sólo sirve para amar a Dios, pero el espíritu sirve para que nos pongamos en contacto con Dios y tengamos comunión con El.

Por ejemplo, supongamos que tengo una buena pluma. A mi corazón le gusta mucho; pero mi corazón no puede tocarla ni poseerla, porque mi corazón no tiene esta capacidad. Tal capacidad pertenece a mi mano. La mano ejemplifica el espíritu. Aunque nuestro corazón ama a Dios y tiene una profunda sed de El, no puede tener contacto ni comunión con El. Sólo nuestro espíritu puede hacer esto. Por tanto, cuando somos regenerados, Dios no sólo nos da un corazón nuevo, sino que también pone en nosotros un espíritu nuevo.

Con un corazón nuevo, podemos desear a Dios y amarlo, y con un espíritu nuevo podemos tener contacto con Dios y tocarlo. Nuestro corazón nuevo nos capacita para tener un nuevo deleite y nuevas inclinaciones, nuevos sentimientos y un nuevo interés en Dios y en las cosas de Dios. Nuestro espíritu nuevo nos permite tener un nuevo contacto y nueva comprensión, una nueva habilidad y función espiritual hacia Dios y hacia las cosas de Dios. Anteriormente, no amábamos a Dios ni nos gustaban las cosas de Dios; además, no podíamos tener contacto con Dios ni entender las cosas espirituales de Dios. Pero ahora tenemos un corazón nuevo y un espíritu nuevo; por lo tanto, no sólo podemos amar a Dios y las cosas de Dios, sino que también podemos tener contacto con Dios y conocer a Dios y las cosas de Dios. Anteriormente, no sentíamos nada con respecto a Dios ni nos interesaba; éramos débiles sin ninguna capacidad con respecto a Dios y las cosas de Dios. Pero ahora, con un corazón nuevo y un espíritu nuevo, no sólo tenemos sentimientos e interés con respecto a Dios y las cosas de Dios, sino que también podemos en gran manera tener contacto con ellas y comprenderlas. Por tanto, cuando nuestro corazón ama al Señor, nuestro espíritu lo toca; cuando nuestro corazón se deleita en las cosas de Dios, nuestro espíritu las comprende. Esta es la intención de Dios al darnos un espíritu nuevo además de un corazón nuevo.

V. EL ESPIRITU SANTO

Después de que Ezequiel 36:26 dice que Dios nos da un corazón nuevo y pone un espíritu nuevo en nosotros, el versículo 27 añade que Dios pone Su propio Espíritu en nosotros. Por lo tanto, entre las cosas que obtenemos mediante la regeneración, tenemos también el Espíritu de Dios.

En nuestro estado original, no teníamos el Espíritu de Dios. Y no sólo carecíamos del Espíritu de Dios, sino que también nuestro propio espíritu estaba muerto con respecto a Dios. Cuando Dios nos regeneró, por un lado hizo que Su Espíritu pusiera Su vida en nuestro espíritu, vivificando así nuestro espíritu muerto. Por otro, Dios también puso Su Espíritu en nuestro espíritu, lo cual significa que hizo que Su Espíritu morara en nuestro espíritu nuevo y vivificado. Por lo tanto, nosotros los que hemos sido regenerados no solamente tenemos dentro de nosotros un espíritu nuevo y vivificado, el cual tiene el elemento de la vida de Dios, sino que también tenemos al Espíritu de Dios, quien mora en nuestro espíritu nuevo*.

¿Por qué pone Dios Su Espíritu dentro de nosotros? ¿Cuál es la función del Espíritu de Dios que mora en nuestro espíritu? Según la Biblia, las funciones principales del Espíritu de Dios que mora en nosotros tienen por lo menos siete aspectos:

A. El Espíritu que mora en nosotros

Dios pone Su Espíritu en nosotros para que Su Espíritu sea el Espíritu que mora en nosotros, a fin de que conozcamos a Dios y experimentemos todo lo que Dios en Cristo ha realizado por nosotros (Ro. 8:9-11). Esta es la bendición especial que Dios ha dado en la era neotestamentaria; no existía en el Antiguo Testamento. En el Antiguo Testamento, Dios sólo enviaba a Su Espíritu para obrar sobre el hombre; no hizo que Su Espíritu morara *dentro* del hombre. Solamente después de la muerte y resurrección del Señor, Dios nos dio Su Espíritu e hizo que Su Espíritu morara en nosotros como el Espíritu residente (Jn. 14:16-17). De esta manera El puede revelarnos tanto a Dios como a Cristo desde nuestro interior, para que en Cristo podamos recibir y disfrutar la plenitud de Dios (Col. 2:9-10).

B. El Consolador

El Señor nos habló del Consolador en Juan 14:16-17. Dijo que rogaría al Padre que nos diera el Espíritu Santo a fin de que morara en nosotros como otro Consolador. Esta palabra "Consolador" en el texto original es la misma que la palabra "Abogado" en 1 Juan 2:1, la cual se transcribe "Paracletos", o sea, "un abogado a mi lado". Dios nos dio a Su Hijo para que fuera nuestro Consolador, nuestro Paracletos. Cuando Su Hijo regresó a El, entonces nos dio Su Espíritu para que fuera otro Consolador, otro Paracletos. Esto también significa que

---

*Romanos 8:9 dice: "El Espíritu de Dios mora en vosotros" y el versículo 16 dice: "El Espíritu mismo da testimonio juntamente con nuestro espíritu". Por estos versículos vemos que decir que el Espíritu de Dios mora en nosotros significa que El mora en nuestro espíritu; El está con nuestro espíritu.

envió a Su Espíritu como la corporificación de Su Hijo para que sea nuestro Consolador. Por lo tanto, el Espíritu de Dios que mora en nosotros es la propia corporificación de Cristo dentro de nosotros. Nos cuida desde nuestro interior, llevando toda la responsabilidad por nosotros, tal como lo hace Cristo a favor nuestro ante Dios.

C. El Espíritu de verdad

En Juan 14:16-17 el Señor nos dice que el Espíritu Santo que viene a morar en nosotros como Consolador es "el Espíritu de verdad" [RV 1960]. Por lo tanto, el Espíritu de Dios que mora en nosotros también es el Espíritu de verdad. La palabra "verdad" en el texto original significa realidad. Por lo tanto, el Espíritu de Dios, quien mora en nosotros como "el Espíritu de verdad" o "el Espíritu de realidad", hace que todo lo que son Dios y Cristo se haga realidad dentro de nosotros. Todo lo que Dios es y todo lo que El en Cristo ha preparado para nosotros, y todo lo que Cristo es y todo lo que ha realizado por nosotros mediante Su muerte y resurrección, es revelado e impartido a nosotros como realidad por este Espíritu de Dios que mora en nosotros. Así que podemos tocarlos y experimentarlos a fin de que lleguen a ser nuestros.

D. El Espíritu de vida

Romanos 8 llama "Espíritu de vida" al Espíritu Santo que mora en nosotros (vs. 9, 2). Esto nos muestra que el Espíritu de Dios que mora en nosotros también es el Espíritu de vida de Dios. Aunque la vida de Dios está en Cristo (Jn. 1:4), nosotros conocemos y experimentamos esta vida mediante el Espíritu Santo que mora en nosotros. Todos los asuntos relacionados con la vida nos los da a conocer este Espíritu Santo que mora en nosotros. Además, todas las experiencias de vida son hechas nuestras por este Espíritu Santo que mora en nosotros.

E. El sello

Efesios 1:13 y 4:30 nos muestran que el Espíritu Santo que recibimos en la regeneración está dentro de nosotros como sello. Dios, al poner Su Espíritu en nosotros, imprime sobre nosotros Su Espíritu como sello. Cuando un sello se imprime en un artículo, no sólo viene a ser una seña de posesión, sino que también deja una impresión sobre ese artículo, tal como las estampas que se usan para sellar. Esta es la función del Espíritu de Dios como sello en nosotros. El Espíritu de Dios que mora en nosotros no sólo sirve de marca, mostrando que pertenecemos a Dios y señalándonos como personas separadas en medio de los hombres del mundo, sino que también, como corporificación de Dios y Cristo, nos sella conforme a la imagen de Dios y Cristo para que lleguemos a ser como Dios, como Cristo.

F. Las arras

Efesios 1:14 y 2 Corintios 1:22 nos dicen que el Espíritu Santo de Dios mora en nosotros como las arras. Las arras son una prenda o garantía. El Espíritu de Dios que mora en nosotros no sólo es un sello que nos marca como posesión de Dios y nos sella con la imagen de Dios; también es las arras que garantizan que Dios y todas las cosas que le pertenecen a El son nuestra porción y herencia las cuales podemos disfrutar.

G. La unción

En 1 Juan 2:27 se dice que dentro de nosotros tenemos la "unción" que hemos recibido del Señor. En la Biblia la unción denota al Espíritu de Dios (Lc. 4:18). Por lo tanto, este versículo nos dice que el Espíritu de Dios que mora en nosotros es la unción. Esta unción en nosotros frecuentemente nos unge. La unción es el mover del Espíritu de Dios dentro de nosotros. El hecho de que el Espíritu de Dios se mueva en nosotros o nos unja, significa que nos unge con Dios mismo, para que el elemento de Dios llegue a ser nuestro elemento interior, y que conozcamos a Dios y Su deseo y voluntad en todo*.

¡Cuán altas y gloriosas son estas siete funciones! No sólo nos muestran las funciones del Espíritu de Dios que mora en

---

*Se da una explicación detallada de este punto en el libro *La experiencia de vida* (publicado por *Living Stream Ministry*), capítulo 7.

nosotros, sino que también nos dan a conocer qué clase de Espíritu es este Espíritu de Dios que hemos recibido por medio de la regeneración.

VI. CRISTO

Romanos 8:9-10 nos muestra que el Espíritu de Dios que mora en nosotros es el Espíritu de Cristo que mora en nosotros; y el Espíritu de Cristo que mora en nosotros es Cristo que mora en nosotros. Esto revela que el Espíritu de Dios en nosotros es la corporificación de Cristo. Puesto que la regeneración nos proporciona al Espíritu de Dios por dentro, también nos introduce a Cristo en nosotros.

Cuando creemos, Dios revela a Cristo en nosotros mediante Su Espíritu (Gá. 1:16). Por lo tanto, cuando recibimos a Cristo como Salvador, El como el Espíritu mora en nosotros (2 Co. 13:5).

¿Por qué Cristo mora en nosotros? Mora en nosotros para ser nuestra vida. Aunque Cristo mora en nosotros para ser nuestro todo, la razón principal de Su morada consiste en que El sea nuestra vida.

Dios, en Su obra salvadora, nos ha regenerado para que recibamos Su vida, tengamos Su naturaleza y por ello seamos totalmente como El. El pone Su vida en Cristo para que la recibamos (Jn. 1:4; 1 Jn. 5:11, 12). En otras palabras, El quiere que Cristo sea nuestra vida (Jn. 14:6; Col. 3:4). Aunque Su Espíritu es el que pone Su vida en nosotros, y aunque Su Espíritu es el que nos capacita para conocer, experimentar y vivir Su vida, aún así Su vida es Cristo. Aunque mediante Su Espíritu nos hace recibir, conocer y experimentar Su vida, Dios hace que Cristo sea nuestra vida. El hecho de que Dios mediante Su Espíritu revele a Cristo en nosotros, significa que El quiere que Cristo sea nuestra vida. El hecho de que Cristo more en nosotros significa que vive en nosotros como nuestra vida (Gá. 2:20) y que El quiere vivir Su vida a través de nosotros (2 Co. 4:10-11). Así que, El quiere que nosotros, en Su vida, crezcamos hasta ser Su imagen y llegar a ser como El (2 Co. 3:18). Cuando nosotros, en Su vida, crecemos hasta ser Su imagen y llegar a ser como El, crecemos hasta ser la imagen de Dios y llegamos a ser como Dios, porque El es la imagen de Dios (Col. 1:15).

Ya hemos visto que la vida de Dios es todo lo que Dios es; por lo tanto, cuando Dios pone Su vida en Cristo, pone todo lo que El es en Cristo. Cristo es la encarnación de Dios, la corporificación de Dios. Todo lo que Dios es y toda la plenitud de la Deidad moran en Cristo corporalmente (Col. 2:9). Por lo tanto, el hecho de que Cristo more en nosotros nos llena de toda la plenitud de Dios (Ef. 3:17-19).

El hecho de que Cristo more en nosotros como nuestra vida nos capacita no sólo para disfrutar hoy toda la plenitud de Dios, sino también para entrar en la gloria de Dios en el futuro (Ro. 8:17; He. 2:10). Por lo tanto, al morar en nosotros hoy, por un lado El es nuestra vida, y por otro, es nuestra esperanza de gloria (Col. 3:4; 1:27). El mora en nosotros hoy como nuestra vida, lo cual significa que, por medio de la vida de Dios que está en El, nos hará crecer y llegar a ser como Dios, crecer y ser conformados a la imagen de Dios, y finalmente crecer hasta que lleguemos a la gloria de Dios.

VII. DIOS

Cristo es la corporificación de Dios. Debido a que la regeneración nos hace obtener a Cristo, también nos hace recibir a Dios. Además, Cristo es la corporificación de Dios, y el Espíritu Santo es la realidad de Cristo. Dios está en Cristo, y Cristo es el Espíritu Santo. Por lo tanto, cuando la regeneración hace que recibamos al Espíritu Santo, dentro de nosotros nos hace recibir no sólo a Cristo, sino también a Dios.

Desde que Dios nos regeneró, El en Cristo siempre ha estado morando en nosotros mediante Su Espíritu. El apóstol Juan dice que sabemos que Dios mora en nosotros por el Espíritu Santo que nos ha dado (1 Jn. 3:24; 4:13). El Señor Jesús también dice que El y Dios moran juntamente en nosotros (Jn. 14:23). Por lo tanto, que sea el Espíritu Santo el que more en nosotros o Cristo, Dios es el que mora en nosotros. Dios está en Cristo y Cristo es el Espíritu. Así que, cuando el Espíritu mora en nosotros Cristo es el que mora en nosotros; y cuando Cristo mora en nosotros Dios es el que mora en nosotros. Dios está en Cristo morando en nosotros y Cristo es el Espíritu que mora en nosotros. Por lo tanto, cuando el Espíritu mora en nosotros, Cristo y Dios moran en nosotros. El Espíritu, Cristo y Dios —los tres— moran en nosotros como uno solo, lo cual significa que el Dios Triuno mora en nosotros.

Sin embargo, cuando la Biblia menciona el hecho de que el Espíritu Santo mora en nosotros, pone énfasis en el hecho de que nos unge (1 Jn. 2:27); cuando habla de que Cristo mora en nosotros, pone énfasis en el hecho de que vive en nosotros como nuestra vida (Gá. 2:20); y cuando habla de que Dios mora en nosotros, pone énfasis en Su operación en nosotros (Fil. 2:13; He. 13:21; 1 Co. 12:6). La Biblia hace distinciones muy claras con respecto a estos tres asuntos. Con respecto al Espíritu que mora en nosotros, habla de la "unción"; en cuanto al hecho de que Cristo more en nosotros, habla del "vivir"; y con respecto al hecho de que Dios mora en nosotros, habla de la "operación". Nunca dice que Cristo o Dios nos ungen, que el Espíritu Santo o Dios viven en nosotros, ni que el Espíritu Santo o Cristo están operando en nosotros. Solamente dice que el Espíritu Santo nos unge, Cristo vive en nosotros y Dios obra en nosotros. Estos tres modos de hablar no son intercambiables. La "unción" está relacionada con el Espíritu Santo como el ungüento que está en nosotros; el "vivir" está relacionado con el hecho de que Cristo sea vida en nosotros; y la "operación" está relacionada con la operación de Dios en nosotros.

El Espíritu Santo mora en nosotros como ungüento; por lo tanto, Su acción en nosotros consiste en ungirnos. Cristo mora en nosotros como vida; así que lo que hace en nosotros es vivir. El hecho de que Dios more en nosotros es un asunto de operación; por lo tanto, Su acción es obrar. El Espíritu Santo, al ungirnos, introduce en nosotros el elemento de Dios. Cristo, al vivir en nosotros, vive la vida de Dios tanto en nosotros como a través de nosotros. Dios, al obrar en nosotros, forja Su voluntad en nosotros para que sea realizada en nosotros.

Por lo tanto, debemos ver que lo que obtenemos mediante la regeneración es muy grande, elevado, rico y glorioso. Por medio de la regeneración obtenemos la vida de Dios y la ley de esta vida. Mediante la regeneración obtenemos un corazón nuevo y un espíritu nuevo. Por medio de la regeneración obtenemos además al Espíritu Santo, a Cristo y a Dios mismo. Todo esto es realmente suficiente para nosotros, es decir, suficiente para hacernos santos y espirituales, para hacernos victoriosos y trascendentes, y para hacernos crecer y madurar en vida.

Capítulo Cinco

EL SENTIR DE VIDA

Hemos visto lo que es la vida y lo que es la experiencia de vida. También hemos visto la primera experiencia de vida, la cual es la regeneración, y las cosas que obtenemos por medio de la regeneración. Ahora que hemos visto esto, podemos iniciar el tema del sentir de vida.

Para nosotros el sentir de vida es muy subjetivo, personal y práctico. Por lo tanto, si hemos de buscar la vida, debemos prestar atención a este sentir de vida y conocerlo bien. Todos los que tienen la experiencia de vida conocen la profunda relación que existe entre el sentir de vida y la experiencia de vida. Por lo tanto, si queremos investigar el tema del conocimiento de la vida, debemos examinar el asunto del sentir de vida.

I. LA BASE BIBLICA

Aunque la Biblia no lo menciona explícitamente, en realidad sí habla del sentir de vida. Romanos 8:6 dice: "Porque la mente puesta en la carne es muerte, pero la mente puesta en el espíritu es vida y paz". Este versículo nos habla claramente del sentir de vida, porque la paz aquí mencionada denota claramente algo que sentimos. Esta paz no se refiere al ambiente exterior, sino a la condición interior; por tanto, es ciertamente algo que se siente. Puesto que la paz aquí mencionada es algo que se siente, la muerte y la vida que se mencionan aquí también son perceptibles.

La sensación de muerte nos hace sentir el elemento de la muerte. Los elementos de la muerte son: debilidad, vacío, opresión, oscuridad y dolor. La muerte incluye por lo menos estos cinco elementos, y la suma total de estos elementos en gran parte equivale a la muerte. La muerte debilita a los hombres; y cuando los hombres se debilitan mucho, mueren. La muerte vacía a los hombres, porque acaba con todo. La muerte deprime y desalienta a los hombres; los más deprimidos y callados son los muertos. La muerte también ensombrece a los hombres; los que están en la oscuridad más profunda son los que han entrado en la muerte. Al mismo tiempo, la muerte le causa dolores al hombre; el que sufre más dolor es el que ha caído en la muerte. Todos éstos son los elementos de la muerte; así que, cuando los sentimos, sentimos la muerte.

Estas sensaciones de muerte son producidas cuando nos ocupamos de la carne. Cada vez que nos ocupamos de la carne, inmediatamente tenemos estas sensaciones de muerte. Por ejemplo, si por la tarde del día del Señor usted se ocupa un poco de la carne, cuando más tarde va a la reunión del partimiento del pan, se sentirá débil e incapaz de levantarse. Al mismo tiempo, se sentirá vacío, deprimido y tal vez hasta en tinieblas y con dolor. Todos estos sentimientos son las sensaciones de muerte. A veces cierta sensación parece más fuerte que las otras; a veces todas parecen iguales. No obstante, la sensación de muerte se debe al hecho de que hemos puesto la mente en la carne.

El sentir de vida es exactamente lo opuesto de la sensación de muerte. La sensación de muerte nos hace sentir débiles y vacíos, mientras que el sentir de vida nos hace sentir fuertes y satisfechos. El sentir de muerte hace que nos sintamos deprimidos, en tinieblas y adoloridos. El sentir de vida nos hace sentir vivos, resplandecientes y a gusto. Puesto que el sentir de vida hace que nos sintamos fuertes, satisfechos, vivos, resplandecientes y cómodos, también nos da la sensación de paz, es decir, nos hace sentir bien y a gusto.

Debemos darnos cuenta de que las cosas mencionadas en Romanos 8:6 están en contraste una con otra. La carne está en contraste con el espíritu, y la muerte está en contraste con la vida y la paz. Lo opuesto de la muerte no sólo es la vida, sino también la paz. Por lo tanto, la muerte incluye no sólo debilidad, vacío, depresión y oscuridad, sino también dolor. La debilidad, el vacío, la depresión y la oscuridad están en contraste con la vida, mientras que el dolor está en contraste con la paz.

La sensación de muerte se debe a que nos ocupamos de

la carne, mientras que el sentir de vida y de paz se debe a que nos ocupamos del espíritu. Cuando vivimos en el espíritu, seguimos el espíritu y nos ocupamos del espíritu, nos sentimos fuertes y satisfechos interiormente; al mismo tiempo también nos sentimos llenos de energía, resplandecientes, a gusto y tranquilos. Por ejemplo, si el Espíritu Santo le da a usted cierto sentir, y si usted lo atiende y lo obedece, se sentirá fuerte y satisfecho por dentro; al mismo tiempo se sentirá vivo, resplandeciente, a gusto y tranquilo. Así que tendrá la sensación de vida y paz, porque su mente está puesta en el espíritu.

Romanos 8:6 menciona el sentir de vida porque anteriormente mencionó tres cosas: el Espíritu, la vida y la ley de vida. El Espíritu está en nosotros y se hace un espíritu con nuestro espíritu; la vida está incluida en el Espíritu como el contenido del Espíritu; y la ley es la capacidad y función natural de la vida. Estos tres juntos llegan a ser la ley del Espíritu de vida, la cual tiene la responsabilidad en nosotros por todos los asuntos de la vida, dándonos cierto sentir en todo momento y en todo lugar. Cuando nos ocupamos del espíritu y actuamos y vivimos conforme al espíritu, esta ley nos da la sensación de vida y paz. Sentir vida es sentirse fuerte, satisfecho, vivo, resplandeciente y fresco. Sentir paz es sentirse bien, a gusto, tranquilo, y natural. Si nos ocupamos de la carne y actuamos y vivimos conforme a la carne, esta ley nos dará la sensación de muerte, es decir, nos sentiremos débiles, vacíos, deprimidos, en tinieblas y adoloridos.

Por lo tanto, lo que Romanos 8:6 dice es todo un asunto de lo que se siente, y este sentir o consciencia nos es dado por la ley del Espíritu de vida. Puesto que la ley del Espíritu de vida pertenece a la vida, la sensibilidad o consciencia que nos da también pertenece al sentir de vida. Por consiguiente, puesto que esta ley nos da la consciencia mencionada en Romanos 8:6, pertenece al sentir de vida.

La segunda porción de la Escritura relacionada con el sentir de vida es Efesios 4:19, la cual dice que los gentiles, "después que perdieron toda sensibilidad, se entregaron a la lascivia para cometer con avidez toda clase de impureza". Esto nos dice que la gente mundana comete pecado y maldad cuando quiera porque ha renunciado a toda sensibilidad. De hecho, cuando un hombre peca y hace lo malo, debe de haber ya renunciado a los sentimientos que lleva adentro. Cuando un hombre peca y comete maldades, no podemos decir que no tiene sentimientos, pero al menos sí podemos decir que los ha dejado a un lado. Si uno no deja a un lado sus sentimientos, y si uno está restringido por los sentimientos interiores, ¿cree usted que todavía puede uno cometer pecado y hacer lo malo? Todo aquel que peque e incurra en maldad debe dejar a un lado sus sentimientos. Cuando alguien hace trampas, hurta, golpea y roba a otros, o comete cualquier obra mala y perversa, debe hacer a un lado sus sentimientos. Cuanto más peque e incurra en maldad, más debe desatender la consciencia interna. Por lo tanto, un hombre perverso y maligno carece de sentimientos, mientras que un hombre bueno y benévolo es rico en sentimientos.

Ahora bien, ¿cuál es más fuerte, el sentir interior del cristiano o del gentil? Comparando a los cristianos con los incrédulos, ¿cuál es más fuerte, la consciencia que tenemos nosotros o la de ellos? Debemos contestar que nuestros sentimientos son mucho más fuertes, porque, además de los sentimientos que ellos tienen, nosotros tenemos por dentro las sensaciones de vida, las cuales les hace falta. Por consiguiente, si pecamos e incurrimos en maldad, debe ser porque hemos dejado a un lado nuestros sentimientos aun más enérgicamente que ellos. Por esta razón, la Escritura nos exhorta a no desechar toda sensibilidad como hacen los gentiles. La Escritura así nos ruega para que atendamos el sentir interior. Por supuesto, esto subraya claramente la necesidad de prestar atención al sentir de vida. Efesios 4, después de exhortarnos a no ser como los incrédulos que desechan toda sensibilidad, pasa a decir que debemos despojarnos del viejo hombre y vestirnos del nuevo. Este nuevo hombre pertenece a la vida que está en el Espíritu. Para vivir en este nuevo hombre, debemos vivir en la vida que está en el Espíritu. Por lo tanto, Efesios 4 nos exhorta a no ser como los incrédulos, quienes desechan toda sensibilidad, sino a vivir en este nuevo hombre. Esto significa que debemos vivir en la vida que está en el Espíritu, prestar atención al sentir de vida que está en el Espíritu, y vivir conforme a este sentir.

Además, casi todas las epístolas de los apóstoles tienen palabras de bendición y salutación en las cuales se mencionan la gracia y la paz. La gracia es Dios obtenido por nosotros, y la paz es la sensación que resulta de haberlo obtenido. Dios, quien obtenemos como vida y disfrute, es la gracia. Esta gracia que está en nosotros trae paz; nos hace sentir una tranquilidad interior. Una persona que experimenta a Dios y disfruta la vida de Dios y diariamente prueba el poder de la vida de Dios, debe de tener paz interior. La paz es lo que él siente cuando disfruta la gracia. Por lo tanto, si no tenemos paz interior, o si casi no la percibimos, esto demuestra que carecemos de la gracia. Carecer de la gracia significa carecer de Dios. Puesto que no hemos obtenido a Dios suficientemente dentro de nosotros ni hemos obtenido un suministro suficiente de la vida de Dios ni tampoco hemos experimentado suficientemente el poder de la vida de Dios, carecemos de paz interior. Si interiormente hemos obtenido una cantidad adecuada de Dios y hemos experimentado a Dios y la vida de Dios de una manera adecuada, por dentro tendremos suficiente paz. Esta paz no es paz en el ambiente, sino una condición de paz interior. Debemos creer que la paz mencionada en los saludos de los apóstoles es esta clase de paz interior. La paz interior es un asunto de tener cierta consciencia o sentir. Al querer los apóstoles que la gente tuviera paz, deseaban que la gente tuviera la paz del sentir interior, o sea, la paz interior. El sentir interior de paz es el sentir de vida. Por lo tanto, cuando expresaban su deseo de que la gente tuviera la sensación de paz por dentro, querían que la gente prestara atención al sentir interior de la vida.

II. EL ORIGEN DEL SENTIR DE VIDA

¿De dónde viene este sentir de vida del cual hablamos? ¿De qué se produce? Se produce de las cosas que hemos obtenido mediante la regeneración: la vida de Dios, la ley de vida, el Espíritu Santo, Cristo y Dios. La vida de Dios, la ley de vida, el Espíritu Santo, Cristo y Dios nos infunden un sentimiento interior, y esto es lo que llamamos el sentir de vida.

Cada vida tiene cierto sentir. Además, cuanto más fuerte es la vida, más agudos son los sentimientos que experimenta. La vida de Dios es la vida más fuerte; por tanto, cuando esta vida está en nosotros, no sólo nos infunde sentimientos, sino sentimientos fuertes.

La ley de vida proviene de la vida, y por eso también tiene sensibilidad. Así que, esta ley que está en nosotros nos da muchas impresiones, especialmente cuando la desobedecemos. Por ejemplo, cuando nuestro cuerpo está en condiciones normales, casi no tiene sensaciones particulares. Pero cuando se enferma, sentimos algo muy fuerte; esto ocurre cuando hemos desobedecido a la ley que está en el cuerpo. De igual manera, cuando obedecemos la ley de vida, ésta no nos produce una gran impresión, pero cuando la desobedecemos, nos da sensaciones pronunciadas.

El Espíritu Santo como ungüento nos unge y se mueve en nosotros; Cristo vive en nosotros activamente; y Dios obra en nosotros. Estos tres están en nosotros en actividad y acción. No están callados e inmóviles; por lo tanto, los tres producen en nosotros ciertas sensaciones.

Por tanto, la vida de Dios, la ley de la vida, o el Espíritu Santo, Cristo y Dios en nosotros producen ciertas sensaciones en nosotros. Ellos se mezclan como uno en este asunto de darnos sentimientos. Por tanto, las impresiones derivadas de estos cinco no son de cinco clases diferentes, sino que son una sola, es decir, son la sensación de vida, de la cual estamos hablando.

¿Por qué son un solo sentir las sensaciones derivadas de estos cinco asuntos: la vida de Dios, la ley de vida, el Espíritu Santo, Cristo y Dios? ¿Por qué es éste el sentir de vida? Porque el Espíritu Santo, Cristo y Dios son el Dios Triuno; la vida de Dios es Dios mismo; y la ley de vida proviene de la vida de Dios. Por lo tanto, hablando con propiedad, estos cinco son uno solo. Así que, cuando están en nosotros, las impresiones que nos dan son de una sola especie. Este es el sentir de vida porque proviene del Dios Triuno de vida, de la vida de Dios y de la ley de vida. El propósito principal que el Dios Triuno tiene en nosotros consiste en ser nuestra vida, y esta vida incluye la ley de vida. Por consiguiente, las impresiones que producen en nosotros provienen de la vida y pertenecen a ella; por tanto, son el sentir de vida. Este sentir es uno, pero tiene cinco aspectos. Proviene de la vida de Dios y proviene de la ley de la vida de Dios; por lo tanto, tiene la naturaleza de la vida de Dios y también la función de la ley de la vida de Dios. Al mismo tiempo, este sentir también proviene del Espíritu Santo, de Cristo y de Dios; por eso, contiene el elemento del Espíritu Santo que nos unge, el elemento del Cristo que vive en nosotros, y el elemento del Dios que obra y lleva a cabo Su voluntad en nosotros. Debido a estos varios aspectos, este sentir es rico, fuerte y penetrante; es aún más rico, más fuerte y más penetrante que la mejor sensación que se encuentre entre los incrédulos. La mejor sensación que puedan tener los incrédulos es meramente una sensación moral creada en los seres humanos. Pero aparte de la sensación moral creada por Dios, este sentir de vida es un sentir divino que nos fue añadido por las cosas que hemos obtenido mediante la regeneración.

III. LA FUNCION DEL SENTIR DE VIDA

Entonces, ¿cuál es la función o uso de este sentir de vida? Nos hace saber continuamente dónde estamos viviendo. ¿Vivimos en la vida natural o en la vida del Espíritu? ¿Vivimos en la carne o en el espíritu? Esto es lo que el sentir de vida nos da a conocer continuamente, y es por esto que lo tenemos. Así que, el sentir de vida en nosotros nos guía y nos prueba. Si lo seguimos, seguimos la guía que Dios nos da, y a la vez, recibimos una confirmación en cuanto a dónde estamos viviendo.

Ahora vamos a aplicar lo que hemos dicho. La sensación de muerte nos hace saber que no estamos viviendo en el espíritu sino en la carne. Cuando tenemos el sentir de muerte, debemos entender que no estamos en el espíritu sino en la carne. El sentir de muerte incluye debilidad, vacío, depresión, oscuridad y dolor. Tener tales sensaciones significa que el sentir de vida en nosotros está indicando que ya estamos mal, que ya no estamos viviendo en el espíritu, sino en la carne.

Entonces, ¿qué impresión nos da el sentir de vida para que sepamos que estamos en una relación correcta con Dios y que estamos viviendo en el espíritu? Nos da una sensación de vida y paz, o, en otras palabras, nos hace sentir fuertes, satisfechos, vivos, resplandecientes y a gusto. Cuando por dentro nos sentimos fuertes, satisfechos, vivos, resplandecientes y a gusto, tenemos evidencia interior de que ante Dios estamos bien y de que estamos viviendo en el espíritu.

Por lo tanto, el sentir interior de vida tiene una gran función. Está allí guiándonos continuamente, dándonos a conocer dónde debemos vivir; y continuamente nos muestra dónde estamos viviendo ahora. Es este sentir lo que nos lleva adelante en vida; es también este sentir lo que continuamente comprueba y revela nuestra verdadera condición en vida. Por consiguiente, es nuestra guía y testimonio interior. Cada vez que nos hace sentir vida y paz, demuestra que en cuanto a vida, no tenemos problemas. Cada vez que nos hace sentir faltos de vida y paz, demuestra que tenemos algún problema en cuanto a la vida.

Tal vez usted diga que no tiene el sentir interior de vida y paz y que tampoco tiene el sentir de que le falta vida y paz; que no se siente fuerte, satisfecho, vivo, resplandeciente ni a gusto y tampoco tiene el sentir de que le hace falta la fuerza, la satisfacción, la vida, la luz y la comodidad. Esta condición demuestra que usted tiene algún problema. Ciertamente debemos tener el sentir de vida y paz. Interiormente debemos sentirnos fuertes, satisfechos, vivos, resplandecientes, a gusto y tranquilos; entonces todo irá bien. Aunque a veces Dios quiere sacarnos de nuestros sentimientos y hacernos entrar, por decirlo así, en una cueva, de todos modos, aun en la cueva todavía tenemos, en lo más profundo de nuestro ser, el sentir de vida y paz. Aunque los sentimientos exteriores se han ido, el sentir de vida y paz todavía existe en lo más profundo.

La vida y la paz son las sensaciones positivas que nos da el sentir de vida en nuestro interior, confirmando así que nuestra condición en vida es normal. La debilidad y la inquietud son las sensaciones negativas que el sentir de vida nos da en nuestro interior, probando así que tenemos algún problema en vida. Las sensaciones de debilidad e inquietud son el sentir de muerte. El sentir de muerte definitivamente proviene de haber puesto la mente en la carne y de haber tocado algo que está fuera de Dios. Toda sensación de muerte demuestra que en cierta medida nos ocupamos de la carne y que hasta cierto punto hemos tocado las cosas que están fuera de Dios. Por lo tanto, saber si estamos ocupándonos de la carne o viviendo en el espíritu y tocando a Dios, depende de la vida y paz o de la debilidad e inquietud que sintamos dentro de nosotros. La vida y paz interior comprueba que estamos viviendo en el espíritu, que estamos tocando a Dios. Si nos sentimos débiles e inquietos por dentro, esto comprueba que nos estamos ocupando de la carne y tocando las cosas que están fuera de Dios.

Un cristiano jamás debería sentirse débil, pero aun cuando se sienta débil, debe sentirse fuerte. Se siente débil porque ahora se conoce a sí mismo; se siente fuerte porque toca a Cristo y conoce a Cristo como su vida. Si nos sentimos siempre débiles, y si nunca nos sentimos fuertes, algo está mal. El apóstol dijo que cuando era débil, entonces era fuerte (2 Co. 12:10). Al percibir su propia debilidad, una persona fuerte no hace caso de esa debilidad. Si siempre hacemos caso de nuestra debilidad y nunca podemos ser fuertes, eso comprueba que tenemos un problema. Puede ser que estemos más o menos en la carne, porque la debilidad es una sensación de la muerte, y la sensación de la muerte siempre proviene de ocuparnos de la carne.

Un cristiano puede estar débil, pero sentirse fuerte; puede sentir dolor y todavía tener la sensación de paz. Siente dolor porque se encuentra en tribulación por fuera; tiene la sensación de paz porque por dentro se encuentra con el Señor y toca al Señor. Si encontramos aflicción por fuera, e interiormente no tenemos paz, algo está mal. El Señor dice que en el mundo tendremos aflicción, pero en El tendremos paz (Jn. 16:33). El que vive en el Señor, o sea, el que vive en el espíritu, puede tener mucha aflicción por fuera, y tener paz interior; si no es el caso, esto comprueba que no está viviendo en el espíritu. Si carecemos de paz interior mientras nos encontramos afligidos, esto demuestra que no estamos viviendo en el espíritu; entonces, si no tenemos aflicción y tampoco tenemos paz interior, eso es una prueba aun más evidente de que no estamos viviendo en el espíritu.

Por lo tanto, con respecto a nuestra condición en vida, el hecho de que estemos viviendo en la carne o de que estemos viviendo en el espíritu, nos es comprobado y revelado mediante el sentir de vida. Por medio de esta clase de comprobación, el sentir de vida nos guía desde nuestro interior. Solamente al seguir la guía de esta comprobación, podemos vivir en vida. Por lo tanto, si deseamos seguir adelante en vida, debemos prestar atención a la prueba y la guía que este sentir de vida nos da en nuestro interior.

Capitulo Seis

LA COMUNION DE VIDA

En este libro ponemos nuestra atención en el asunto de vida, con la esperanza de llevar a cabo dos cosas: primero, ayudar a cada hermano y hermana a saber si él o ella tiene la experiencia de vida que mencionamos aquí; en segundo lugar, guiar a los hermanos y a las hermanas a comprender a fondo el camino de la vida, con el fin de que más adelante todos vayan a otros lugares y lo proclamen en espíritu. Este libro no tiene como fin dar una enseñanza general, sino que es una investigación especial. Deseamos sacar a la luz todas las cosas que pertenecen a la vida para ver si usted las tiene o no. Y si es cierto que las tiene, ¿puede proclamarlas? ¿Puede usted hablar de modo que conmueva los sentimientos de otros? ¿Puede hablarles de esto no sólo como doctrina, sino también como experiencia? Por esta razón, no sólo queremos examinar si tenemos las cosas indicadas por cada término de vida, sino también descubrir la definición y el uso de cada uno de estos términos.

Siento una carga pesada dentro de mí, un sentir profundo, de que lo que más le falta a cada iglesia hoy en día es lo que pertenece a la vida. Todo nuestro trabajo y toda nuestra actividad deben provenir de la vida. Esto no quiere decir que no debemos laborar mucho y participar en numerosas actividades. Puede ser que más tarde nuestro trabajo y nuestras actividades aumenten y que se intensifiquen. Pero, si nuestro trabajo y servicio no provienen de la vida, no durarán ni pesarán mucho. Si queremos que nuestra obra lleve fruto abundante y permanente, debemos tener un fundamento en la vida. Nosotros mismos debemos tocar al Señor en vida y guiar a otros a tocarlo en vida. Solamente así podemos encajar con la obra que Dios desea llevar a cabo en esta era.

La vida debe medir todos los resultados de nuestra obra. Lo que proviene de la vida es lo único que Dios reconoce. En

Mateo 7, el Señor dice que algunos predican el evangelio y otros echan fuera demonios, pero que El no los aprueba (vs. 22-23). Además, en Filipenses 1 el apóstol dice que algunos predican el evangelio por envidia (v. 15). Sin duda, tales obras no provenían de la vida, sino de los esfuerzos del hombre. No podemos ni debemos hacer tales obras. Debemos aprender a vivir en la vida del Señor y permitir que Su vida nos guíe a cumplir la obra de El. No debemos aspirar a una gran obra o a algún éxito en la obra. Debemos tener un solo deseo: conocer y experimentar cada vez más la vida del Señor, y ser capaces de compartir con otros lo que hemos conocido y experimentado para que ellos también obtengan algo. Cuando obremos, no debemos establecer una obra; ni tampoco debemos establecer una organización. Nuestra obra debe ser sencillamente la liberación de la vida del Señor, es decir, debe impartir y suministrar a otros la vida del Señor. Que el Señor tenga misericordia de nosotros y abra nuestros ojos para que veamos que la obra central de Dios en esta era consiste en que el hombre obtenga Su vida y crezca y madure en Su vida. Unicamente la obra que proviene de la vida del Señor puede satisfacer Su requisito eterno y ser aceptada por El.

En el capítulo anterior vimos el sentir de la vida. La comunión de la vida está íntimamente relacionada con el sentir de vida. Consideremos ahora la comunión de vida.

I. LA FUENTE DE LA COMUNION DE VIDA

¿De dónde proviene la comunión de la vida? ¿Qué es la causa? ¿De qué se deriva? 1 Jn. 1:2-3 dice: Nosotros (los apóstoles) "os anunciamos (a los creyentes) la *vida* eterna ... para que también vosotros tengáis *comunión* con nosotros; y nuestra *comunión* verdaderamente es con el Padre, y con Su Hijo Jesucristo". Estos versículos muestran que el apóstol nos predicó "la vida eterna" para que tuviéramos "comunión". La vida eterna es la vida de Dios, y la vida de Dios, al entrar en nosotros, nos capacita para tener comunión. Esta comunión proviene de la vida de Dios, y por tanto, es la comunión de la vida. Por consiguiente, la comunión de vida procede de la vida de Dios; su existencia se debe a la vida de Dios; proviene de la vida de Dios; y llega a nosotros por la vida de Dios. En cuanto obtenemos la vida de Dios dentro de nosotros, esta vida de Dios nos capacita para tener comunión de vida. Por lo tanto, la vida de Dios es la fuente de la comunión de vida.

II. EL MEDIO DE LA COMUNION DE VIDA

La vida de Dios permanece en el Espíritu Santo de Dios y mediante el Espíritu Santo de Dios la vida de Dios entra en nosotros y vive en nosotros. Por lo tanto, la comunión que nos trae la vida de Dios viene por medio del Espíritu Santo de Dios, aunque se deriva de la vida de Dios. Por eso la Biblia también llama esta comunión "la comunión del Espíritu Santo" (2 Co. 13:14).

El Espíritu Santo es el que nos hace experimentar la vida de Dios; por lo tanto, el Espíritu Santo es el que nos capacita para tener comunión en la vida de Dios. Toda nuestra comunión de vida está en el Espíritu Santo y es producida por el Espíritu Santo. Esta es la razón por la cual Filipenses 2:1 dice: "...alguna comunión del Espíritu".

El Espíritu Santo de Dios se mueve en nosotros, poniéndonos requisitos e instándonos por dentro, para hacer que tengamos la comunión que proviene de la vida de Dios. Por lo tanto, si deseamos tener la comunión de vida, no sólo debemos tener la vida de Dios, sino también vivir en el Espíritu Santo de Dios. La vida de Dios es la fuente de la comunión de vida, y el Espíritu Santo de Dios es el medio de la comunión de vida. Aunque la vida de Dios es la que nos da la comunión de vida, el Espíritu Santo de Dios es el que nos hace disfrutar de modo práctico esta comunión de vida. Sólo cuando vivimos en el Espíritu Santo y andamos ocupándonos del Espíritu Santo, podemos disfrutar la comunión de la vida de Dios de una manera práctica.

III. EL SIGNIFICADO DE LA COMUNION DE VIDA

Antes de definir la comunión de vida, debemos poner en claro una cosa. Originalmente la vida de Dios estaba en Dios, y luego entró en nosotros los que le pertenecemos a El. Entonces, esta vida de Dios que entró en nosotros, ¿es una parte o un todo? Nuestra conclusión final es ésta: no es ni parcial ni total, sino que está fluyendo.

Tomemos como ejemplo la electricidad en un foco. La electricidad que sale de la central eléctrica, ¿es una parte o es el todo? La respuesta es la siguiente: no es ni ésta ni aquella, porque la misma electricidad que está en la central eléctrica también está en estos focos. Es una corriente eléctrica que fluye continuamente. Una vez cortada la corriente, estos focos dejarán de alumbrar.

Consideremos otro ejemplo: la sangre en mi mano. ¿Es sangre local o es la sangre de todo el cuerpo? Si fuera sangre local, entonces no tendría comunicación; y si fuera la sangre total, tampoco tendría comunión. Pero en realidad es la sangre de la circulación, la sangre que fluye. Es la sangre de todo el cuerpo, que circula continuamente y fluye sin cesar. Es un todo y a la vez una parte; y es una parte así como un todo.

Pasa lo mismo con la vida de Dios dentro de nosotros. Salió de Dios y entró en miles de santos, incluso en nosotros. Esta vida que fluye proviene de Dios; pasa a través de Dios, y también pasa por miles de santos, incluso por nosotros. De esta manera nos pone en comunión con Dios y con miles de santos.

Pasa exactamente lo mismo con un foco eléctrico que brilla. La electricidad en él fluye continuamente, poniéndolo en comunicación con la central eléctrica y con muchos otros focos brillantes. Esta comunicación está en el fluir de la electricidad dentro del foco. Igualmente, la comunión de vida en nosotros también está en el fluir de la vida dentro de nosotros. La vida de Dios dentro de nosotros trae consigo un fluir de vida, y así tenemos la comunión de vida. Esta comunión de vida nos capacita para estar en contacto con Dios y también con miles de santos. Por lo tanto, el significado de la comunión de vida es el *fluir* de vida. Este fluir de vida no está separado de la vida; más bien, es la comunión del fluir de la vida misma. Esta comunión del fluir de vida requiere que continuamente andemos y vivamos al seguirla y dejarnos llevar por ella. Cada vez que no la seguimos o no nos rendimos a ella, la comunión deja de fluir. Así la comunión entre nosotros y Dios es cortada, y la comunión entre nosotros y los santos se acaba.

IV. LA FUNCION DE LA COMUNION DE VIDA

¿Cuál es la función o el uso de la comunión de vida? Es suministrarnos todo lo que está en la vida de Dios o todo lo que está en Dios. Toda la plenitud de Dios nos es suministrada por medio de la comunión de vida. Cuanto más permitimos que el fluir de la vida corra en nosotros, más se nos suministra interiormente la plenitud de Dios. Tal suministro de la comunión de vida es como la circulación de la sangre, la cual es el suministro del cuerpo, y como la corriente de electricidad, la cual es el suministro de las lámparas.

El sentir de la vida nos comprueba que estamos viviendo en Dios o no. La comunión de vida nos suministra continuamente las cosas que pertenecen a la vida. Cada vez que el suministro de vida es cortado en usted, significa que su comunión de vida ha sido interrumpida. Si vivimos continuamente en la comunión de vida, el suministro de vida nos llegará continuamente y sin cesar.

La comunión de vida y el sentir de la vida están relacionados. En cuanto se interrumpe la comunión de vida, el sentir de la vida nos hace percibir que hemos perdido el suministro de vida. Cuando la comunión de vida no está interrumpida, el sentir de la vida nos hace sentir que tenemos el suministro de vida. Por lo tanto, el vivir en la comunión de vida y el tener el suministro de vida depende totalmente de lo que el sentir de la vida indica. Cuanto más vivimos en la comunión de vida, más aguda es nuestra sensibilidad de vida, y más se nos suministra la vida.

Con respecto a la comunión de vida, lo que hemos dicho hasta aquí es suficiente. Debemos recordar que el sentir de la vida siempre nos examina y nos prueba, mientras que la comunión de vida siempre nos suministra. Nuestra condición delante del Señor es determinada por el sentir de la vida; y el suministro de nuestra vida espiritual lo recibimos por medio de la comunión de vida.

Capítulo Siete

EL SENTIR DEL ESPIRITU Y COMO CONOCER EL ESPIRITU

Ahora consideraremos el séptimo punto principal, es decir, el sentir del espíritu y cómo conocer el espíritu. Conocer el espíritu constituye un asunto básico en la experiencia de vida, porque toda experiencia de vida está en el espíritu.

En realidad, ¿qué es esto que llamamos el espíritu? ¿Cómo podemos conocer el espíritu? ¿Cómo podemos tocar el espíritu? Reconozco que tales preguntas no son fáciles de contestar. Explicar lo que es el espíritu resulta bastante difícil. Hablar del cuerpo es muy fácil, porque lo podemos ver y tocar. Hablar del alma tampoco es difícil porque, aunque el alma es abstracta, podemos percibirla y conocerla por sus funciones y acciones, tales como sus pensamientos, consideraciones, determinaciones, decisiones y sentimientos de satisfacción, enojo, tristeza o gozo. Pero hablar acerca del espíritu es algo verdaderamente difícil. Es difícil entender el espíritu, pero es mucho más difícil hablar de él. No obstante, intentaremos hablar del espíritu.

Romanos 8 habla del espíritu. Es difícil encontrar otro lugar en la Biblia que hable tan claramente acerca de nuestra condición en el espíritu. Por lo tanto, si queremos conocer el espíritu, es menester que prestemos atención a este pasaje.

Al hablar del espíritu, el apóstol emplea cuatro cosas:

I. CUATRO COSAS

A. La vida

En el versículo 2 él dice: "el Espíritu de vida". Con esto nos muestra que el Espíritu mencionado aquí es el Espíritu de vida, el Espíritu que está relacionado con la vida, contiene la vida y pertenece a la vida. Luego en el versículo 6 él dice: "La mente puesta en el espíritu es vida". Esto significa que la vida es el fruto del espíritu, y que el espíritu es el origen de la vida; por tanto, al tocar el espíritu, tocamos la vida. La vida y el espíritu están relacionados mutuamente; por tanto, podemos conocer el espíritu por medio de la vida. Aunque resulta difícil conocer el espíritu, es relativamente fácil comprender la vida.

B. La ley

En el versículo 2, el apóstol habla no sólo del "Espíritu de vida", sino también de "la ley del Espíritu de vida". Esto nos indica que el Espíritu mencionado aquí no sólo pertenece a la vida, sino que también tiene su propia ley. Por lo tanto, cuando él habla del Espíritu, habla de la vida e igualmente de la ley. El une estos tres: la vida, el Espíritu y la ley. La vida y el Espíritu no pueden ser separados; de la misma manera, tampoco pueden ser divididos la ley y el Espíritu. La vida es el contenido y el producto del Espíritu, mientras que la ley es la función y acción del Espíritu. Al tocar la vida tocamos al espíritu; al percibir la ley también percibimos el espíritu. Aunque el espíritu es difícil de encontrar, la ley no es difícil de buscar. Así que, por medio de esta ley podemos encontrar el espíritu.

C. La paz

En el versículo 6, el apóstol dice: "La mente puesta en el espíritu es vida y paz". Esto significa que el resultado de poner la mente en el espíritu no sólo es la vida, sino también la paz. Por lo tanto, la vida es el fruto del Espíritu, y la paz también es el fruto del Espíritu. Cuando tocamos el espíritu, tocamos la vida e igualmente tocamos la paz. Así como la vida nos permite tocar el espíritu, así también la paz nos permite conocer el espíritu.

D. La muerte

En el versículo 6 el apóstol, antes de decir que la mente puesta en el espíritu es vida y paz, dice: "La mente puesta en la carne es muerte". Aquí emplea algo negativo para sacar a luz, lo positivo por contraste. La carne y el espíritu son cosas opuestas, así como lo son la muerte y la vida. La vida es el fruto del espíritu y procede del Espíritu. La muerte es el fruto de la carne y procede de la carne. La vida nos permite conocer las cosas que se originan en el espíritu, capacitándonos así para conocer el espíritu según el lado positivo. La muerte nos conduce a conocer los asuntos que proceden de la carne, revelando así el espíritu según el lado negativo. Por lo tanto, así como la vida nos capacita para conocer el espíritu según el lado positivo, así la muerte nos capacita para entender al espíritu según el lado negativo. Para conocer el espíritu, necesitamos conocer la vida y también entender lo contrario de la vida, es decir, la muerte.

Por consiguiente, conforme a lo que el apóstol dice con respecto a estas cuatro cosas —la vida, la ley, la paz y la muerte— vemos que están íntimamente relacionadas con el espíritu tanto positiva como negativamente. Si entendemos a fondo estas cuatro cosas, podemos conocer con claridad el espíritu, que indudablemente está estrechamente relacionado con ellas. Estas cuatro cosas contienen o trasmiten cierta clase de consciencia.

II. LA CONSCIENCIA

Con excepción de la vida vegetal que es muy inferior, toda vida tiene cierta clase de sensibilidad o consciencia. Cuanto más elevada es la vida, más rica es su sensibilidad o consciencia. La vida del Espíritu de vida aquí mencionada es la vida de Dios mismo, la cual es la vida más elevada; por eso es la más rica en cuanto a su consciencia. Esta vida dentro de nosotros nos llena de sensibilidad espiritual, capacitándonos así para percibir el espíritu y las cosas del espíritu.

La ley de un objeto inconsciente no pertenece a la esfera de las cosas que tienen consciencia, pero la ley de una vida que tiene consciencia sí pertenece a tal esfera. Por ejemplo, si golpeo a un hermano, inmediatamente sentirá dolor; si extiendo la mano hacia sus ojos, en seguida parpadeará. Reacciona de esta manera porque en su cuerpo existe la ley de vida que lo obliga a hacerlo. En el momento de golpearlo, siente dolor; esto es una ley. Al extender la mano hacia sus ojos, parpadea; esto también es una ley. Aunque éstas son leyes, si le preguntamos qué son, él dirá que son un asunto de consciencia. Esto comprueba que la ley de la vida física pertenece al orden de los seres conscientes. Puesto que la vida del Espíritu de vida es la vida de Dios, la cual es rica en sensibilidad, desde luego la ley del Espíritu de vida está llena de consciencia.

Por supuesto, la paz mencionada aquí es la que está dentro de nosotros. La paz interior es todo un asunto de consciencia. Tener paz interior sin sentirla es algo improbable. Por lo tanto, la paz mencionada aquí también es un asunto de consciencia.

Además, la muerte mencionada aquí es un asunto de consciencia. La muerte hace que el hombre pierda la consciencia. Cuando un hombre muere, pierde la consciencia. Por lo tanto, cuando el hombre no está consciente, es señal de que la muerte obra en su interior; aunque no se haya muerto completamente, casi está muerto.

Además, en asuntos espirituales, la muerte no sólo nos hace perder el sentir de vida, sino que también nos da el sentir de muerte. Cuando ponemos nuestra mente en la carne, la muerte se pone activa en nosotros. Por un lado perdemos el sentir interior de vida, y por otro sentimos inquietud, molestia, depresión, opresión, tinieblas y vacío. Tal impresión de molestia, depresión, opresión, tinieblas y vacío es el sentir de muerte y nos hace sentir la muerte.

Por consiguiente, la vida, la ley, la paz y la muerte —estas cuatro— conllevan cierta sensibilidad. Su sensibilidad nos capacita para tocar el sentir del espíritu y así conocer el espíritu. Por lo tanto, debemos dedicar algún tiempo para examinar la sensibilidad de estas cuatro cosas.

III. EL SENTIR DE LA VIDA

La vida mencionada aquí se refiere a la vida del Espíritu de vida. Por lo tanto, esta vida pertenece al Espíritu, proviene del Espíritu y radica en el Espíritu. El Espíritu en el cual reside esta vida no es solamente el Espíritu de Dios, sino también nuestro espíritu. Este Espíritu es el Espíritu de Dios y nuestro espíritu, mezclados como uno solo. En los tiempos del Antiguo Testamento, el Espíritu de Dios sólo caía sobre los hombres, de modo que los hombres recibían el poder de

Dios por fuera. No entraba en el hombre con el fin de que éste recibiera la vida de Dios interiormente. Por eso, en los tiempos del Antiguo Testamento el Espíritu de Dios sólo era el Espíritu de poder; todavía no era el Espíritu de vida. No fue sino hasta el tiempo del Nuevo Testamento que el Espíritu de Dios entró en el hombre como Espíritu de vida para que el hombre recibiera la vida de Dios en su interior. Hoy, en la era neotestamentaria, el Espíritu de Dios no sólo es el Espíritu de poder, sino también el Espíritu de vida. No sólo desciende sobre el hombre, comunicándole el poder de Dios exteriormente, y no sólo conmueve al hombre, de tal manera que reconoce su pecado, confiesa, se arrepiente y cree en el Señor, sino que también entra en el hombre, para que éste tenga la vida de Dios interiormente, y además mora en él como Espíritu de vida. Cuando El nos conmueve de tal modo que nos arrepentimos, creemos y recibimos al Señor Jesús como nuestro Salvador, entonces entra en nosotros y nos imparte la vida de Dios. En ese momento El entra en nosotros como Espíritu de vida, es decir, el Espíritu de la vida de Dios. La vida de Dios está en El, y de esta manera El es la vida de Dios; por lo tanto, cuando El entra en nosotros, la vida de Dios entra en nosotros. El entra en nosotros con la vida de Dios como *Espíritu* de vida. Cuando entra, El entra en *nuestro espíritu,* no en nuestra mente, parte emotiva o voluntad. Entra en nuestro *espíritu,* pone la vida de Dios en nuestro *espíritu* y mora en nuestro *espíritu.* De esta manera, el Espíritu de vida está mezclado con nuestro espíritu. Ahora, el Espíritu de Dios, junto con la vida de Dios (El es la vida misma de Dios) mora en nuestro espíritu, de modo que El mismo, la vida de Dios y nuestro espíritu —los tres— se mezclan como uno solo y jamás se separan.

Podemos emplear como ilustración un vaso que al principio contiene agua natural. Supongamos que más tarde mezclamos en ella jugo puro y azúcar, de modo que viene a ser un vaso de agua-jugo-azúcar, una bebida de tres-en-uno. El agua representa a nuestro espíritu, el jugo no diluido representa al Espíritu de Dios y el azúcar denota la vida de Dios. El Espíritu de Dios, el cual contiene la vida de Dios, se mezcla con nuestro espíritu, convirtiendo estos tres —el Espíritu de

Dios, la vida de Dios y nuestro espíritu— en un espíritu de vida tres-en-uno. De esto precisamente habla Romanos 8:2.

Por tanto el espíritu, en el cual reside la vida del Espíritu de vida mencionado aquí, incluye al Espíritu de Dios y a nuestro espíritu. Es una mezcla del Espíritu de Dios y nuestro espíritu. Los traductores de la Biblia han entendido que el Espíritu mencionado en Romanos 8 es el Espíritu Santo; por lo tanto, han escrito Espíritu con mayúscula. Muchos lectores de la Biblia también han pensado que el Espíritu mencionado aquí se refiere solamente al Espíritu Santo. Sin embargo, los hechos y las experiencias espirituales nos muestran que el Espíritu mencionado aquí es la mezcla del Espíritu Santo con nuestro espíritu. En el versículo 16 de este capítulo, el apóstol expone este hecho espiritual (el cual también es nuestra experiencia espiritual). Dice: "El Espíritu mismo da testimonio juntamente con nuestro espíritu". Al hablar de esta manera, nos indica claramente que el espíritu mencionado anteriormente es el espíritu único, el cual es la mezcla del Espíritu Santo "con nuestro espíritu". Está correcto decir que este espíritu es el Espíritu Santo, y no es incorrecto decir que es nuestro espíritu. Es como el agua con el jugo no diluido en el vaso. Podemos decir que es jugo y también agua. La razón es sencilla: Esto se debe a que los dos se han mezclado como uno solo. De igual manera, el Espíritu Santo y nuestro espíritu también están mezclados como un solo espíritu. Dentro de este espíritu único, el cual es la mezcla de los dos, se encuentra la vida que Dios nos otorga; así viene a ser el espíritu de vida. En términos sencillos, la vida de Dios está en el Espíritu de Dios, y el Espíritu de Dios entra en nuestro espíritu; de esta manera los tres se mezclan como uno y llegan a ser el espíritu de vida.

Antes, nuestro espíritu era meramente el espíritu del hombre y estaba muerto. Ahora, cuando el Espíritu de Dios entra, no sólo vivifica nuestro espíritu, sino que también añade la vida de Dios a nuestro espíritu. Ahora nuestro espíritu no sólo está vivo, sino que también tiene la vida de Dios; y no sólo es un espíritu, sino que también es el espíritu de vida. Toda la consciencia de vida contenida en este espíritu nos capacita para conocerlo. Cuando andemos con la mente puesta en este espíritu, y cuando nuestras acciones y hechos se lleven a cabo conforme a este espíritu, la vida que está en este espíritu nos proporcionará la consciencia o sensibilidad de esta vida. Puesto que esta vida es de Dios, fresca y viva, fuerte con poder, clara y santa, real y no vacía, el sentir de esta vida seguramente nos hará percibir la presencia de Dios; de esta manera nos sentiremos frescos y vivos, fuertes con poder, claros y santos, reales y no vacíos. Cuando nos sentimos así, sabemos que estamos ocupándonos del espíritu, andando conforme al espíritu y viviendo en el espíritu. Tales sentimientos constituyen el sentir de vida en nuestro espíritu, o sea, la consciencia o sensibilidad de nuestro espíritu de vida, el cual nos conduce desde nuestro interior a andar conforme al espíritu y a vivir por el espíritu. Cuando tocamos estos sentimientos, tocamos el espíritu. Cuando prestamos atención a tales sentimientos, prestamos atención al espíritu. Nos resulta relativamente difícil percibir el espíritu en sí, pero resulta fácil percibir estos sentimientos de vida en el espíritu. Si seguimos fielmente estos sentimientos, entonces podremos conocer el espíritu y vivir en el espíritu.

Se puede decir que la vida de Dios en nuestro espíritu es Dios mismo; por lo tanto, el sentir de esta vida ciertamente nos hará sentir a Dios mismo. Si vivimos en el espíritu y nos ocupamos del espíritu, el sentir de esta vida nos hará percibir que estamos en contacto con Dios y experimentar que Dios está en nosotros como nuestra vida, nuestro poder y nuestro todo; de esta manera estaremos contentos, tranquilos, cómodos y satisfechos. Cuando tocamos así a Dios en el sentir interior de vida, tocamos la vida; con esto sabemos que estamos viviendo en el espíritu y que tenemos la mente puesta en el espíritu.

Dado que el espíritu, en el cual reside la vida del espíritu de vida, es la mezcla del Espíritu de Dios con nuestro espíritu, entonces lo que sentimos por este sentir de vida debe ser la historia del Espíritu de Dios en nuestro espíritu. El Espíritu de Dios en nuestro espíritu nos revela a Cristo y hace que experimentemos a Cristo y que tengamos contacto con Dios en el espíritu. De esta manera experimentamos a Cristo, a Dios, como nuestra vida; esto también significa que nos hace experimentar la vida, es decir, experimentar la vida de Dios en nuestro espíritu. Cuando experimentamos esta vida así, nos hace sentir la satisfacción de la vida, el poder de la vida, la claridad de la vida, la frescura de la vida y lo vivo y lo trascendente de la vida. Cuando tenemos ese sentir de vida en nosotros, sabemos que estamos viviendo en el espíritu y tocando al espíritu.

IV. EL SENTIR DE LA LEY DEL ESPIRITU DE VIDA

En el Espíritu de vida dentro de nosotros, no sólo se encuentra la vida de Dios, sino también una ley. Esta ley es la ley de la vida de Dios. Cada vida tiene su ley. La vida de nuestro cuerpo tiene su ley dentro de nuestro cuerpo. Lo que se conforma a su naturaleza, esta ley lo aprueba y lo acepta, y cualquier cosa que le sea contraria, se opone a ella y la rechaza. De igual manera, la vida de Dios en nuestro espíritu también tiene su ley. Pertenece al espíritu y reside en el espíritu; por lo tanto, su naturaleza es total y absolutamente espiritual. Si lo que somos y hacemos se conforma a su naturaleza espiritual, esta ley en nuestro espíritu lo aprueba y lo acepta; si no, esta ley se opone a esto y lo rechaza. Lo que aprueba y acepta sin duda alguna proviene del espíritu, porque solamente lo que procede del espíritu puede corresponder a su naturaleza espiritual. Por lo tanto, todo lo que somos y hacemos debe provenir del espíritu y estar en el espíritu; entonces la ley de vida en nuestro espíritu lo aprobará y lo aceptará.

Esta ley de vida en nuestro espíritu pertenece a la esfera de consciencia y tiene su propia consciencia. Lo que la ley aprueba y acepta o lo que la ley opone y rechaza se evidencia por su sentir y por lo que desea que nosotros sintamos. Si lo que somos y hacemos está en el espíritu y concuerda con la naturaleza del espíritu de vida en nosotros, esta ley nos hará sentir su aprobación y su aceptación; de otra manera, esta ley nos hará sentir su oposición y su rechazo. Así, por el sentir de esta ley, podemos saber si estamos viviendo en el espíritu y andando por el espíritu. Puesto que esta ley es la ley del espíritu de vida en nosotros, el sentir de esta ley es el sentir del espíritu de vida en nosotros; por lo tanto, el sentir de esta ley nos hace conocer el espíritu por dentro.

La ley es natural. Por lo tanto, el sentimiento que nos da es natural. Por ejemplo, cuando bebemos del vaso de jugo, naturalmente percibimos que es dulce porque una ley de la vida física en nuestro cuerpo por naturaleza nos hace percibirlo. En cuanto nuestros labios tocan el jugo, inmediatamente probamos la dulzura. Este sentido natural es la ley de vida que pertenece a nuestro cuerpo. Lo propio de esta ley es hacernos probar el sabor del jugo. La ley de vida en nuestro espíritu también es así. No es necesario que otros nos indiquen si lo que somos y hacemos como cristianos está en el espíritu o no, o si estamos ocupándonos del espíritu y agradando a Dios; por naturaleza la ley de vida en nuestro espíritu revelará nuestra situación al darnos cierto sentir. Este sentir natural, que nos proporciona esta ley de vida, es una función natural del espíritu de vida en nosotros. Por medio de este sentir fácilmente podemos discernir si estamos viviendo en él o no.

La impresión que esta ley nos da no sólo es natural, sino que también hace de nosotros personas naturales. Cuanto más vivimos en el espíritu y más conformemos lo que somos y hacemos a la naturaleza del espíritu de vida dentro de nosotros, más naturales nos hará sentir esta ley de vida en nuestro espíritu. Si nosotros los cristianos no somos naturales, esto demuestra que tenemos algún problema y que no estamos viviendo en el espíritu. Puesto que el espíritu de vida que está en nosotros es una ley natural del espíritu, sólo cuando nuestra vida y nuestra obra concuerdan con su naturaleza espiritual, podremos sentirnos naturales por dentro. Cuando nos sentimos naturales por dentro, esto comprueba que estamos viviendo conforme a la ley de vida que está en nuestro espíritu. Este sentir natural dado a nosotros por esta ley de vida dentro de nosotros nos hace saber que estamos viviendo en el espíritu y andando conforme al espíritu. Así que, si seguimos la ley de vida en nuestro espíritu, o si seguimos la consciencia natural que la ley de vida nos da, esto significa que estamos siguiendo al espíritu de vida dentro de nosotros. En términos sencillos, seguir el sentir de la ley de vida en el espíritu es seguir al espíritu, porque el sentir de la ley de vida en el espíritu es el sentir del espíritu mismo.

V. EL SENTIR DE PAZ

El espíritu de vida en nosotros no sólo es el lugar donde el Espíritu de Dios y la vida de Dios moran, sino que también es el lugar donde se encuentra el nuevo hombre. Además, el espíritu en nosotros, el espíritu mezclado con la vida de Dios, también es el nuevo hombre dentro de nosotros. Si en nuestros hechos y comportamiento exteriores prestamos atención al espíritu de vida en nosotros, entonces estamos viviendo según el nuevo hombre espiritual que está en nosotros. De esta manera nuestro hombre interior y nuestras acciones exteriores corresponden uno a otro; como consecuencia, nos sentimos naturales y tranquilos. Podemos decir que esta consciencia de ser naturales y tranquilos es el resultado producido por el sentir de la ley del espíritu de vida. Si nos ocupamos del espíritu de vida dentro de nosotros, espontáneamente andamos y vivimos conforme a la ley del espíritu de vida que está en nosotros. Esto nos hace sentirnos naturales desde nuestro interior y nos da este sentir de paz. Este sentir de paz y el sentir de vida van juntos, mano a mano. El sentir de vida es fresco y viviente; el sentir de paz es natural y hace que nos sintamos a gusto. El sentir de vida es satisfacción y vigor en plenitud; el sentir de paz es descanso y bienestar. Si nos ocupamos del espíritu, y andamos y vivimos por el espíritu, no sólo tendremos el sentir de vida, es decir, no sólo nos sentiremos frescos, vivos, satisfechos y vigorosos, sino que también tendremos el sentir de paz, es decir, nos sentiremos naturales, tranquilos, cómodos y a gusto. Tal sentir también es el sentir del espíritu. Cuando tenemos ese sentir, podemos saber que estamos viviendo en el espíritu. Cuando seguimos ese sentir, seguimos el sentir del espíritu, lo cual significa que seguimos al espíritu. Tal sentir nos ayuda a conocer el espíritu y a reconocerlo. Cuanto más andamos conforme al espíritu y vivimos en el espíritu, más rico y profundo llega a ser este sentir dentro de nosotros.

VI. EL SENTIR DE MUERTE

En Romanos 8:6 hay un contraste. El apóstol dice que poner la mente en la carne da por resultado la muerte, mientras que poner la mente en el espíritu es vida y paz. Esta palabra revela que así como la carne está en contraste con el espíritu, así también el resultado de ocuparse de la carne, el cual es la muerte, es lo opuesto de los resultados de ocuparse del espíritu, los cuales son vida y paz. Así que el apóstol nos dice aquí que la muerte no sólo es lo opuesto de la vida, sino también lo opuesto de la paz. Por lo tanto, el sentir de muerte no sólo es lo opuesto del sentir de vida, sino también lo opuesto del sentir de paz. El sentir de vida nos hace sentir frescos, vivos, satisfechos y vigorosos; el sentir de muerte nos hace sentir lo opuesto: viejos, deprimidos, vacíos e impotentes. El sentir de paz hace que nos sintamos naturales, tranquilos, cómodos y a gusto. Estar conscientes de la muerte produce en nosotros el efecto contrario: nos hace sentir anormales, intranquilos, incómodos e inquietos. Por tanto, cada vez que por dentro nos sintamos afligidos, deprimidos, vacíos, secos, débiles y sin poder, ensombrecidos y torpes, o inquietos, inseguros, incómodos, fuera de armonía, llenos de conflicto, afectados, tristes y atados, debemos saber que no estamos viviendo en el espíritu; más bien estamos viviendo en lo opuesto del espíritu, esto es, la carne.

Aquí el apóstol habla de la carne y no sólo se refiere a las concupiscencias de nuestra carne, sino también a todo nuestro viejo hombre. Todo lo que pertenece a nuestro nuevo hombre interior, pertenece al espíritu; de igual manera, todo lo que pertenece a nuestro viejo hombre exterior, pertenece a la carne. Lo que no proviene del espíritu y no pertenece al espíritu es de la carne y pertenece a la carne. Aunque el alma es diferente de la carne, todo lo que proviene del alma o pertenece al alma también es de la carne y pertenece a la carne, porque el alma cayó y vino a ser prisionera de la carne. Así que, si vivimos por el alma, vivimos por la carne. En todo caso, si nos ocupamos de la carne o del alma, estamos ocupándonos de la carne. El resultado de ocuparnos de la carne es muerte. Este sentir de muerte o nos deprime y nos vacía o nos hace sentir inquietos e inseguros. Cada vez que tenemos esta consciencia, debemos saber que estamos ocupándonos de la carne y que estamos viviendo en la carne o en el alma. Tal sentir nos hace conocer lo que es opuesto al espíritu, lo cual es la carne, y nos permite reconocerlo. Por tanto, al conocer lo opuesto del espíritu, podemos conocer el espíritu mismo.

Todo lo que hagamos, no importa si pensamos que es correcto o incorrecto, espiritual o no espiritual, si en lo más profundo de nuestro ser nos sentimos inquietos, inseguros, vacíos y deprimidos, esto demuestra que estamos andando por la carne y que no estamos viviendo en el espíritu. Incluso al orar y predicar, sin tomar en cuenta otras cosas u obras malas, si nos sentimos vacíos y deprimidos por dentro, insatisfechos o descontentos, esto demuestra que estamos orando o predicando por la carne, y no en el espíritu. Muchas veces, oramos por medio de nuestra mente o nuestra carne (pues, no están en el espíritu) como si estuviéramos recitando un libro. Cuanto más oramos, más nos sentimos secos y deprimidos, sin riego y sin gozo. Después de orar, nos sentimos simplemente vacíos; no nos sentimos satisfechos. Esta oración que procede de nuestra mente impide que nuestro espíritu obtenga el suministro de vida; al contrario, sólo toca el sentir de muerte. Por muy apropiada que haya sido nuestra oración, no fue en el espíritu; por lo tanto, no pudimos tocar el riego y gozo de la vida y paz, sino que sólo sentimos la sequedad y opresión de la muerte. Muchas veces, nuestra predicación también es así. Cuando no predicamos conforme al espíritu sino según la mente, nos sentimos vacíos y secos por dentro, o sentimos la muerte; no nos sentimos satisfechos ni sentimos que hemos recibido riego, ni tampoco tenemos el sentir de vida. Si estuviéramos en el espíritu, si habláramos por el espíritu, deberíamos sentirnos satisfechos y tranquilos por dentro, lo cual significa que sentiríamos vida y paz. Por tanto, por medio de tal sentir, podemos saber si lo que hacemos está en la carne o en el espíritu. Mediante este sentir podemos conocer la carne y, al conocer la carne, conocemos al espíritu.

La muerte no sólo nos hace sentir la depresión, el vacío, la inquietud y la infelicidad, sino que también nos hace perder el sentir de vida. Tales sensaciones de muerte son advertencias para nosotros, que nos instan a librarnos de la carne y a vivir en el espíritu. Si tenemos este sentir de muerte, pero continuamos actuando y comportándonos según la vida de la carne, después de un período continuo la muerte puede causar una pérdida de sensibilidad a nuestro espíritu y puede entumecerlo. Si nuestro espíritu está entumecido e inconsciente, se debe al hecho de que hemos vivido por la carne durante un período de tiempo tan prolongado que nuestro espíritu ha quedado dañado por la muerte. Por lo tanto, podemos y debemos saber de qué manera estamos tratando nuestro espíritu y si estamos o no viviendo en el espíritu.

VII. CONOCER EL ESPIRITU
MEDIANTE EL SENTIR DEL ESPIRITU

Todas las sensaciones mencionadas aquí son las que el Espíritu de vida dentro de nosotros nos hace sentir; por lo tanto, podemos decir que pertenecen al espíritu. Si queremos conocer el espíritu directamente, resulta un poco difícil, pero es relativamente fácil conocer el espíritu mismo por medio de estas sensaciones producidas en el espíritu. De modo directo no podemos comprender exactamente lo que es en realidad el espíritu, pero mediante el sentir del espíritu, no es difícil conocerlo. Si andamos y vivimos siguiendo fielmente el sentir del espíritu, entonces estamos siguiendo al espíritu y ocupándonos del espíritu. Si seguimos lo que es propio de la ley del Espíritu de vida, prestamos atención al sentir de vida y paz, atendemos a la advertencia que nos da el sentir de muerte y vivimos según ella, entonces estaremos viviendo en el espíritu. Estas sensaciones provienen del espíritu; por consiguiente, nos permiten tocar el espíritu y conocer de esta manera el espíritu.

CAPITULO OCHO

LA DIFERENCIA ENTRE
EL ESPIRITU Y EL ALMA

Hemos visto el sentir del espíritu y el asunto de conocer al espíritu; ahora vamos a ver la diferencia entre el espíritu y el alma.

I. LA SEPARACION DE ESPIRITU Y ALMA

Los llamados "psicólogos" analizan al hombre y lo dividen en dos partes: la metafísica y la física. La parte física se refiere al cuerpo y la metafísica se refiere a la psique, la cual es el alma mencionada en la Biblia. Ellos dicen que dentro del cuerpo del hombre se encuentra solamente la psique, el alma. Pero la Biblia nos dice que dentro del hombre, además del alma, existe el espíritu. En 1 Tesalonicenses 5:23 no dice solamente "alma" sino "espíritu y alma". El espíritu y el alma son dos entidades y son diferentes. Así que Hebreos 4:12 habla de partir el alma y el espíritu.

Si deseamos tener el verdadero crecimiento espiritual en vida, debemos saber que el espíritu y el alma son dos cosas distintas, y debemos tener la habilidad de discernir el espíritu y el alma, lo espiritual y lo anímico. Si podemos discernir la diferencia entre el espíritu y el alma, entonces podemos negar el alma, ser librados del alma y vivir por el espíritu delante de Dios.

A. El alma en contraste con el espíritu

En 1 Corintios 2:14-15 se habla de dos clases de hombre: uno es el hombre anímico (el texto original traducido "hombre natural" [en Reina Valera 1960] es "hombre anímico"), y el otro es el hombre espiritual. Esto nos muestra que el hombre puede vivir por cualquiera de estas dos cosas diferentes, el alma o el espíritu, y pertenecer a cualquiera de ellas. El hombre puede vivir por el alma y pertenecer al alma, llegando a ser un hombre anímico, o puede vivir por el espíritu y pertenecer al espíritu, llegando a ser así un hombre espiritual. Si un hombre es espiritual, entonces puede discernir y recibir las cosas del Espíritu de Dios; sin embargo, si es anímico, no puede recibir tales cosas, ni siquiera puede conocerlas. Esto comprueba claramente que el alma está en contraste con el espíritu. El espíritu puede comunicarse con Dios y discernir las cosas del Espíritu de Dios. Para el alma las cosas del Espíritu de Dios son incongruentes e inapropiadas. El espíritu se deleita en apreciar y recibir las cosas de Dios, pero el alma no; no recibe tales cosas, y además considera que son tonterías.

En la Biblia no sólo tenemos Romanos 8, el cual nos muestra que la carne se opone al espíritu, sino también 1 Corintios 2, el cual nos muestra que el alma también se opone al espíritu. Cuando un hombre vive por la carne, él es de la carne y no del espíritu; de igual manera, cuando un hombre vive por el alma, él es del alma y no del espíritu. Romanos 8, al hablar de la carne, pone énfasis en su relación con el pecado; por lo tanto, todos los que pecan son carnales. Pero el alma no está necesariamente en relación directa con el pecado. A menudo el hombre quizás no peque ni sea carnal (a los ojos de los hombres), pero todavía es del alma y no es espiritual. (Hablando con propiedad, cuando un hombre es anímico, también es carnal, porque el alma del hombre ha caído hasta quedar bajo el poder de la carne. Pero cuando hablamos del alma misma, existe una diferencia entre ser del alma y ser de la carne). Por tanto, aun si no pecamos y hemos sido librados del pecado, de modo que a los ojos del hombre no somos carnales, esto no quiere decir necesariamente que somos espirituales y no anímicos; tampoco significa que podemos comprender las cosas del Espíritu de Dios o que podamos entender, apreciar y recibir las cosas de Dios. Muchas veces pensamos que si tan sólo pudiéramos estar libres del pecado y dejar de ser desenfrenados en la carne, entonces podríamos ser espirituales, comunicarnos con Dios y entender las cosas del Espíritu de Dios. Pero no es tan seguro. Aunque parezca que hemos sido librados del pecado y que ya no nos desenfrenamos en la carne, de todos modos es muy posible que vivamos por el alma y no por el espíritu.

La salvación del Señor nos libra no sólo del pecado y de la carne, sino también del alma. El propósito de la salvación del Señor no consiste sólo en que no debemos pecar ni estar en la carne, sino que tampoco debemos estar en el alma, sino en el espíritu. Su obra salvadora incluye no sólo salvación al nivel de moralidad para que lleguemos a ser hombres morales, sino, aun más, salvación al nivel de espiritualidad para que lleguemos a ser hombres espirituales. Un hombre de alta moralidad no es necesariamente un hombre espiritual; por el contrario, es muy posible que sea un hombre anímico, un hombre que viva por el alma. Por tanto, es posible que un hermano o una hermana tenga una moralidad alta y sea muy bueno; pero en cuanto a las cosas espirituales de Dios, puede ser que él o ella no haya sido iluminado, que no las desee ni las aprecie y que ni siquiera las reciba, porque él o ella está viviendo por el alma y es del alma.

B. La impotencia del alma en las cosas espirituales

En 1 Corintios 2:14 se dice: "El hombre *anímico* no acepta las cosas que son del Espíritu de Dios ... y no las puede entender". Estas palabras hablan clara y categóricamente acerca de la condición del alma ante las cosas del Espíritu de Dios. El alma "no acepta" las cosas del Espíritu de Dios y "no las puede entender". El alma no desea las cosas del Espíritu de Dios, ni las puede recibir; aun cuando quiere recibirlas, no puede, porque no es capaz de conocerlas ni de entenderlas. La naturaleza del alma no concuerda con las cosas del Espíritu de Dios; por lo tanto, no quiere ni recibe las cosas de Dios. Además, tampoco tiene la capacidad de conocer las cosas de Dios. Por lo tanto, con respecto a las cosas del Espíritu de Dios, un hombre que vive por el alma no tiene sensibilidad, interés ni deseo; tampoco las busca, las recibe ni las entiende. Por esta razón es necesario que Dios nos libre del alma para que no vivamos por el alma; entonces podrá hacernos amar, entender y recibir las cosas de Su Espíritu.

Debemos entender claramente la impotencia del alma en cuanto a lo espiritual y considerar tal impotencia como asunto importante. El alma no recibe las cosas del Espíritu de Dios ni tampoco las puede conocer. Un hermano o hermana que vive por el alma puede ser muy bueno, bien educado y lleno de virtudes, pero es cierto que no es capaz de conocer las cosas espirituales y es posible que ni siquiera tenga sed de éstas. He conocido a muchos hermanos y hermanas así. Son muy esmerados en cuanto a su conducta, y puede decirse que su comportamiento es irreprochable, pero con respecto a las cosas espirituales ellos tienen un bloqueo mental, y no las buscan. Se evalúan a sí mismos y a otros conforme a las normas de moralidad humana, del bien y del mal, de lo correcto y lo incorrecto, y en todo carecen de la sensibilidad y penetración del Espíritu de Dios. Puede ser que tengan claridad en la mente y que tengan un intelecto fuerte, pero no han sido iluminados en su espíritu, y la sensibilidad de su espíritu está entumecida. Podemos llamarles *buenos* cristianos, pero no cristianos *espirituales*. En cuanto a su conducta, son realmente buenos. Saben comportarse bien y desempeñarse correctamente; son inteligentes y atentos, diligentes y esmerados. Pero al tocar las cosas del Espíritu de Dios, se pierden. Es como si fueran hechos de madera o de piedra, sin sensibilidad ni entendimiento alguno. Además, con respecto a lo espiritual, muchas veces tienen un corazón frío; no sólo su entendimiento es lento, sino que también son perezosos en buscar.

Por consiguiente, los buenos cristianos no son necesaria- mente cristianos espirituales. Los cristianos espirituales no son meramente buenos en su conducta; ellos viven en el espíritu, por tanto, experimentan el sentir del espíritu, entienden las cosas espirituales, en su interior conocen el camino de Dios, y tienen competencia en cosas espirituales. La bondad y la espiritualidad son muy diferentes. Muchos hermanos y hermanas son buenos, pero no son espirituales; son buenos, pero no viven en el espíritu. Encontramos bondad en ellos, pero no encontramos el espíritu. Vemos las virtudes humanas en ellos, pero no percibimos la fragancia de Dios. Desde cierta perspectiva, no parecen estar en la carne, pero están claramente en el alma. Aunque no dan rienda suelta a la carne, tampoco viven en el espíritu; aunque no aprueban las cosas pecaminosas, tampoco tienen sed de cosas espirituales; aunque no pecan conforme a la carne, viven por el yo, el cual es el alma. El alma es la fuente de su vida, y también es el medio de su vivir. Son personas del alma, que viven en el alma y por ella; por lo tanto, no desean las cosas espirituales, ni tampoco las pueden entender.

C. El contenido del alma

El alma es nuestra personalidad individual, nuestro yo; por lo tanto, nuestra alma es nuestro yo. En términos analíticos, el alma incluye tres partes: la mente, la parte emotiva y la voluntad. La mente es el órgano que el hombre usa para pensar. Es lo que normalmente llamamos el cerebro. (Fisiológicamente es el cerebro, psicológicamente es la mente). Es la parte principal del alma. El pensar del hombre, su meditación, su consideración y su memorización, son funciones de la mente en el alma. El hombre, después de la caída, especialmente el hombre de hoy, vive por lo general en la mente, y los pensamientos de la mente lo dirigen. Así como el hombre piensa, se comporta. La acción del hombre siempre está relacionada con su pensamiento. Por tanto, hoy en día, no importa en quién o en qué nos enfoquemos, debemos comenzar con el pensamiento del hombre para poder ganar la mente humana. Hoy en día hay muchas teorías, escuelas y métodos educativos, y todos éstos tienen un solo objeto: impresionar el pensamiento del hombre para ganar su mente. Si usted puede ganar la mente de un hombre mediante el pensamiento de éste, puede ganarlo a él, porque el hombre vive en la mente, la cual es el cerebro, y es dirigido por el pensamiento de la mente.

La parte emotiva del alma es la parte del hombre relacionada con el amor, el enojo, la tristeza y el gozo. El hombre ama, aborrece, se regocija, lamenta y está animado o deprimido. Todas estas funciones provienen de la parte emotiva del alma del hombre. Muchas personas son sentimentales. Son ricas en emoción y se emocionan fácilmente. Muchas veces estas personas se enfrentan con las cosas usando sus emociones. Cuando usamos razonamientos para discutir con ellas, es difícil impresionarlos; pero muy fácilmente podemos conmover su emoción. No quedan fácilmente convencidos en su mente, pero se conmueven fácilmente en sus emociones.

La voluntad del alma es el órgano que el hombre emplea para tomar decisiones. El hombre decide, se resuelve, juzga, escoge, recibe y se rehusa. Todas estas funciones provienen de la voluntad del alma del hombre. Algunas personas están en la mente, algunas en la parte emotiva y otras están en la voluntad. Los que están en la mente o en la parte emotiva viven en su mente o en su emoción; de la misma manera, los que están en la voluntad viven en su voluntad. La mente o la parte emotiva, respectivamente, es la parte más fuerte de los que están en esa parte, así también ocurre con la voluntad. Una persona que vive en la voluntad ciertamente es firme en su decisión. Cuando se ha resuelto a seguir cierta línea de acción, no hay manera de cambiarlo. Uno puede tratar de razonar con él, pero no le importa el razonamiento; uno puede tratar de apelar a su emoción; pero no toma en cuenta las emociones. El es una persona que se comporta según su voluntad y que vive en la voluntad.

El contenido del alma es triple: la mente, la parte emotiva y la voluntad. En todo hombre estas tres partes están presentes simultáneamente. Cada hombre tiene algo que se llama razón, emoción y voluntad. Sin embargo, algunos viven más en la mente, algunos son ricos en emoción y otros son fuertes en voluntad.

Algunos piensan de una manera muy clara. Por mucho que uno trate de persuadirlos con las emociones, es imposible hacerlo. Si usted quiere ganarlos, tiene que emplear la razón. Ellos viven en la mente, o en el cerebro; son personas intelectuales.

Algunos son ricos especialmente en sus emociones. Parece que no tienen cerebro y que no piensan, sino que solamente sienten emociones. Usando sus emociones, tales personas frecuentemente dejan las cosas en confusión. Si usted razona con ellas, muchas veces no les importa, tampoco lo entienden ni son conmovidas en su corazón. Si usted habla con estas personas empleando emoción, resultará muy fácil tocar su parte interior. Por lo que a ellas se refiere ni mil ni diez mil razones son tan poderosas como una o dos lágrimas. A veces, no importa si razone bien o mal con ellos, no puede ganarlos; pero si nada más vierte algunas lágrimas, puede ganarlos. Sólo les importa la emoción, y no la razón. Esto se debe al hecho de que no están en el intelecto, sino en la emoción.

La voluntad de algunas personas es particularmente fuerte. En todo, ellas tienen cierta sugerencia o idea. Cuando toman una decisión, son muy firmes y no es fácil hacerlos cambiar de parecer. Tales personas normalmente son estables y obstinadas; no hacen caso de la emoción ni de la razón. En todo, por su voluntad obstinada, proponen ideas y establecen políticas. Uno puede razonar con ellas, pero no entienden. Uno puede usar las emociones con ellas, pero no son conmovidas. No están en el intelecto ni en la emoción, sino en la voluntad.

II. EL HOMBRE ANIMICO Y EL HOMBRE ESPIRITUAL

A. El hombre anímico

No importa si un hombre está en la mente, en las emociones o en la voluntad, es un hombre anímico. Si vive en la mente, en la emoción o en la voluntad, vive en el alma. Si vive por la mente, por la parte emotiva o por la voluntad, vive por el alma. Por lo tanto, es muy fácil determinar si un hombre es anímico. Sólo hay que observar si actúa por la mente, la parte emotiva o la voluntad, y si vive en la mente, la emoción o la voluntad. Mientras actúe y se comporte por cualquiera de estas tres funciones, o mientras viva en cualquiera de ellas, él es un hombre anímico.

Frecuentemente un hombre anímico es uno que otros llaman un "buen hombre". Frecuentemente este hombre no tiene defecto a los ojos del hombre. Pensar de manera clara siempre atrae la alabanza de los hombres para los que se comportan así. Una persona que tiene emoción moderada siempre gana la aprobación de los hombres. Un hombre que confía en su voluntad firme también atrae el elogio de la gente. Pero cuando un hombre vive en éstas, aunque no está viviendo en pecado, tampoco está viviendo en el espíritu. Aunque parece no tener pecado ni defecto ante el hombre, delante de Dios su espíritu está bloqueado y su entendimiento espiritual está embotado.

Una vez, en cierto lugar, me encontré con un colaborador. Su conducta era realmente buena, pero vivía demasiado en la mente, o sea, en el cerebro; por eso le era difícil entender o comprender las cosas espirituales. Cada vez que le hablaba acerca de los asuntos de servir a Dios, yo temía que su mirada erraría. Cuando yo le hablaba, él escuchaba hasta que casi captaba el punto, y en seguida su mirada erraba de nuevo y se confundía otra vez. Cuando su mirada erraba, significaba que su mente estaba considerando. El sólo usaba su mente para considerar; no usaba su espíritu para percibir las cosas de Dios. Por lo tanto, le era extremadamente difícil entender y percibir las cosas espirituales.

A menudo, el pensar constituye lo que dificulta y estorba más a los hermanos en las cosas espirituales. Con frecuencia muchos hermanos emplean el pensar en las cosas espirituales. Creen que pueden entender las cosas espirituales ejercitando su mente. No saben que la mente, como parte del alma, no puede entender el espíritu. Un hombre que vive en la mente vive en el alma y sin excepción viene a ser un hombre anímico, sin capacidad alguna para entender las cosas espirituales.

Así como la mente constituye la dificultad de los hermanos en las cosas espirituales, así también las emociones frecuentemente impiden a las hermanas. Muchas hermanas no pueden entender ni percibir las cosas espirituales porque están demasiado en las emociones. En las iglesias de varios lugares, he visto muchas buenas hermanas que tienen entusiasmo y amor, son atentas en su comportamiento, y su conducta es sobria; sin embargo, con respecto a las cosas espirituales, carecen de sensibilidad y casi no pueden comprenderlas. La razón es sencilla: viven demasiado en sus emociones y demasiadas veces su comportamiento depende de su emoción. Aparentemente, la emoción no es pecado, pero la emoción impide que vivan en el espíritu, que toquen las cosas de Dios por medio de su espíritu, que tengan sensibilidad espiritual alguna y que entiendan cosas espirituales. La emoción es la trampa en que caen; las retiene en la esfera del alma donde viven por el alma y son personas anímicas.

A muchos hermanos también les dificulta y estorba la voluntad en su comprensión de las cosas espirituales. Hasta algunas hermanas tienen este problema. Juzgan y deciden cosas usando demasiado su voluntad; entonces, inconscientemente viven en el alma, sin tener sensibilidad espiritual ni entendimiento de las cosas espirituales.

No importa qué parte del alma ocupe una persona, fácilmente se comportará por esta parte y vivirá en esa parte. Cuando una persona mental se enfrenta con algo, naturalmente pensará en el asunto una y otra vez, considerándolo desde varios ángulos. Una persona emocional inconscientemente atenderá mucho a la emoción en sus tratos con otros y al manejar las cosas. Una persona resuelta muy fácilmente se apoya en su voluntad al relacionarse con el hombre y con los asuntos; toma resoluciones y no cambia su decisión. Una persona pertenece obviamente a la parte del alma en la cual viva fácil y naturalmente. Si usted ve a una persona que instintivamente piensa, considera, pesa y mide cada asunto, puede estar seguro de que su comportamiento depende del intelecto; por lo tanto, es una persona que está en la mente. Si una persona se conmueve fácilmente al enfrentarse con varias cosas, sonriendo o llorando en seguida, en un momento contento y en otro deprimido, sabe usted que éste debe de ser rico en emoción y es emocional. Si cada vez que usted se enfrenta con las cosas, usted planea y decide sin esfuerzo y su voluntad se presenta para actuar y funcionar sin ningún ejercicio especial de parte de usted, entonces sin duda usted es una persona cuya voluntad es fuerte y que está en la voluntad. Cualquier parte del alma que sea fuerte o en que la persona es rica, siempre es la parte que se destaca cuando la persona se enfrenta con algo e intenta solucionarlo. El hecho de que cierta parte del alma de una persona se destaca al enfrentar las cosas, comprueba que la persona se encuentra en esa parte específica, y también demuestra que es un hombre anímico.

B. El hombre espiritual

Si podemos reconocer las personas anímicas, no es difícil distinguir las personas espirituales. Puesto que una persona anímica vive por la mente, por la parte emotiva o por la voluntad, una persona espiritual debe de ser alguien que no vive por estas funciones. Ya que una persona anímica vive por el alma y no por el espíritu, entonces una persona espiritual debe de vivir en el espíritu y no en el alma. Aunque las personas espirituales también tienen alma, y aunque la mente, la parte emotiva y la voluntad de su alma pueden ser todavía más fuertes y abundar más en ellas que en personas anímicas, las personas espirituales no viven por estos órganos del alma ni en ellos. Viven por el espíritu y en el espíritu, y permiten que el espíritu sea el amo y la fuente de toda su acción y conducta. En ellos el espíritu ocupa la posición preeminente; es la fuente de su conducta y el punto de partida de su acción. En ellos el alma está en posición de sumisión. Aunque la mente, la parte emotiva y la voluntad de sus almas también funcionan, aún así están sometidas al gobierno del espíritu y son dirigidas por él. Usan su mente, sus emociones y su voluntad, pero siempre siguen el sentir del espíritu cuando usan estos órganos del alma. Ellos no son como las personas anímicas, que dejan que el alma sea el amo en todo, que permiten que la mente, la parte emotiva o la voluntad se destaque para dirigir y funcionar. Las personas espirituales rechazan la preeminencia del alma y rehusan la dirección de la mente, la parte emotiva o la voluntad. Así permiten que el espíritu sea el amo en ellos, que dirija toda su conducta de modo que sigan el sentir del espíritu. Cuando se enfrentan con algo, no empiezan por la mente, la parte emotiva ni la voluntad del alma para tocar el asunto y tratarlo; más bien, usan primero su espíritu para tocar y percibirlo, buscando primero en el espíritu el sentir del Señor en cuanto a este asunto. Después de tocar el sentir del Señor en su propio espíritu, usan la mente en el alma para entender el sentir que está en el espíritu, usan las emociones del alma para expresarlo y la voluntad en el alma para llevarlo a cabo. Aunque usan los órganos del alma, no son anímicos ni viven por la vida del alma; son espirituales y viven por la vida del espíritu. Para ellos el alma es simplemente un órgano que emplean.

III. UNA CONDICION ANORMAL

Hemos visto que un hombre caído, estando muerto en el espíritu, sólo puede vivir por el alma. Pero nosotros los que somos salvos y tenemos un espíritu vivificado, podemos vivir por el espíritu. Además, Dios nos salva para que regresemos al espíritu y vivamos por él. La caída del hombre hizo que el hombre cayera y así volverse de estar en el espíritu a estar en el alma, de modo que el hombre ya no vive por el espíritu sino por el alma. La obra salvadora de Dios salva al hombre, sacándolo del alma y llevándolo al espíritu para que el hombre ya no viva por el alma sino por el espíritu. Sin embargo, muchos salvos todavía no viven de esta manera. Algunos permanecen en el alma y viven por el alma porque no conocen la diferencia entre el espíritu y el alma ni los asuntos que implican tal diferencia. Además, no saben que el deseo de Dios consiste en librarlos del alma para que vivan en el espíritu. Aunque algunos saben que su espíritu ha sido vivificado, que es diferente de su alma y que Dios quiere que vivan en su espíritu, no dejan de permanecer en el alma y de vivir por él. Esto se debe a que están acostumbrados a vivir por el alma y no por el espíritu, y que no les parece importante vivir en el espíritu. Los que no conocen la diferencia entre el espíritu y el alma, y tampoco saben que Dios desea librarlos del alma para que vivan en el espíritu, creen que es apropiado y necesario vivir por la mente, la parte emotiva y la voluntad y que si sólo son cuidadosos y no tienen defectos, están bien. Pero no saben que por lo que a los cristianos se refiere, ¡esto es pobre en extremo!

Dios no tiene la intención de librarnos solamente de faltas e introducirnos en una condición intachable; tiene la intención de librarnos aun más del alma y trasladarnos al espíritu. No quiere que sólo vivamos una vida sin defecto, sino que vivamos una vida espiritual, una vida espiritualmente intachable. Quiere que llevemos una vida intachable no por el alma, sino por el espíritu. No obstante, muchos cristianos, debido a su ignorancia, siguen viviendo por el alma, y luchan y se esfuerzan para ser intachables por medio de la vida del alma. Aunque su espíritu ya ha sido vivificado, no saben que deben usar su espíritu y vivir por él. Quieren hacerse hombres perfectos, que lleven una vida satisfactoria únicamente por medio del poder del alma. Su opinión y juicio en cuanto a las cosas, su amor e inclinación, están en el alma, y no en el espíritu. Aunque son cristianos que se comportan bien, y su conducta y comportamiento son intachables, siguen viviendo en el alma y no en el espíritu. Admitiendo que sus pensamientos son limpios, sus emociones equilibradas y sus decisiones acertadas, aun así son anímicos y no espirituales. Su condición es anormal para cristianos. Están llevando una vida cristiana anormal. Aun cuando tienen éxito, sólo pueden satisfacerse a sí mismos. Y a veces algunos están realmente satisfechos por su éxito (un éxito verdaderamente dudoso); pero no pueden agradar a Dios, porque Dios desea que el hombre sea librado del alma y viva por el espíritu.

También llevan una vida cristiana anormal los que siguen viviendo por el alma aunque conocen hasta cierto punto la diferencia entre el espíritu y el alma y saben que Dios desea librarnos del alma para que vivamos en el espíritu. Saben que su espíritu ya está vivificado, pero no viven por él. Aunque saben que Dios quiere librarlos del alma para que vivan en el espíritu, permanecen en el alma y viven por el alma. Aunque saben que el hombre debe tener contacto con Dios en el espíritu, siguen usando el alma para tocar las cosas de Dios. Saben que tienen un espíritu, pero no usan su espíritu; saben que deben vivir por el espíritu, pero no viven en el espíritu. Piensan que les conviene usar la mente, la parte emotiva o la voluntad del alma y no están acostumbrados a usar el espíritu; así que, hacen caso omiso de vivir por el espíritu. Cuando les pasa algo, siempre empiezan por su mente, sus emociones o su voluntad para enfrentarse con ello. No usan primero su espíritu para tocarlo. Ser cristianos buenos sin defecto (y esto es dudoso) es lo único que pueden ser; no pueden ser cristianos espirituales. Sólo pueden satisfacerse a sí mismos, no pueden agradar a Dios. Sólo pueden ser elogiados por el hombre; no pueden recibir alabanza de Dios. Todavía necesitan ser librados por Dios, no del pecado sino del alma; no de la carne sucia condenada por el hombre, sino del alma limpia elogiada por el hombre. De otra manera, todavía son extranjeros y extraños con respecto a las cosas del Espíritu de Dios.

IV. LA MANERA DE SER LIBRADOS DEL ALMA

¿Cómo podemos ser librados del alma? Esto requiere revelación desde dos ángulos: uno con respecto al alma y el otro con respecto a la cruz. Debemos ver que el alma es impotente en las cosas de Dios e inútil en las cosas espirituales. Por muy excelente y fuerte que sea cualquier parte de nuestra alma, no puede comprender las cosas de Dios ni entender las cosas espirituales. Por muy limpia que sea nuestra mente, por muy equilibrada que sea nuestra emoción, y por muy propia que sea nuestra voluntad, éstas nunca podrán hacer de nosotros personas espirituales. Debemos ver también que nuestra alma y todas las cosas que le pertenecen ya han sido crucificadas en la cruz de Cristo. En Gálatas 2:20, cuando el apóstol dice: "Con Cristo estoy juntamente crucificado", el "yo" al cual se refiere es el alma. A los ojos de Dios la muerte es lo único que merece el alma. Y nuestra alma ya ha sido tratada por Dios por medio de la cruz de Cristo. Por eso, no debemos estimar las cosas de nuestra alma; más bien sólo debemos admitir que nuestra alma debe morir, que merece morir y que ya está muerta. Esta revelación y visión puede capacitarnos para condenar el alma, negar el alma, rechazar el alma, prohibir que el alma dirija en ningún asunto, y no darle terreno alguno al alma. Mediante el Espíritu Santo hacemos morir el alma; permitimos que el Espíritu Santo haga morir la vida del alma y que acabe con la actividad del alma por medio de la cruz.

Debemos ver cuán impotente es el alma delante de Dios, y que no puede comprender las cosas de Dios ni agradarle a Dios. Debemos ver también el valor del alma delante de Dios y cómo El la trata. Sólo entonces podremos negar el alma, rechazarla, y librarnos de ella. Por lo tanto, debemos pedirle al Señor que nos haga ver no sólo la impotencia del alma, sino también la manera en que la cruz anula el alma; así aprenderemos en todo a rechazar el alma y a no vivir por ella. Una persona mental debe rehusar su intelecto en todas las cosas espirituales; debe dejar totalmente a un lado tales funciones como el pensar y el considerar y debe volverse al espíritu, usando el espíritu para percibir el sentir de Dios. Cuando lee la Biblia, ora, o habla de cosas espirituales, debe rechazar su propio pensamiento, imaginación, teorías e investigación, y seguir fielmente el sentir en su espíritu y seguir adelante en la comunión de Dios. Una persona emocional debe rechazar su emoción en todo; no debe dejar que su emoción la guíe y la dirija, sino que debe permitir que el Espíritu Santo domine su emoción; de esta manera podrá sentir la voluntad de Dios en el espíritu. Debe tener miedo de su emoción así como teme el pecado, y en temor y temblor debe vivir en el espíritu sin ser dirigido ni influenciado por su emoción. Una persona resuelta debe considerar su voluntad como el enemigo de Dios en las cosas de Dios, como el oponente del espíritu. De esta manera condenará, rechazará y negará su voluntad. Debe permitir que el Espíritu Santo quebrante su voluntad por medio de la cruz para que no viva delante de Dios mediante su firme y fuerte voluntad, sino por la sensibilidad en su espíritu.

Debemos condenar y rechazar cualquier parte del alma en la cual estemos. Nuestra mente, emoción o voluntad deben ser quebrantadas y dominadas. En todas las cosas de Dios, debemos rechazar la dirección de la mente, la emoción y la voluntad. Más bien, debemos dejar que el espíritu ocupe el primer lugar para gobernar, dirigir y emplear nuestra mente, emoción y voluntad. De esta manera podemos ser librados del alma. Entonces, por una parte, podremos emplear todos los órganos del alma por medio de nuestro espíritu, y por otra, no viviremos por el alma; por lo tanto, no seremos del alma, sino del espíritu.

Capitulo Nueve

TRES VIDAS Y CUATRO LEYES

Ahora queremos ver el noveno punto principal del conocimiento de vida: las tres vidas y las cuatro leyes. Esta es una verdad de suma importancia en la Biblia. Si queremos conocer claramente la condición de nuestra vida interior y espiritual, o si deseamos llevar una vida vencedora que esté libre de pecados, necesitamos entender a fondo esta verdad básica.

I. TRES VIDAS

A. La definición de las tres vidas

Las tres vidas que vamos a considerar aquí son las tres vidas que se encuentran dentro de cada persona salva: la vida del hombre, la vida de Satanás y la vida de Dios.

Comúnmente los hombres piensan que existe una sola vida dentro del hombre, es decir, la vida humana que se obtiene de los padres. Pero la Biblia muestra que debido a la caída del hombre, además de la vida humana, también se halla dentro del hombre la vida de Satanás. Por lo tanto, Romanos 7:18 y 20 dicen que en el hombre, es decir, en la carne del hombre, también mora el Pecado. La palabra *pecado* se refiere a la vida de Satanás. Según Gálatas 5:17, esta carne, la cual contiene la vida de Satanás, permanece dentro del hombre después de la salvación de éste, y muchas veces se opone al Espíritu. Por lo tanto, después de que una persona ha sido salva, todavía contiene la vida de Satanás.

Además, Juan 3:36 dice: "El que cree en el Hijo tiene vida eterna". En 1 Juan 5:12 también se dice: "El que tiene al Hijo tiene la vida", es decir, la vida de Dios. Esto muestra que alguien que cree en el Hijo de Dios y es salvo no sólo tiene su propia vida humana original y la vida de Satanás obtenida mediante la caída, sino también la vida eterna de Dios.

B. El origen de las tres vidas

La Biblia relata que cuando Dios creó a Adán, sopló en su nariz el aliento de vida; de esta manera Adán obtuvo la vida humana creada. Entonces Dios lo puso en el huerto de Edén, frente a dos árboles: el árbol de la vida y el árbol del conocimiento del bien y del mal. Según las revelaciones que se dan más adelante en la Biblia, el árbol de la vida representa a Dios, el árbol del conocimiento del bien y del mal representa a Satanás, y Adán representa a la humanidad. Por tanto, aquel día en el huerto de Edén, es decir, en el universo, se desarrolló una situación que incluía a tres partidos: el hombre, Dios y Satanás.

Satanás es el adversario de Dios, y el hombre es el punto central de su lucha contra Dios. Tanto Satanás como Dios querían tener al hombre. Dios quería al hombre para poder cumplir Su voluntad, mientras que Satanás quería al hombre para poder llevar a cabo su deseo maligno. Ambos, Satanás y Dios, usaron la vida para ganar al hombre. La intención de Dios era que el hombre comiera el fruto del árbol de vida y que de esta manera obtuviera la vida increada de Dios para ser unido con El. Sin embargo, Satanás sedujo al hombre y lo hizo comer el fruto del árbol del conocimiento del bien y del mal, lo cual dio por resultado que el hombre obtuviera la vida caída de Satanás y que fuera mezclado con él.

En aquel día, Adán, al ser engañado por Satanás, comió el fruto del árbol del conocimiento del bien y del mal. A partir de ese momento, la vida de Satanás entró en el hombre, haciendo que éste se corrompiera. De esta manera, el hombre obtuvo la vida caída de Satanás además de su vida creada original.

En los tiempos neotestamentarios, Dios puso Su vida en Su Hijo para que tal vida se manifestara entre los hombres, de modo que, al creer en Su Hijo y recibirlo, el hombre pudiera obtener la vida de Dios. Por esto, además de nuestra vida original, que es humana y creada, y la vida de Satanás obtenida mediante la caída, también obtenemos la vida de Dios.

Por lo tanto, las tres vidas que existen dentro de nosotros

los salvos, se obtienen por medio de la creación, la caída y la salvación, respectivamente. Al salir de las manos creadoras de Dios, obtuvimos la vida humana y creada. Al pasar por Adán, caímos y obtuvimos la vida caída de Satanás. Al entrar en Cristo, somos salvos y obtenemos la vida increada de Dios.

C. La ubicación de las tres vidas

Según las revelaciones bíblicas, las tres vidas diferentes —la del hombre, la de Satanás y la de Dios— entraron respectivamente en nuestra alma, en nuestro cuerpo y en nuestro espíritu humano, los cuales constituyen las tres partes de nuestro ser. Cuando Dios formó al hombre del polvo de la tierra, sopló en él aliento de vida, y "fue el hombre un alma viviente" (Gn. 2:7, heb.). Esto significa que la vida humana obtenida mediante la creación se halla en el alma del hombre. Cuando el hombre fue tentado por Satanás y cayó, asimiló en su cuerpo el fruto del árbol del conocimiento del bien y del mal, el cual representa a Satanás. Por lo tanto, la vida de Satanás obtenida por el hombre mediante la caída se encuentra en el cuerpo humano. Cuando el hombre recibe al Señor Jesús como Salvador y es salvo, el Espíritu de Dios, trayendo consigo la vida de Dios, entra en el espíritu humano. Por consiguiente, la vida de Dios que el hombre obtiene por medio de la salvación, está en el espíritu humano. Por tanto, una persona salva tiene la vida de Dios en su espíritu, la vida humana en su alma y la vida de Satanás en su cuerpo.

A fin de entender más claramente las tres partes en las cuales están colocadas las tres vidas, dedicaremos algún tiempo para hablar de la sensibilidad o consciencia de estas tres partes. El cuerpo, nuestra parte física y exterior, es visible y palpable; incluye todos los miembros de nuestro cuerpo y tiene cinco sentidos— la vista, el oído, el olfato, el gusto y el tacto— con los cuales tenemos contacto con el mundo físico. Por lo tanto, la sensibilidad del cuerpo se llama el sentido mundano o el sentido físico.

El espíritu, nuestra parte más interna y más profunda, incluye la conciencia, la intuición y la comunión. La conciencia es el órgano que nos permite discernir el bien y el mal; y, conforme al principio del bien y del mal, nos hace percibir lo que es correcto y aceptable a los ojos de Dios y lo que es incorrecto e inaceptable a los ojos de Dios. La intuición nos capacita para percibir la voluntad de Dios directamente, sin usar ningún medio. La comunión nos capacita para comunicarnos con Dios y tener comunión con El. Mediante la comunión tenemos contacto con Dios, pero la conciencia y la intuición nos permiten percibir a Dios y los asuntos espirituales, es decir, tener contacto con el mundo espiritual. El sentir de estas dos partes es el sentir en el espíritu; por lo tanto, se llama el sentir espiritual o el sentir de Dios.

El alma, la cual está ubicada entre el espíritu y el cuerpo, es nuestra parte interior y psicológica, e incluye la mente, la parte emotiva y la voluntad. La mente es el órgano con el cual pensamos y consideramos; la parte emotiva es el órgano con el cual realizamos el placer, el enojo, la tristeza y el gozo; y la voluntad es el órgano con el cual formulamos opiniones y tomamos decisiones. Aunque el alma consiste de tres partes, sólo dos —la mente y la parte emotiva— tienen sensibilidad o consciencia. La consciencia de la mente se basa en el raciocinio, mientras que la consciencia de la parte emotiva se basa en las preferencias. Estos dos sentidos de nuestra alma nos capacitan para percibir la parte psicológica del hombre, es decir, el yo del hombre, y para tener contacto con el mundo psicológico; por lo tanto, se llaman sentidos psicológicos o el sentir propio*.

D. La naturaleza y la condición de las tres vidas

Puesto que cada una de las tres vidas diferentes que tenemos en nosotros, tiene su propia fuente y mora separadamente en una de las tres partes diferentes de nuestro ser, la naturaleza de estas tres vidas y sus respectivas condiciones dentro de nosotros también deben de ser diferentes y bastante complicadas. Inmediatamente después de que el

---

*Por lo general, cuando decimos el "sentir del hombre", nos referimos al sentir de los gustos y aversiones emocionales del alma. Aunque este sentir puede ser afectado por la mente del alma, por los cinco sentidos del cuerpo y por la conciencia del espíritu, o aun por la intuición del espíritu, como lo es en el caso de un hombre espiritual; no obstante, se constituye principalmente del sentir de los gustos y las aversiones que se encuentran en la emoción del alma.

hombre fue creado por las manos de Dios, a los ojos de Dios él era "muy bueno" (Gn. 1:31) y "recto" (Ec. 7:29). Por lo tanto, originalmente la vida creada del hombre era buena y recta; no tenía pecado y tampoco conocía el pecado ni sentía vergüenza. Era inocente y sencilla*.

Después de que Adán pecó y cayó, el hombre no sólo ofendió a Dios en cuanto a su conducta, lo cual resultó en una situación pecaminosa, sino que, peor aún, fue envenenado por Satanás con la vida de éste, la cual contaminó y corrompió su vida. Por ejemplo, supongamos que en casa yo digo a mis hijos que no jueguen con el borrador de la pizarra. Luego salgo de la casa, y ellos, por su curiosidad, juegan con el borrador. Luego, al regresar, me doy cuenta de que hicieron algo malo. Este mal es solamente una violación de una regla familiar; nada ha entrado en ellos. Sin embargo, supongamos que en otra ocasión dejo en casa una botella de medicina tóxica y que digo a los niños: "No beban esto". Luego salgo de la casa, y ellos se dan cuenta de que es muy divertido jugar con esta botella y, ¡qué lástima!, beben la medicina tóxica. En esto, no sólo han desobedecido mi orden y violado la regla familiar, sino que, peor aún, algo tóxico ha entrado en ellos. Pasó lo mismo cuando Adán comió el fruto del árbol del conocimiento. No sólo había desobedecido el mandato de Dios, sino que también había recibido en su interior la vida de Satanás. A partir de aquel entonces, el hombre vino a ser complicado interiormente; no sólo tenía la vida original del hombre que era buena y recta, sino también la vida maligna y corrupta de Satanás.

La vida de Satanás, llena de toda clase de pecados, contiene la semilla de toda corrupción y de todos los factores de maldad. Satanás vive dentro del hombre y le inspira deseos lascivos (Jn. 8:44) y le incita a cometer pecados (1 Jn. 3:8).

---

*Después de la caída, Dios dio al hombre la capacidad de sentir vergüenza. Esta capacidad tiene una función doble: por una parte comprueba que tenemos pecado, y por otra, impide que cometamos pecados. Si una persona no tiene la capacidad de sentir vergüenza, es probable que cometa pecados a voluntad. Cuanto más capacidad tiene uno de sentir vergüenza, más será guardado de cometer pecados. Tenemos un refrán que dice que una mujer no debe ser desvergonzada. Una persona que no puede sentir vergüenza seguramente es una persona de la clase más baja.

Así que, su vida es la raíz de los pecados, e incita al hombre a vivir en el pecado. Los varios pecados que el hombre comete provienen de la vida de Satanás, o sea, la vida del diablo que está en él. Desde que esta vida diabólica entró en el hombre, la mayor parte del tiempo éste expresa en su vivir las maldades diabólicas conforme a la vida diabólica, aunque a veces todavía él puede expresar algo de la bondad humana conforme a su vida humana. A veces el hombre puede ser muy tierno; puede comportarse realmente como hombre y trasmitir el olor grato de un hombre verdadero. Otras veces, cuando se enoja, es realmente como un diablo y está lleno del olor satánico. Cuando un hombre da rienda suelta a la embriaguez y a la juerga, visitando prostitutas, haciendo apuestas en juegos de azar y cometiendo varios pecados, tiene una apariencia diabólica y está lleno del olor satánico. El hecho de que el hombre lleve una vida diabólica no se debe a su propia voluntad; al contrario, es la vida del diablo dentro de él la que lo engaña y lo hace ser hombre diabólico y llevar una vida que es un mezclamiento de hombre y diablo.

Hoy en día ésta es la verdadera condición interior de la gente en el mundo. El hombre, por tener la vida humana y la vida de Satanás, una vida buena por naturaleza y la otra mala, tiene el deseo de ser bueno y recto, pero también tiene tendencia a corromperse y a cometer maldades. Por eso, en todas las generaciones, los filósofos que se han estudiado la naturaleza humana han promulgado dos pensamientos distintos: (1) el hombre es bueno por naturaleza y (2) la naturaleza del hombre es maligna. En realidad, tenemos ambas naturalezas dentro de nosotros, porque en nosotros tenemos la vida de lo bueno y también la vida de lo malo.

Pero, gracias al Señor, hoy nosotros los que somos salvos no sólo tenemos la vida del hombre y la vida del diablo, sino también la vida de Dios. Así como Satanás, por medio de su corrupción, inyectó su vida en nosotros, lo cual nos unió a él, nos ganó e hizo que poseyéramos todas las maldades de su naturaleza, así también Dios, al librarnos, pone Su vida en nosotros, lo cual nos une a El, nos gana y hace que poseamos toda la bondad divina de Su naturaleza. Por lo tanto, así como el punto crucial de la caída era la vida, así también el punto crucial de la salvación es la vida. Cuando llegamos a la mesa del Señor, primero partimos el pan de vida, y luego bebemos la copa de la remisión. Esto significa que cuando experimentamos la salvación del Señor, aunque primero recibimos la sangre y luego la vida, en Su salvación lo principal es el pan, el cual representa la vida. La copa, la cual denota la sangre, es secundaria. Así que, primero tomamos el pan y luego la copa.

Cuando la vida de Dios entra en nosotros, interiormente llegamos a ser más complicados que la gente mundana. Tenemos la vida recta del hombre, la vida maligna de Satanás y la vida buena y divina de Dios. Esto significa que tenemos al hombre, a Satanás y a Dios. La situación tripartita del hombre, Dios y Satanás, la cual existió en el huerto de Edén también existe hoy día en nosotros. Podemos decir que dentro de nosotros hay una miniatura del huerto de Edén, y allí están el hombre, Dios y Satanás. Por lo tanto, la lucha que Satanás empeñó en contra de Dios para ganar al hombre en el huerto de Edén también sucede en nosotros hoy. Satanás se mueve en nosotros hoy, deseando que cooperemos con él de modo que él pueda cumplir su maligna intención de poseernos. Dios también se mueve dentro de nosotros, deseando que cooperemos con El para llevar a cabo Su beneplácito. Si vivimos conforme a la vida de Satanás que está en nosotros, viviremos las maldades de Satanás y así le daremos la posibilidad de cumplir en nosotros su intención maligna. Si vivimos conforme a la vida de Dios que está en nosotros, expresaremos en nuestro vivir la bondad divina de Dios y así le daremos la posibilidad de llevar a cabo Su beneplácito en nosotros. Aunque a veces parece que podemos ser independientes y que podemos vivir sólo conforme a nuestra vida humana y no conforme a la vida de Satanás ni conforme a la vida de Dios, en realidad no podemos ser independientes; vivimos conforme a la vida de Dios o vivimos conforme a la vida de Satanás.

Como consecuencia, un cristiano puede comportarse como tres diferentes clases de persona y vivir tres diferentes clases de vida. Un hermano que es muy amable por la mañana en verdad se parece a un hombre; a mediodía, cuando se enoja con su esposa, se parece a un demonio; y por la noche, cuando en su tiempo de oración se da cuenta de que ha sido injusto con su esposa y lo confiesa a Dios y también a su esposa, entonces se parece a Dios. Por tanto, en un solo día se comporta como tres personas distintas, expresando tres condiciones diferentes. Por la mañana como hombre es amable, al mediodía se enoja como demonio, y por la noche, después de confesar el pecado, manifiesta la semejanza de Dios. En un solo día, el hombre, el diablo y Dios, los tres, son manifestados en su vivir. La razón por la cual puede comportarse de tal manera consiste en que dentro de él están las vidas de los tres: el hombre, el diablo y Dios. Cuando vive conforme a la vida del hombre, se parece a un hombre; cuando anda conforme a la vida diabólica, es como el diablo; y cuando se comporta conforme a la vida de Dios, manifiesta la semejanza de Dios. Cualquiera que sea, la vida conforme a la cual vivamos determinará lo que expresaremos en nuestro vivir.

Por lo tanto, debemos ver claramente que dentro de una persona salva existen tres vidas diferentes: la vida creada del hombre, la vida caída de Satanás y la vida increada de Dios. Aunque tenemos las tres vidas por dentro, las obtenemos en tres diferentes momentos debido a tres sucesos distintos. Primero, en el tiempo de la creación y por medio de ella obtuvimos la vida humana creada. En segundo lugar, durante la caída, debido a nuestro contacto con Satanás y con el árbol del conocimiento del bien y del mal, obtuvimos la vida caída de Satanás. En tercer lugar, en el momento de nuestra salvación, por creer en el Hijo de Dios y recibirlo, obtuvimos la vida increada de Dios. Puesto que estos tres eventos —la creación, la caída y la salvación— sucedieron en nosotros, obtuvimos las tres vidas del hombre, de Satanás y de Dios, respectivamente, siendo cada una de éstas diferente de las otras en naturaleza. Al ver y al conocer esto, podemos entender claramente el camino de la vida. Ya que las tres vidas diferentes que pertenecen respectivamente al hombre, a Satanás y a Dios, existen simultáneamente en nosotros, ¿conforme a cuál de éstas debemos vivir? ¿La vida del hombre? ¿la vida de Dios? o ¿la vida de Satanás? La vida conforme a la cual vivimos es la vida que expresaremos. En esto consiste el camino de la vida.

II. CUATRO LEYES

Cada una de las tres vidas que está en nosotros los salvos, tiene una ley. Por lo tanto, no sólo existen tres vidas en nosotros, sino también tres leyes que pertenecen a estas tres vidas. Además de éstas, tenemos la ley de Dios fuera de nosotros. Entonces por dentro y por fuera, se encuentra un total de cuatro leyes. Esto es lo que nos revelan Romanos 7 y 8.

A. La definición de las cuatro leyes

La ley constituye el tema central de los capítulos siete y ocho de Romanos. Previamente, en el capítulo seis, el apóstol dice: "Porque el pecado no se enseñoreará de vosotros, pues no estáis bajo la ley". El no estar bajo la ley es la única razón por la cual el pecado no se enseñoree sobre nosotros. Por lo tanto, para explicar la declaración de que no estamos "bajo la ley", el apóstol a continuación habla de la ley en los capítulos siete y ocho. El capítulo siete comienza así: "¿Acaso ignoráis, hermanos (pues hablo con los que conocen la ley), que la ley se enseñorea del hombre mientras éste vive?" Y otra vez: "Pero ahora estamos libres de la ley, por haber muerto a aquella en que estábamos sujetos" (v. 6). Y continúa: "Pero yo no conocí el pecado sino por la ley" (v. 7). Y otra vez: "Porque según el hombre interior, me deleito en la ley de Dios" (v. 22). Todos estos versículos se refieren a la ley del Antiguo Testamento. Finalmente, él dice: "Pero veo otra ley en mis miembros que está en guerra contra la ley de mi mente, y que me lleva cautivo a la ley del pecado que está en mis miembros". Y de nuevo, "Así que, yo mismo con la mente sirvo a la ley de Dios, mas con la carne a la ley del pecado" (v. 25). Luego, en el capítulo ocho él afirma: "Porque la ley del Espíritu de vida me ha librado en Cristo Jesús de la ley del pecado y de la muerte" (v. 2). Con estas palabras el apóstol habla de cuatro leyes diferentes en total, las cuales están relacionadas con nosotros personalmente.

Primero tenemos "la ley de Dios" (7:22, 25), es decir, la ley del Antiguo Testamento, la cual anuncia todos los requisitos de

Dios con respecto a nosotros. En segundo lugar, "la ley de mi mente" (7:23), la cual está en nuestra mente, nos induce a querer hacer el bien; por lo tanto, también puede llamarse la ley del bien que está en nuestra mente. En tercer lugar, "la ley del pecado que está en mis miembros" (7:23) nos hace pecar. Por manifestarse en los miembros de nuestro cuerpo la función de esta ley interior que nos hace pecar, es llamada "la ley del pecado que está en mis miembros". En cuarto lugar, "la ley del Espíritu de vida" (8:2) nos hace vivir en la vida de Dios. El Espíritu del cual procede esta ley es el Espíritu de vida, un espíritu mezclado que se compone del Espíritu de Dios, de la vida de Dios y de nuestro espíritu humano. Por lo tanto, se llama "la ley del Espíritu de vida". Además, puesto que este Espíritu contiene la vida, pertenece a la vida y es vida, la ley de este Espíritu se llama "la ley de vida". Con respecto a las cuatro leyes, una está fuera de nosotros (la ley de Dios), y las otras tres se encuentran dentro de nosotros (la ley del bien que está en la mente, la ley del pecado en el cuerpo y la ley del Espíritu de vida en nuestro espíritu).

B. El origen de las cuatro leyes

Cada una de las cuatro leyes tiene un origen diferente. La ley de Dios, escrita en tablas de piedra, fue dada a los hombres por Dios mediante Moisés durante los tiempos del Antiguo Testamento. Las tres otras leyes provienen de las tres vidas mencionadas anteriormente. Sabemos que cada vida tiene una ley. Aunque una ley tal vez no se origine en una vida, no obstante una vida siempre tiene una ley. Por tener nosotros tres vidas distintas, tenemos tres leyes que corresponden a las tres vidas diferentes.

La ley del bien en la mente proviene de la buena vida creada, la cual no obtuvimos en el momento de nuestra salvación, sino en el momento de nuestro nacimiento. Es un don natural de la obra creadora de Dios, no un don de Su salvación. Antes de que fuéramos salvos, frecuentemente nuestra mente y pensamiento tenían la tendencia o deseo natural de hacer el bien, de honrar a nuestros padres, de ser benévolos para con los hombres o de lamentarnos, esperando reformarnos y resolviéndonos a avanzar. Estos pensamientos de hacer el bien y mejorar provienen de la ley del bien que se encuentra en nuestra mente. Además demuestran que, aun antes de nuestra salvación, esta ley del bien ya estaba en nosotros.

Algunas personas, basándose en Romanos 7:18 ("Pues yo sé que en mí ... no mora el bien"), concluyen que ni antes ni después de ser salvos puede haber nada bueno en nosotros; así que, la ley del bien que está en nuestra mente no pudo haberse originado en nuestra vida según fue creada originalmente, y menos todavía pudo haber existido antes de nuestra salvación. Sin embargo, si leemos Romanos 7:18 cuidadosamente, vemos que esta conclusión es errónea, porque cuando Pablo dice que en nosotros no mora el bien, se refiere a la condición de nuestra carne. Y la carne mencionada aquí, según el contexto de los versículos 21, 23 y 24, se refiere a nuestro cuerpo caído y trasmutado. En nuestro cuerpo caído y trasmutado, es decir, en nuestra carne, no mora el bien. Esto no significa que en nosotros, los seres caídos, el bien no exista en absoluto. Por lo contrario, se nos dice claramente, más adelante en el capítulo, que dentro de nosotros los seres caídos existe una voluntad que desea hacer el bien y una ley de bien en nuestra mente. Tanto la voluntad como la mente son partes de nuestra alma. Por lo tanto, aunque no hay nada bueno en nuestro cuerpo caído y trasmutado, existe un elemento de bondad en la mente y también en la voluntad de nuestra alma, incluso después de la caída. Este elemento de bondad pertenece a nuestra buena vida creada. Por lo tanto, la ley del bien, la cual está en nuestra mente, pertenece a nuestra vida según fue creada originalmente y existía antes de nuestra salvación, incluso cuando nacimos.

Algunos dirán que nuestra buena vida creada, al ser corrompida por Satanás mediante la caída, ha perdido su elemento de bondad. Esto también es erróneo. Por ejemplo, añadir un elemento agrio a un vaso de agua de miel daña el sabor dulce, pero no elimina el elemento dulce. Aunque el hombre ha sido dañado por Satanás, su elemento de bondad todavía permanece. Es un hecho que el elemento de bondad creado en el hombre ha sido corrompido por Satanás y por eso se ha vuelto irremediable, pero no podemos decir que se ha corrompido al punto de no existir. Si uno rompe un vaso, el vaso se desintegrará en pedazos, pero su elemento permanecerá. Puede ser que echemos un pedazo de oro en un estanque sucio, pero el elemento de oro sigue existiendo. Aunque nuestro honor para con nuestros padres, nuestro amor fraternal, nuestra lealtad, sinceridad, decoro, moralidad, modestia y pudor son más o menos impuros; no obstante, estos elementos son genuinos. Así que, podemos concluir que a pesar de haber sido contaminados nuestros elementos, todavía siguen existiendo después de la destrucción; aunque son muy débiles, permanecen todavía. Esta es la razón por la cual los sabios y filósofos chinos han descubierto que dentro del hombre existen algunas "virtudes resplandecientes" y una "consciencia innata", etc., y han concluido que la naturaleza del hombre es buena. El descubrimiento de estos filósofos con respecto a la naturaleza humana en verdad está correcto, porque dentro de nosotros los seres caídos, todavía existe el elemento de bondad y la ley que naturalmente nos induce a querer hacer el bien.

La ley del pecado en los miembros proviene de la vida caída y maligna de Satanás. Ya hemos dicho que debido a la caída de Adán al pecar, es decir, al comer el fruto del árbol del conocimiento del bien y del mal, la vida de Satanás entró en el hombre. En esta vida está contenida la ley del mal, es decir, la ley del pecado en los miembros. Puesto que la vida de Satanás es maligna, la ley que proviene de su vida espontáneamente hace que el hombre peque y cometa maldad.

La ley del Espíritu de vida proviene del Espíritu de vida que está en nuestro espíritu, y de la vida increada y divina de Dios. Cuando recibimos al Señor y fuimos salvos, el Espíritu de Dios junto con la vida de Dios entró en nuestro espíritu y se mezcló con nuestro espíritu para llegar a ser el Espíritu de vida. En la vida del Espíritu de vida, se encuentra una ley que es la ley del Espíritu de vida, es decir, la ley de vida.

Por lo tanto, debemos ver claramente que cuando fuimos salvos, Dios no puso en nosotros la ley del bien; al contrario, El puso en nosotros la ley de vida. El propósito de Dios en nosotros consiste en darnos vida, y no bondad. Cuando Dios nos salva, pone la ley de vida en nosotros. La ley del bien no es dada por medio de la salvación de Dios, sino por medio de la creación. El elemento de hacer el bien, el cual está en nosotros, es inherente. Cuando Dios nos salva, El pone Su vida en nosotros. Esta vida contiene una ley de vida, la ley del Espíritu de vida. Obtenemos esta ley en el momento de nuestra salvación, y esta ley proviene de la salvación de vida que Dios nos da.

Por lo tanto, con respecto al origen de estas cuatro leyes, podemos decir que la ley de Dios, derivada de Dios, es de Dios; la ley del bien en la mente, derivada de la vida del hombre, es del hombre; la ley del pecado en los miembros, derivada de la vida de Satanás, es de Satanás; y la ley del Espíritu de vida, derivada del Espíritu de vida, es del Espíritu.

C. La ubicación de las cuatro leyes

Si queremos conocer las cuatro leyes con exactitud, debemos entender claramente donde se encuentra cada una de ellas.

La ley de Dios está escrita en tablas de piedra; por lo tanto, está fuera de nosotros.

La ley del bien está en nuestra mente, es decir, en nuestra alma. Debido a que la vida de hacer el bien está en nuestra alma, la ley que proviene de esta vida también está en nuestra alma. La función de esta ley también se manifiesta especialmente en la mente de nuestra alma; por eso, esta ley se llama "de la mente". Así que, en nuestra alma tenemos la vida del hombre, la vida del bien derivada de tal vida, y la buena naturaleza humana.

La ley del pecado está en nuestros miembros, es decir, en nuestro cuerpo. Durante la caída, el hombre ingirió en su cuerpo el fruto del árbol del conocimiento; de esta manera, la vida maligna de Satanás entró en nuestro cuerpo humano. Por tanto, la ley del pecado, derivada de la vida de Satanás, también está en nuestro cuerpo. Puesto que esta ley está en nuestro cuerpo, y el cuerpo está compuesto de los miembros, esta ley está en nuestros miembros. Por consiguiente, en nuestro cuerpo tenemos a Satanás, la vida de Satanás, la ley del pecado que se origina en la vida de Satanás, y la naturaleza maligna de Satanás. Puesto que Satanás, junto con sus cosas malignas, entró en nuestro cuerpo y se mezcló con él, nuestro cuerpo fue trasmutado y se convirtió en la carne corrompida.

La ley del Espíritu de vida está en nuestro espíritu. Ya que el Espíritu de vida junto con la vida de Dios mora en nuestro espíritu, la ley derivada del Espíritu de vida se encuentra también en nuestro espíritu. Esta ley proviene del Espíritu de Dios y está en nuestro espíritu; por lo tanto, no sólo su origen es Espíritu, sino que su ubicación también es espíritu. Así que, pertenece totalmente al espíritu; no es del cuerpo ni del alma. En conclusión, en nuestro espíritu tenemos a Dios, la vida de Dios, la ley derivada del Espíritu de la vida de Dios, y Su naturaleza de vida.

D. La naturaleza y la función de las cuatro leyes

¿Cuál es la naturaleza de estas cuatro leyes y cuáles son sus funciones fuera de nosotros y dentro de nosotros? La ley de Dios se compone de los estatutos de Dios, y su naturaleza es santa, justa y buena. Esta ley, estando fuera de nosotros, nos capacita para saber lo que Dios condena y lo que justifica; exige que rechacemos lo que Dios condena y que hagamos lo que Dios justifica a fin de conformarnos con los estatutos de Dios, los cuales son santos, justos y buenos.

La ley del bien en nuestra mente, derivada de nuestra buena vida humana creada, contiene la buena naturaleza humana y corresponde exactamente a la naturaleza de la ley de Dios que está fuera de nosotros. Esta ley crea en nosotros, es decir, en nuestra mente, el deseo de hacer el bien. Especialmente cuando la ley de Dios fuera de nosotros exige que seamos buenos, esta ley del bien en nosotros nos da la tendencia de hacer el bien. Por lo tanto, la mente en nosotros se deleita en obedecer la ley de Dios, la cual está fuera de nosotros. El apóstol lo dice: "Así que, yo mismo con la mente sirvo a la ley de Dios" (Ro. 7:25).

La ley del pecado en nuestros miembros, derivada de la vida maligna y caída de Satanás que está en nuestra carne, contiene la naturaleza maligna de Satanás. La vida maligna de Satanás es el "mal" que está presente en nuestra carne y el "pecado" que mora en nosotros (Ro. 7:21, 20). La ley que proviene de esta vida maligna nos hace pecar, porque es una "ley del pecado". Esta ley exhibe desde nuestra carne su poder natural de hacer el mal y lucha contra la ley del bien que está en nuestra mente. Cuando la ley del bien en nuestra mente nos da el deseo de hacer el bien, esta ley del pecado se levanta para pelear contra ella y llevarnos cautivos (Ro. 7:23). Así que, no sólo somos incapaces de cumplir nuestro deseo de hacer el bien o de satisfacer el buen requisito de la ley de Dios, sino que obedecemos a la ley del pecado en nuestros miembros, cometiendo toda clase de pecados y recibiendo la muerte, como lo describe Romanos 7:21-24. Por lo tanto, pecamos, no porque queramos hacerlo ni por nuestra propia voluntad; más bien es la ley del pecado lo que nos motiva interiormente.

Por consiguiente, aquí podemos ver que dentro de nosotros, los seres caídos, existen dos leyes contrarias. Una proviene de la buena vida creada y opera en la mente de nuestra alma, dándonos el deseo de hacer el bien; la otra proviene de la vida caída y maligna de Satanás y obra en los miembros de nuestro cuerpo, haciendo que cometamos pecado. Estas dos leyes opuestas, produciendo obras contrarias en nuestra mente y en nuestros miembros, pelean entre sí, una contra la otra dentro de nosotros. El resultado es éste: la ley del pecado suele vencer a la ley del bien, y como resultado no hacemos el bien que queremos hacer y somos forzados a hacer el mal que no queremos hacer. Esto es lo que los chinos llaman la guerra entre la razón y la concupiscencia. La razón es el elemento de hacer el bien y es inherente a nuestra vida creada; la concupiscencia es el pecado que mora en nuestra cuerpo caído, o sea, el mal que está en nuestra carne. Aunque la razón en parte proviene de nuestra conciencia humana, en realidad obra en nuestra mente; así que, el bien que resulta de la operación de la "razón" proviene de o pasa por el intelecto. Aunque la concupiscencia está relacionada con nuestra naturaleza humana caída, en efecto obra en los miembros de nuestro cuerpo; por tanto, la maldad, que es el producto de la concupiscencia, proviene de la concupiscencia. Por esta razón, una persona fuerte en su intelecto tiene más capacidad para hacer el bien, mientras que uno que tiene más pasiones fácilmente hará el mal. En otras palabras, todo el bien que los hombres hacen proviene de o pasa por el intelecto de la mente, mientras que todo el mal que hacen los hombres es el producto de la concupiscencia que habita en los miembros. Cuando la razón ubicada en nuestra mente lleva la ventaja, el hombre hace el bien; pero cuando la concupiscencia que mora en los miembros toma la ventaja, el hombre hace el mal.

Algunas personas piensan que esta clase de guerra es lo mismo que la lucha mencionada en Gálatas 5. Esto no es exacto. Gálatas 5 habla de la lucha entre nuestra carne y el Espíritu; esto sólo puede producirse después de que somos salvos y hemos obtenido al Espíritu Santo. Pero la guerra entre las dos leyes está relacionada con la guerra entre la vida caída y maligna de Satanás y la vida del bien creada por Dios, y esta guerra incluso existía antes de nuestra salvación. Por lo tanto, ésta es una guerra interior que existía antes de nuestra salvación. También es una guerra entre el bien y el mal la cual existe en toda la gente mundana.

Este "Pecado" del cual procedió la ley del pecado, es la vida de Satanás y, por eso, está vivo. La palabra "Pecado" con mayúscula significa que ha sido personificado y que es único. En el universo hay un solo Dios, y hay un solo Pecado. La palabra "Pecado" es un término especial y un objeto único; "Pecado" es otro nombre de Satanás. Por lo tanto, los capítulos del 5 al 8 de Romanos nos dicen que el Pecado puede reinar sobre nosotros, puede tener dominio sobre nosotros, puede esclavizarnos y hacernos sus esclavos en oposición a Dios, puede morar en nosotros y apoderarse de nosotros, induciéndonos a hacer el mal que no queremos hacer. Los muchos pecados que se manifiestan exteriormente simplemente son las acciones que resultan de la operación del único Pecado dentro de nosotros. Este único Pecado es la raíz y la madre de todos los pecados.

¿De qué manera el Pecado nos hace pecar exteriormente? Hemos visto que el Pecado mora en nuestro cuerpo. No obstante, la voluntad, y no el cuerpo, constituye el órgano que nos motiva. La voluntad, la cual pertenece al alma humana, controlada por el Pecado y obedeciendo las órdenes del Pecado, incita al cuerpo humano a cometer pecados. Por lo tanto, aunque el Pecado mora en nuestro cuerpo, su obra dañina progresa desde la circunferencia hasta el centro. Tomando el cuerpo por base, proyecta el veneno de pecado, dañando nuestra alma y nuestro espíritu hasta que todo nuestro ser se haya corrompido. Por lo tanto, Jeremías 17:9 dice: "Engañoso es el corazón más que todas las cosas". Romanos 1 y Marcos 7 también declaran que en el hombre se encuentra toda clase de pecados. Estas porciones de la Escritura comprueban que el hombre ha sido completamente corrompido por el Pecado que está por dentro y que éste está lleno de pecados. Por consiguiente, ahora en el alma del hombre, su mente es maligna, su emoción ha sido contaminada, su voluntad es rebelde, e incluso su espíritu ha sido entenebrecido. Estos son los resultados de la operación del Pecado dentro del hombre.

Pero debemos dar gracias al Señor, porque en nosotros los salvos no existen solamente las dos leyes del bien y del mal, del hombre y de Satanás; sino que también existe la ley del Espíritu de vida de Dios. Puesto que esta ley proviene del Espíritu de la vida de Dios, proviene de la vida increada y divina de Dios. En cuanto a lo divino y lo eterno, de todas las supuestas vidas que existen en el universo, sólo la vida de Dios es "vida". (Esto ha sido tratado en detalle en el capítulo uno, el cual se titula, "¿Qué es la vida?".) Por lo tanto, la naturaleza de la vida de Dios es "vida". Ya que la ley del Espíritu de vida proviene de la vida de Dios, su naturaleza es "vida", tal como la naturaleza de la vida de Dios es "vida"; no es semejante a las dos leyes anteriormente mencionadas, las cuales son del "bien" o del "mal" debido a la vida de la cual provienen.

Según la revelación bíblica, la vida y el bien son dos cosas diferentes. Aquí tenemos tres puntos principales: primero, la vida es la naturaleza de la vida de Dios, mientras que el bien es la naturaleza de la vida del hombre; en segundo lugar, la vida es buena, pero el bien no es necesariamente la vida; en tercer lugar, el árbol de la vida y el árbol del bien y del mal que están en el huerto de Edén nos muestran que la vida y el bien son dos cosas totalmente distintas; la vida no es ni bien ni mal. La vida, el bien y el mal son tres cosas distintas e independientes.

Debemos comprender que la vida y el bien no sólo son diferentes, sino que también el bien difiere del bien. Existe el bien de Dios, y también existe el bien del hombre. El bien de Dios proviene de la vida de Dios y contiene la naturaleza de la vida de Dios. El bien del hombre proviene de la vida del hombre y sólo contiene la buena naturaleza del hombre. El bien mencionado en Efesios 2:10 y en 2 Timoteo 2:21 es el bien que expresamos en nuestro vivir por medio de la vida de Dios; así que es el bien que proviene de la vida de Dios y es el bien de Dios. El bien mencionado en Mateo 12:35, Romanos 7:18, 19, 21 y 9:11 es el bien que expresamos en nuestro vivir conforme a nuestra propia vida; por tanto, es el bien que proviene de la vida del hombre y es el bien del hombre. El bien que proviene de la vida del hombre sólo es el bien del hombre, sin la naturaleza de "vida" o el elemento de Dios. El bien de Dios que proviene de la vida de Dios no sólo es bueno, sino que también posee la naturaleza de "vida" y el mismo elemento de Dios. Por lo tanto, cuando decimos que la vida y el bien son diferentes, queremos decir que la vida *de Dios* y el bien *del hombre* son diferentes. El bien del hombre, el cual proviene de la vida del hombre y no contiene nada de la naturaleza de la vida de Dios, obviamente difiere de la vida de Dios. No obstante, puesto que el bien de Dios proviene de la vida de Dios y contiene la naturaleza de la vida de Dios, no podemos decir que difiere de la vida de Dios.

Por eso vemos que la ley del Espíritu de vida, la cual contiene la naturaleza de la vida de Dios, puede inducirnos a vivir la vida de Dios, es decir, a expresar en nuestro vivir el bien de Dios.

Además, estas tres leyes diferentes que están dentro de nosotros también son distintas en su grado de fuerza. Sabemos que las leyes varían en fuerza conforme a la fuerza que tienen los objetos de sus orígenes respectivos. La ley del bien proviene de la vida del hombre, y la vida del hombre es la más débil; por eso, la fuerza para hacer el bien de la ley del bien también es la más débil. La ley del pecado proviene de la vida de Satanás, la cual es más fuerte; así que, el poder de esta ley para pecar es más fuerte que el poder para hacer el bien que pertenece a la ley del bien; no sólo nos incapacita a hacer el bien, sino que también nos hace cometer pecados y hacer el mal. La ley del Espíritu de vida proviene de la vida más fuerte, la vida de Dios; por consiguiente, el poder de esta ley también es el más fuerte; no sólo nos impide obedecer a la ley del pecado y nos evita cometer pecados, sino que también nos capacita para obedecer a ella misma y espontáneamente expresar en nuestro vivir la vida de Dios.

Los filósofos de todas las generaciones han promovido varias maneras de cultivar la moralidad o de mejorar el comportamiento. De hecho, lo que han promovido es un trabajo sobre el cuerpo y el alma corrompidos por medio del intelecto humano, la voluntad propia y el esfuerzo propio, a fin de restaurar o reavivar el bien que estaba en el hombre originalmente. Todo esto no puede vencer el poder natural de la ley del pecado. La fuerza del hombre es limitada, mientras que el poder de la ley perdura; la lucha del hombre es un esfuerzo propio, mientras que el poder de una ley es espontáneo. El hombre, al usar su propio esfuerzo, tal vez pueda mantenerse por un poco, pero cuando se agote su fuerza, el poder de la ley se manifestará de nuevo. Por lo tanto, la manera en que Dios nos libra no es trabajar en nuestro cuerpo exterior al eliminar el Pecado que nos rodea, ni tampoco es trabajar en el alma, la cual está entre nuestro cuerpo y nuestro espíritu, al fortalecer nuestra voluntad a fin de que haga el bien. Más bien, en nuestra parte central, es decir, en nuestro espíritu, Dios añade en nosotros un nuevo elemento, el cual trae consigo un gran poder de vida. Luego El avanza desde nuestro centro hasta la circunferencia, invadiendo todas las partes de nuestro ser, usando una ley para sojuzgar otra ley a fin de vencer el poder del pecado, el cual se halla en la ley del pecado. Además, recibimos la capacidad para vivir el bien que la ley de Dios requiere, el bien que no podíamos vivir antes por medio de la ley del bien.

Y aun más, por medio de la vida que proviene de la ley del Espíritu de vida, podemos expresar en nuestro vivir la vida que Dios desea.

Por lo tanto, la Biblia nos muestra que existen cuatro leyes relacionadas con nosotros, una fuera de nosotros y tres por dentro. La ley que está fuera de nosotros es la ley de Dios. De las tres leyes interiores, una está en nuestra alma, otra en nuestro cuerpo y otra más en nuestro espíritu. La ley que está en nuestra alma, la ley que proviene de la vida humana creada y buena, es buena y nos da el deseo de hacer el bien; la ley en nuestro cuerpo, la cual proviene de la vida caída y maligna de Satanás, es maligna y nos hace pecar; la ley en nuestro espíritu, que proviene de la vida increada y divina de Dios, es divina y nos hace vivir la vida divina de Dios.

La ley de Dios, la cual está fuera de nosotros, representa a Dios al darnos los requisitos de la santidad, la justicia y la bondad. La ley del bien, la cual está en nuestra alma, al tocar los requisitos santos y buenos de la ley de Dios, desea y toma la decisión de cumplir los requisitos. Pero la ley del pecado, la cual está en nuestros miembros, al darse cuenta de que la ley del bien que está en nuestra alma desea cumplir los requisitos santos y buenos de la ley de Dios, la cual está fuera de nosotros, ciertamente se opondrá, resistirá y por lo general vencerá a la ley del bien que se encuentra en nuestra alma. De esta manera, no sólo somos hechos incapaces de cumplir la ley de Dios, sino que, en lugar de eso, violamos los requisitos santos y buenos de la ley de Dios, la cual se encuentra fuera de nosotros. Esto se debe a que la ley del pecado que está en nuestro cuerpo es más fuerte que la ley del bien en nuestra alma. No obstante, la ley del Espíritu de vida que está en nuestro espíritu es aun más fuerte que la ley del bien en nuestra alma. Por lo tanto, si nos volvemos a nuestro espíritu y vivimos conforme a nuestro espíritu, la ley del Espíritu de vida en nuestro espíritu nos librará de la ley del pecado en nuestro cuerpo y nos hará vivir la vida divina de Dios. De esta manera, no sólo podremos cumplir los requisitos santos y buenos de Dios, sino que también podremos satisfacer la norma divina de Dios mismo.

Por ejemplo, la ley externa de Dios requiere que no

codiciemos. La ley del bien en nuestra alma, al tocar este requisito de la ley de Dios, desea cumplirlo y toma la decisión de no codiciar más. Pero en este momento la ley del pecado que está en nuestro cuerpo inmediatamente se levanta en oposición, haciendo que seamos codiciosos interiormente; así que no podemos cumplir la ley de Dios que requiere que no seamos codiciosos. En tal momento, por mucho que nos resolvamos, no podemos librarnos de nuestro corazón codicioso. Al contrario, cuanto más ejercitamos nuestra voluntad y nos esforzamos para librarnos de la codicia, tanto más crece en nosotros. Cada vez que la ley del bien que está en nuestra alma desee hacer el bien debido al requisito exterior de la ley de Dios, la ley del pecado que está en nuestro cuerpo inmediatamente hará que el mal obre en nosotros y que luche en contra de nuestra buena intención. Además, la ley del bien que está en nuestra alma no puede vencer la ley del pecado en nuestro cuerpo; en casi toda ocasión pierde la victoria. Pero, alabado sea el Señor, la ley del Espíritu de vida que está en nuestro espíritu es más fuerte que la ley del pecado en nuestro cuerpo y puede rescatarnos y librarnos de la ley del pecado. Si dejáramos de esforzarnos y de luchar usando la ley del bien en nuestra alma, y si, en lugar de eso, anduviéramos conforme a la ley del Espíritu de vida, seríamos librados del deseo codicioso motivado por la ley del pecado, la cual está en nuestro cuerpo. Seríamos capaces de cumplir el requisito de la ley exterior de Dios de no codiciar y de expresar en nuestro vivir la supereminente santidad de Dios.

Por tanto, podemos ver claramente que la ley exterior de Dios nos pone ciertos requisitos y que inmediatamente la ley del bien que está en nuestra alma desea cumplirlos. Pero la ley del pecado en nuestro cuerpo, en medio de estas dos leyes —la ley exterior de Dios y la ley del bien que está en nuestra alma— nos pone obstáculos de modo que la ley del bien que está en nuestra alma, que desea cumplir el requisito de la ley exterior de Dios, no puede. Así como nuestro cuerpo rodea nuestra alma, así la ley del pecado que está en el cuerpo rodea la ley del bien que está en nuestra alma y es más fuerte que ella. Por lo tanto, es muy difícil que la ley del bien en nuestra alma venza la ley del pecado que está en nuestro cuerpo, es muy difícil que rompa lo que le rodea y que cumpla el requisito de la ley exterior de Dios. Sin embargo, la ley del Espíritu de vida en nuestro espíritu es más fuerte que todas las leyes; así que puede vencer la ley del pecado que está en nuestro cuerpo y librarnos de esa ley impidiendo que nos trague, capacitándonos así para cumplir totalmente el requisito de la ley de Dios.

Podemos dar otro ejemplo aquí para explicar la relación que tenemos con estas cuatro leyes. La ley exterior de Dios es semejante a un hombre respetable que nos ofrece matrimonio, mientras que la ley del bien en nuestra mente es como una dama virtuosa que acepta esta proposición. Sin embargo, la ley del pecado que está en nuestros miembros es semejante a un canalla que siempre persigue a la dama y trata de causar problemas entre ella y aquel hombre. Cada vez que se da cuenta de que esta dama responde afirmativamente a la propuesta de matrimonio del hombre, la secuestra y la obliga a actuar en contra de su propia voluntad y en contra de su propio deseo. En este mismo momento, la ley del Espíritu de vida en nuestro espíritu, la cual puede ser comparada a un ángel del cielo, la rescata del canalla y hace posible que ella cumpla la propuesta del hombre; de esta manera su deseo queda satisfecho. Como consecuencia, ella descubre que este ángel del cielo en realidad es Aquel representado por el hombre. Por lo tanto, este ángel, al permitirle cumplir la propuesta del hombre, en realidad la capacita para cumplir el deseo que él mismo tiene.

Por este ejemplo vemos que la ley exterior de Dios pone requisitos sobre nosotros, pero no puede capacitarnos para cumplirlos. La ley del bien que está en nuestra mente desea cumplir los requisitos de la ley exterior de Dios, pero no tiene la fuerza para vencer la ley del pecado en nuestros miembros. Además, la ley del pecado siempre se opone a la ley del bien, y cuando vea que la ley del bien está tratando de cumplir el requisito de la ley de Dios, indudablemente pondrá obstáculos y le impedirá cumplir su deseo. Pero la ley del Espíritu de vida que está en nuestro espíritu, la liberación que Dios nos da con el gran poder de la vida de Dios, nos libra de la ley del pecado, capacitándonos así para cumplir todos los requisitos de la ley de Dios y expresar en nuestro vivir la vida divina de Dios. Si vivimos conforme a la ley del Espíritu de vida, seremos librados de la ley del pecado en nuestros miembros y automáticamente llegaremos a ser cristianos victoriosos.

CONCLUSIONES

Ahora podemos sacar varias conclusiones: primero, la liberación que Dios nos da es diferente de la reforma del hombre. Sobre todo, la base es distinta. La reforma del hombre se basa en lo bueno que estaba originalmente en el hombre, mientras que la liberación que Dios nos proporciona se basa en la vida de Dios y en el Espíritu de Dios, es decir, en el Espíritu de vida. Luego, los métodos son diferentes. La reforma hecha por el hombre se lleva a cabo ejerciendo la fuerza humana, tratando nuestro cuerpo con rigor y subyugando las pasiones, produciendo así el bien en el hombre. La liberación que Dios efectúa en nosotros se lleva a cabo al poner Su Espíritu y Su vida en nuestro espíritu, vivificando así nuestro espíritu; luego una obra de renovación comienza a partir de nuestro espíritu, renovando primeramente las varias partes de nuestro espíritu, luego las diferentes partes de nuestra alma, y finalmente nuestro cuerpo físico. Finalmente, los resultados son diferentes. El resultado de la reforma del hombre no es más que la excelencia humana más elevada; no puede capacitar al hombre para vivir la norma divina de la naturaleza de Dios. La consecuencia de la liberación que Dios efectúa en nosotros es la siguiente: llegamos a ser Dios-hombres y expresamos en nuestro vivir la vida divina de Dios.

En segundo lugar, la liberación efectuada por Dios no hace de nosotros hombres buenos, sino hombres de vida. En conjunto hay tres clases de hombres en el universo: Dios-hombres, hombres buenos y hombres malos. La liberación que Dios nos proporciona no consiste en hacernos hombres malos o buenos, sino hombres de vida.

En tercer lugar, nosotros los que hemos sido librados por Dios debemos vivir en Dios. Dios es vida, y la liberación que Dios nos proporciona tiene como fin que lleguemos a ser hombres de vida. La vida es Dios; ser un hombre de vida equivale a ser un Dios-hombre. Si queremos ser tales hombres debemos vivir en Dios. Pero vivir en Dios es una doctrina muy general. Si queremos vivir en Dios, debemos vivir en la ley del Espíritu de vida. Esto exige que vivamos en espíritu, porque la ley del Espíritu de vida está en el espíritu. También exige que vivamos en el sentir de vida, porque el sentir de vida es el sentir de la ley del Espíritu de vida. Si obedecemos al sentir de vida, atendemos al espíritu y vivimos en el espíritu. Si atendemos al espíritu, vivimos en la ley del Espíritu de vida. Cuando vivimos en la ley del Espíritu de vida, vivimos en Dios. Como consecuencia, lo que expresamos es Dios mismo. Dios es vida; por consiguiente, lo que vivimos es vida, y llegamos a ser hombres de vida.

En cuarto lugar, la meta de la liberación que Dios efectúa en nosotros es la unidad de Dios con el hombre. Cuando obedecemos la ley del Espíritu de vida y vivimos en Dios, Dios también vive en nosotros, y El y nosotros nos mezclamos de modo práctico hasta que ambos estemos completamente unidos como uno.

Tenemos dos puntos más por el lado subjetivo. Primero, debemos tocar el sentir interior, lo cual significa que debemos obedecer al sentir interior. En segundo lugar, debemos vivir en comunión. La comunión es el fluir de la vida. Vivir en comunión es vivir en el fluir de la vida. Estos dos puntos nos capacitan para experimentar la vida de modo práctico. El propósito de este capítulo que trata de las tres vidas y las cuatro leyes consiste en llevarnos a este punto. Si tocamos el sentir interior de modo práctico y vivimos en comunión, automáticamente podremos: (1) ser librados del pecado, (2) hacer las buenas obras que no pudimos hacer, (3) cumplir la ley de Dios, y (4) expresar en nuestro vivir la vida de Dios. Finalmente podremos llegar a ser Dios-hombres y manifestaremos la vida de Dios. Esta es la meta de la salvación de Dios, y también incluye todos los asuntos que pertenecen a la vida.

Capitulo Diez

LA LEY DE VIDA

En el capítulo anterior vimos las tres vidas y las cuatro leyes. Ahora consideraremos especialmente la ley de vida, que también es la ley del Espíritu de vida mencionada en el capítulo anterior. Entre las cuatro leyes, sólo la ley de vida es la capacidad natural de la vida de Dios, la cual nos capacita para vivir la vida de Dios de una manera muy espontánea; por lo tanto, si queremos tocar el camino de la vida, debemos entender claramente la ley de vida.

I. LA BASE BIBLICA

Podemos decir que en toda la Biblia sólo se hace mención directa o indirecta de la ley de vida en las cinco siguientes porciones:

A. Romanos 8:2: *"la ley del Espíritu de vida..."*

La ley del Espíritu de vida mencionada aquí es la ley de vida. El Espíritu, del cual proviene esta ley, contiene vida, o podemos decir que es vida; por tanto, la ley es una ley del Espíritu, y también es la ley de vida.

B. Hebreos 8:10: *"Este es el pacto que haré con la casa de Israel después de aquellos días, dice el Señor: Pondré Mis leyes en la mente de ellos, y sobre su corazón las escribiré; y seré a ellos por Dios, y ellos me serán a Mí por pueblo".*

C. Hebreos 10:16: *"Este es el pacto que haré con ellos después de aquellos días, dice el Señor: Pondré Mis leyes en sus corazones, y en sus mentes las escribiré".*

En los dos pasajes de Hebreos 8 y 10 antes mencionados, primero se dice "pondré" y luego "escribiré", y ambos hablan de la mente y del corazón; así que los dos tratan de lo mismo. Son citas de Jeremías 31:33.

D. Jeremías 31:33: *"Pero este es el pacto que haré con la casa de Israel después de aquellos días, dice Jehová: Daré mi ley en su mente y la escribiré en su corazón; y yo seré a ellos por Dios, y ellos me serán por pueblo".*

E. Ezequiel 36:25-28: *"Esparciré sobre vosotros agua limpia, y seréis limpiados de todas vuestras inmundicias; y de todos vuestros ídolos os limpiaré. Os daré corazón nuevo, y pondré espíritu nuevo dentro de vosotros; y quitaré de vuestra carne el corazón de piedra, y os daré un corazón de carne. Y pondré dentro de vosotros mi Espíritu, y haré que andéis en mis estatutos, y guardéis mis preceptos, y los pongáis por obra ... y vosotros me seréis por pueblo, y yo seré a vosotros por Dios".*

Estos versículos hablan de cinco asuntos por lo menos: (1) limpiarnos con agua limpia, (2) darnos un corazón nuevo, (3) darnos un espíritu nuevo, (4) quitar nuestro corazón de piedra y darnos un corazón de carne, y (5) poner el Espíritu de Dios dentro de nosotros. Estos cinco asuntos combinados nos hacen andar en los estatutos de Dios, y nos hacen guardar y cumplir Sus ordenanzas. Seremos Su pueblo y El será nuestro Dios. Esto significa que el Espíritu Santo dentro de nosotros nos da nuevas fuerzas para cumplir la voluntad de Dios y agradarle, a fin de que Dios sea nuestro Dios y nosotros Su pueblo. Así que esto produce el mismo resultado que lo mencionado en Jeremías 31:33.

II. EL ORIGEN DE LA LEY DE VIDA: LA REGENERACION

Si queremos hablar del origen de la ley de vida, debemos comenzar con la regeneración, porque ser regenerado significa recibir en nuestro espíritu la vida de Dios. Una vez regenerados, tenemos la vida de Dios en nuestro espíritu; y cuando tenemos la vida de Dios, tenemos por naturaleza la ley de vida que proviene de tal vida.

A. La creación del hombre

Cuando hablamos de la regeneración, debemos comenzar con la creación del hombre. Cuando el hombre fue creado por la mano de Dios, sólo tenía una vida humana buena y recta; no tenía la vida divina y eterna de Dios. No obstante, cuando Dios creó al hombre, Su propósito central consistía en añadir Su vida en el hombre, unirse al hombre y llegar a la meta de la unidad de Dios con el hombre. Por lo tanto, cuando Dios creó al hombre, además del cuerpo y del alma del hombre, creó especialmente un espíritu para el hombre. Este espíritu es el órgano con el cual el hombre recibe la vida de Dios. Cuando usamos este espíritu para tener contacto con Dios, quien es el Espíritu, entonces podemos recibir Su vida y llegar a ser unidos a El, cumpliendo así el propósito central de Dios.

B. La caída del hombre

Sin embargo, el hombre cayó antes de recibir la vida de Dios. El factor determinante de la caída del hombre no fue simplemente que indujo al hombre a cometer el pecado y ofender a Dios, sino que también dio muerte a su espíritu, o sea, introdujo la muerte en el órgano que permite al hombre recibir la vida de Dios. Decir que el espíritu está muerto no significa que el espíritu no exista, sino que ha perdido su función de tener comunión con Dios y se ha separado de Dios; por consiguiente, el hombre ya no podía tener comunión con Dios. De allí en adelante, el hombre no podía usar su espíritu para tener contacto con Dios y así recibir Su vida.

En aquel tiempo, el hombre tenía una doble necesidad: debido a la caída, necesitaba que Dios resolviera el problema del pecado; además necesitaba que Dios lo regenerara dando vida a su espíritu muerto, para que recibiera la vida de Dios y cumpliera el propósito central con el cual Dios creó al hombre.

C. La manera en que Dios nos libera

Debido a estas necesidades, la manera en que Dios nos libera consiste de dos aspectos, el negativo y el positivo. Por el lado negativo, el derramamiento de la sangre del Señor Jesús en la cruz efectuó la redención y resolvió el problema del pecado del hombre. Por el lado positivo, la vida de Dios fue liberada por medio de la muerte del Señor Jesús; luego, mediante la resurrección del Señor Jesús, la vida de Dios fue puesta en el Espíritu Santo; finalmente, la entrada del Espíritu Santo en nosotros, nos permite obtener la vida divina y eterna de Dios.

Cuando el Espíritu Santo nos capacita para obtener la vida de Dios, en efecto nos está regenerando. Pero, ¿de qué manera nos regenera el Espíritu Santo? Lo hace por medio de la palabra de Dios. El Espíritu Santo primeramente prepara una oportunidad en nuestro ambiente para que escuchemos las palabras del evangelio. Luego, a través de esas palabras, nos ilumina y nos conmueve, induciéndonos a reconocer nuestros pecados, a reprendernos a nosotros mismos, a arrepentirnos y a creer, aceptando así las palabras de Dios y recibiendo la vida de Dios. En las palabras de Dios está escondida la vida de Dios, y las palabras de Dios "son vida" (Jn. 6:63). Cuando recibimos Sus palabras, la vida de Dios entra en nosotros y nos regenera.

Por lo tanto, la regeneración consiste simplemente en el hecho de que el hombre, además de su propia vida, reciba la vida de Dios. Cuando recibimos así la vida de Dios, recibimos una autoridad que nos capacita para ser hijos de Dios (Jn. 1:12). La autoridad misma es la vida de Dios; por lo tanto, cuando tenemos esta vida, tenemos la autoridad de ser los hijos de Dios.

Cuando tenemos la vida de Dios y somos hechos hijos de Dios, por supuesto tenemos la naturaleza divina (2 P. 1:4). Si vivimos por esta vida y por la naturaleza de esta vida, podemos llegar a ser como Dios y expresar la imagen de Dios en nuestro vivir.

¿Cómo trabaja la vida de Dios en nosotros para hacer que seamos como El? Obra desde el centro hasta la circunferencia, o sea, del espíritu al alma y luego al cuerpo, extendiéndose hacia el exterior. Cuando la vida de Dios entra en nosotros, primero entra en nuestro espíritu, vivifica nuestro espíritu muerto, haciéndolo viviente, fresco, fuerte, vigoroso y capaz de tocar a Dios, de sentir a Dios y de tener dulce comunión con Dios. Luego se extiende gradualmente desde nuestro espíritu hacia todas las partes de nuestra alma, haciendo que nuestros pensamientos, afectos y decisiones gradualmente lleguen a ser como los de Dios y que tengan el sabor de Dios; aun en nuestro enojo, hay algo de la semejanza de Dios, algo del sabor de Dios. ¡Oh, qué cambio tan maravilloso es éste!

Además, esta vida trabajará continuamente y se extenderá cada vez más hasta llenar completamente nuestro espíritu, alma y cuerpo, o sea, todo nuestro ser, de la naturaleza de Dios, del elemento de Dios y del sabor de Dios; hasta que seamos arrebatados y transfigurados; hasta que entremos en gloria y lleguemos a ser completamente como El.

La vida de Dios que continuamente trabaja y se extiende en nosotros, no se abre paso por fuerza sin hacernos caso; más bien, requiere la inclinación de nuestra parte emotiva, la cooperación de nuestra mente, y la sumisión de nuestra voluntad. Si rechazamos su operación, si no la seguimos fielmente y no cooperamos con ella, la vida de Dios no puede exhibir su poder ni manifestar su función. Debido a que el hombre es un ser viviente que tiene afecto, mente y voluntad, su cooperación y su capacidad de cooperar, sigue siendo un problema. Por eso, cuando Dios nos regenera, además de darnos Su vida, también nos da un corazón nuevo y pone en nosotros un espíritu nuevo (Ez. 36:26). De esta manera nos da el deseo y también la capacidad de cooperar.

El corazón está relacionado con nuestro deseo o buena voluntad, mientras que el espíritu es un asunto de capacidad. Nuestro corazón original, debido a su rebelión en contra de Dios, se endureció, o sea, se envejeció; por lo tanto, es llamado un "corazón de piedra" o un "corazón viejo". Este corazón viejo está en contra de Dios, no quiere tener a Dios y no está dispuesto a cooperar con Dios. Ahora Dios nos da un corazón nuevo. No nos da otro corazón además de nuestro corazón viejo, sino que por medio de la regeneración del Espíritu Santo, El ablanda nuestro corazón de piedra de modo que llegue a ser un "corazón de carne", renovándolo así para que sea un corazón nuevo. Este corazón nuevo está inclinado hacia Dios y tiene afecto por Dios y las cosas de Dios. Es un órgano nuevo que nos permite volver a Dios y a las cosas de Dios; nos predispone a cooperar con Dios y a permitir que Su vida se extienda y obre libremente desde el interior hacia el exterior.

Debido a nuestra separación de Dios, nuestro espíritu original está muerto y se ha envejecido; por lo tanto se llama un "espíritu viejo". Ya que este espíritu viejo ha perdido su capacidad de tener contacto y comunión con Dios, naturalmente no tiene manera de cooperar con Dios. Ahora Dios nos da un "espíritu nuevo". Esto no significa que nos dé otro espíritu además de nuestro espíritu viejo, sino que por medio de la regeneración del Espíritu Santo El vivifica nuestro espíritu muerto y lo convierte en un espíritu viviente, renovándolo así para ser un espíritu nuevo. Este espíritu nuevo puede tener comunión con Dios y puede comprender a Dios y las cosas espirituales. Es un órgano nuevo con el cual podemos tener contacto con Dios; nos capacita para cooperar con Dios y permite que la vida de Dios dentro de nosotros se extienda y obre hacia el exterior por medio de nuestra comunión con El.

Con el corazón nuevo, *estamos dispuestos* a cooperar con Dios, y con el espíritu nuevo *tenemos la capacidad* de cooperar con El. No obstante, un corazón nuevo y un espíritu nuevo sólo nos capacitan para desear a Dios y tener contacto con El, permitiendo así que la vida de Dios dentro de nosotros se extienda y obre libremente hacia el exterior; no pueden satisfacer el requisito ilimitado que Dios ha puesto sobre nosotros, el cual consiste en que lleguemos al nivel divino de Dios mismo. Por lo tanto, cuando Dios nos regenera, hace algo adicional que es muy glorioso y trascendente: El pone Su propio Espíritu, el Espíritu Santo, en nuestro espíritu nuevo. Este Espíritu Santo es la corporificación de Cristo, y Cristo, a Su vez, es la corporificación de Dios. Por lo tanto, cuando el Espíritu Santo entra en nosotros, es el Dios Triuno el que entra en nosotros. Así se unen el Creador y la criatura. ¡Oh, esto realmente merece nuestra alabanza! Además, el Espíritu de Dios, quien es el Espíritu eterno o el Espíritu infinito, tiene funciones ilimitadas y fuerza insuperable. Por tanto, cuando mora en nuestro espíritu nuevo, El puede usar Su poder ilimitado para ungirnos y suministrarnos todo lo necesario para obrar y moverse dentro de nosotros; de esta manera nos capacita para satisfacer el requerimiento ilimitado que Dios ha puesto sobre nosotros, permitiendo así que la vida de Dios se extienda continuamente desde nuestro espíritu, a través de nuestra alma, hasta llegar a nuestro cuerpo. Finalmente, ¡nos permite alcanzar la etapa gloriosa de ser completamente como Dios! ¡Aleluya!

Aquí se nos revela claramente una cosa: la liberación

realizada por Dios y el mejoramiento del yo realizado por el
hombre son esencialmente diferentes. El mejoramiento de uno
mismo es simplemente una obra realizada en lo que el hombre
ya tiene, a saber, su alma y su cuerpo con sus capacidades.
Aun cuando haya mejoría, con todo y eso está muy limitada
porque el poder del hombre está limitado. No obstante, aunque
la liberación hecha por Dios también pasa a través de todas
las partes de nuestra alma y gradualmente renueva cada una
de ellas, llegando también hasta el cuerpo, el punto esencial
de tal liberación es éste: el Espíritu de Dios, que trae consigo
la vida de Dios, se añade a nuestro espíritu. Como tiene poder
divino e ilimitado, está plenamente capacitado para satisfacer
los requisitos ilimitados de Dios. Esto es una adición, y no
un mejoramiento. Intentar reformarnos implica solamente la
mejoría de lo que ya tenemos, y esto es limitado; pero añadir
algo de Dios mismo es algo ilimitado.

Lo que acabamos de decir debe mostrarnos claramente que
la regeneración nos proporciona la vida de Dios. Tal vida
contiene una función natural que es la "ley de vida". Por
tanto, la vida de Dios es la fuente de esta ley de vida, y la
regeneración es el origen de esta ley de vida. Aunque esta
ley de vida se basa en la vida de Dios, es por medio de la
regeneración que esta ley entra en nosotros.

III. EL SIGNIFICADO DE LA LEY DE VIDA

Si queremos conocer el significado de la ley de vida,
debemos saber qué es una ley. Una ley es una regulación
natural, una regla constante e invariable. Una ley no se
proviene necesariamente de una vida, pero una vida
ciertamente va acompañada de una ley. Llamamos la ley
de vida la que acompaña una vida. La ley de cierta vida
también es la característica natural, la función innata, de
esa vida. Por ejemplo, los gatos pueden cazar ratones, y los
perros pueden vigilar por la noche; nuestros oídos pueden
oír, nuestra nariz puede olfatear, nuestra lengua puede
probar y nuestro estómago puede digerir. Todas estas
capacidades son las características y funciones innatas de
una vida específica. Mientras cierta vida exista y esté libre,
puede desarrollar espontáneamente sus características y

manifestar sus capacidades. No requiere enseñanzas ni exhortaciones humanas; más bien, se desarrolla de modo muy natural sin el más mínimo esfuerzo. Tales características naturales y funciones innatas de una vida constituyen la ley de esa vida.

La vida de Dios es la vida más elevada; es la vida supereminente; por lo tanto, las características y capacidades de esta vida indudablemente deben ser las más elevadas y supereminentes. Puesto que estas características y capacidades superiores y supereminentes constituyen la ley de la vida de Dios, esta ley por supuesto es la ley más elevada y supereminente. Ya que recibimos la vida de Dios por medio de la regeneración, también hemos recibido de la vida de Dios la ley superior y supereminente de esta vida.

En el primer capítulo, llamado "¿Qué es la vida?", dijimos que sólo la vida de Dios es vida; por lo tanto, la ley de vida de la cual hablamos se refiere específicamente a la ley de la vida de Dios.

La ley de vida es algo que Dios nos da especialmente bajo el nuevo pacto. Es muy diferente de las leyes que Dios dio en el monte Sinaí. En los tiempos del Antiguo Testamento, Dios dio una ley escrita en tablas de piedra fuera del cuerpo del hombre. Esa ley era una ley exterior, una ley de letras. Exigía mucho del hombre exteriormente, dando regla tras regla, poniendo requisitos con respecto a lo que el hombre debía hacer y lo que no debía hacer. Pero no produjo nada; nadie podía cumplirla. Aunque la ley era buena, el hombre, siendo malo y estando muerto, no tenía el poder de vida para satisfacer los requisitos de esa ley. Al contrario, el hombre cayó bajo la condenación de dicha ley. Romanos 8:3 se refiere a eso cuando dice: "Lo que la ley no pudo hacer, por cuanto era débil por la carne..."

En la era neotestamentaria, cuando Dios nos regenera mediante el Espíritu Santo, El pone en nosotros Su propia vida acompañada de la ley de vida. Esta ley de vida es la ley interior que es el don especial que Dios nos da en la era neotestamentaria. Esta cumple la promesa de Dios dada en el Antiguo Testamento: "Pondré mi ley en su interior" (Jer. 31:33).

Esta ley de vida fue puesta en nosotros; por lo tanto, según su ubicación, es una ley interior. No se parece a la ley del Antiguo Testamento, la cual estaba fuera del hombre y por eso era una ley exterior. Además, esta ley de vida proviene de la vida de Dios y pertenece a la vida de Dios; por lo tanto, según su naturaleza, es una ley de vida; así que puede suministrar. No es como la ley del Antiguo Testamento, la cual es una ley de letras y sólo puede exigir pero no puede dar el suministro. Esta ley de vida que está en nosotros, la cual es la característica y la capacidad naturales de la vida de Dios, muy espontáneamente por su regulación interior puede expresar a través de nosotros, punto tras punto, todo el contenido de la vida de Dios. El resultado de esta regulación satisface perfectamente los requisitos de la ley exterior de Dios.

Usemos dos ejemplos para ilustrar cómo funciona la ley de vida. Consideremos un melocotonero marchito. Supongamos que le establecemos algunas leyes como lo siguiente: "Debes echar hojas verdes, florecer con flores rojas y producir melocotones". Sabemos que estos requerimientos, aunque hechos desde el principio del año hasta el fin, son absolutamente inútiles y vanos, porque el árbol ya se ha secado y no tiene el poder de vida para satisfacer los requisitos de estas leyes exteriores. Sin embargo, si pudiéramos infundirle vida y restaurarlo a la condición viva, aunque no le exigimos nada exteriormente, esa vida tendría una capacidad natural que lo permitiría brotar, florecer y dar fruto a tiempo, aun exceder lo que requiere la ley exterior. Esta es la función de la ley de vida.

Ahora supongamos que exigimos a un muerto, diciéndole: "Debes respirar, debes comer, debes dormir y debes moverte". Sabemos que los requerimientos de estas leyes no surtirán efecto en el difunto; ninguno de ellos podrá cumplirse. Sin embargo, si pudiéramos poner en él la vida de resurrección y resucitarlo, espontáneamente él respiraría, comería, dormiría y se movería. Esto se debe a la función de la ley de vida.

En estos dos ejemplos podemos ver claramente que no podemos llevar a cabo nuestra vida espiritual ante Dios mediante nuestros propios esfuerzos; tampoco podemos lograrlo al mejorarnos con mucha energía; más bien, es la responsabilidad de la vida de Dios que ya hemos recibido. La vida de Dios, acompañada de la ley de esta vida, mora en nuestro espíritu; si vivimos y actuamos conforme a la ley de vida que está en nuestro espíritu, ésta espontáneamente por su regulación interior puede expresar a través de nosotros cada punto del contenido de la vida de Dios. Esto encuadrará bien con los requisitos de la ley exterior de Dios, y aun los excederá sin deficiencia alguna. Romanos 8:4 habla de esto: "Para que el justo requisito de la ley se cumpliese en nosotros, que no andamos conforme a la carne, sino conforme al espíritu".

Esta ley de vida inscrita en la tabla de nuestro corazón es llamada "la ley del Espíritu de vida" en Romanos 8:2. Esto significa que esta ley no sólo proviene de la vida de Dios y pertenece a la vida de Dios, sino que también depende del Espíritu de Dios y pertenece al Espíritu de Dios. La razón es sencilla: la vida de Dios depende del Espíritu de Dios y también podemos decir que el Espíritu de Dios es la vida de Dios. Cuando hablamos de la vida de Dios, damos énfasis a lo que en sí es la vida de Dios; cuando hablamos del Espíritu de Dios, ponemos énfasis en Aquel que imparte la vida de Dios. En otras palabras, la vida de Dios no es una persona, pero el Espíritu de Dios sí lo es. Esta vida que no es una persona pertenece al Espíritu, quien es una persona, y no puede ser separada de este Espíritu, quien es una persona. Este Espíritu, quien es una persona, introduce en nosotros la vida de Dios; y esta vida va acompañada de una ley, que es la ley de vida, o sea, la ley del Espíritu de vida. La fuente de esta ley es la vida eterna de Dios, y el Espíritu de Dios, quien es una persona de gran poder, comunica esta ley. Por lo tanto, esta ley del Espíritu de vida tiene el poder eterno e ilimitado que satisface los requerimientos ilimitados de Dios.

Hemos visto que la ley del Antiguo Testamento es la ley de letras inscrita en tablas de piedra. Aunque exigía mucho del hombre, el resultado era nulo. La ley del Nuevo Testamento es la ley de vida escrita en la tabla de nuestro corazón. Aunque no exige nada de nosotros, finalmente puede expresar de nosotros, por su regulación interior, todas las riquezas de Dios, capacitándonos así para satisfacer todo lo que exige Dios. ¡Cuán maravilloso y cuán glorioso es esto! ¡Es la gracia central que Dios nos da en el nuevo pacto! ¡Cuánto debemos agradecerle y alabarle!

IV. LA SEDE DE LA LEY DE VIDA

A. La sede de la operación de la ley de vida

La vida de la cual proviene la ley de vida es la vida de Dios. Cuando recibimos por primera vez esta vida al ser regenerados, la vida dentro de nosotros, aunque orgánicamente completa, no ha crecido ni madurado en cada parte de todo nuestro ser. Es como la fruta que nace de un árbol. Aunque la vida de tal fruta es completa cuando brota por primera vez, sólo lo es orgánicamente. Para ser completa en toda parte, debe esperar que madure. De igual manera, la vida de Dios que recibimos en el momento de la regeneración sólo es completa orgánicamente. Si queremos que esta vida madure completamente, también debemos dejarla crecer y madurar gradualmente en cada parte de todo nuestro ser. El crecimiento y la madurez de esta vida se llevan a cabo por medio de la operación de la ley de vida realizada en todas las partes de nuestro ser. Esto revela que la ley de vida obra en toda parte de nuestro ser. Esto es lo que Jeremías 31:33 llama nuestro "interior" (heb.).

B. Las partes interiores y las leyes

¿Cuáles son nuestras partes interiores? Son nuestro espíritu, nuestra alma y nuestro corazón. Este corazón no es el corazón *biológico,* sino el corazón *psicológico.* Dentro de nosotros los seres humanos, el espíritu y el alma son partes independientes, pero el corazón tiene una naturaleza compuesta. Según la Biblia, el corazón contiene al menos lo siguiente:

1. La mente. Por ejemplo: "pensáis mal en vuestros corazones" (Mt. 9:4), y "los pensamientos del corazón" (He. 4:12).

2. La voluntad. Por ejemplo: "con propósito de corazón" (Hch. 11:23) e "intenciones del corazón" (He. 4:12).

3. La parte emotiva. Por ejemplo: "No se turbe vuestro corazón" (Jn. 14:1), y "se gozará vuestro corazón" (Jn. 16:22).

4. La conciencia. Por ejemplo: "purificados los corazones de mala conciencia" (He. 10:22), y "si nuestro corazón nos reprende" (1 Jn. 3:20).

Estas referencias nos muestran que el corazón contiene la mente, la voluntad y la parte emotiva, las cuales son las tres partes del alma, y también la conciencia, la cual es una parte del espíritu. El corazón se compone de estas partes. Por consiguiente, el corazón no sólo constituye un componente del espíritu e incluye todos los componentes del alma, sino que realmente conecta el espíritu con el alma.

Entre las varias partes dentro de nosotros, las partes del espíritu que se llaman la intuición y la comunión tienen más relación con Dios y son para Él; la parte del espíritu que se llama la conciencia, la cual puede discernir entre el bien y el mal, está más relacionada con el hombre y es para el hombre. La mente, la voluntad y la parte emotiva del alma, siendo el sitio donde se encuentra la personalidad del hombre, también tienen más que ver con el hombre y están relacionadas con el aspecto humano. El corazón, por contener la mente, las emociones, la voluntad y la conciencia, es una parte compuesta que reúne estas diversas partes interiores del hombre. Puede ser considerado como el representante principal del hombre.

La ley de vida que está en nosotros trabaja continuamente en estas varias partes interiores. Dondequiera que llegue su operación, allí se convierte en la ley de esa parte. Cuando su operación llega a la mente, se convierte en la ley de la mente. Cuando su operación llega a la voluntad, viene a ser la ley de la voluntad. Cuando su operación llega a la parte emotiva, viene a ser la ley de las emociones. Cuando su operación llega a la conciencia, viene a ser la ley de la conciencia. De esta manera, viene a ser una ley para cada una de nuestras partes interiores. Por eso, Hebreos 8:10 y 10:16 la llaman "leyes". En realidad, estas "leyes" no son más que la única ley interior, la cual es la ley de vida, o sea, lo que Dios menciona como "ley" en Jeremías 31:33; pero ésta ha sido puesta en varias "partes" en nuestro interior.

En Jeremías esta ley de vida es llamada "ley" (singular), mientras que en Hebreos es llamada "leyes" (plural). La razón es sencilla: cuando hablamos de la ley en sí, sólo hay una; por lo tanto, se menciona en singular. Sin embargo, al hablar de los efectos de la operación de esta ley, ya que manifiesta sus capacidades y funciones en las varias partes de nuestro ser, se convierte en varias leyes; por lo tanto, se menciona en plural. En Jeremías se la llama la ley singular y en Hebreos se la llama las leyes plurales, pero en ambos casos se refieren a la única y misma ley.

C. La relación que existe entre el corazón y la ley de vida

Hemos visto que la ley de vida trabaja en las diferentes partes de nuestro ser. Entre estas partes, el más destacado es el corazón. Esto se debe a que el corazón es el conjunto de las partes interiores del hombre, y es el representante principal del hombre. Por lo tanto, el corazón tiene una relación íntima con la ley de vida, la cual trabaja en las diferentes partes dentro de nosotros y así llega a ser las varias leyes. Por esta razón, profundizaremos lo concerniente al corazón.

1. El corazón es la entrada y la salida de la vida

Ya hemos mencionado que el corazón conecta el espíritu con el alma; así que, el corazón se encuentra entre el espíritu y el alma. Si la vida ha de entrar en el espíritu, debe pasar a través del corazón; si la vida ha de proceder del espíritu, también debe pasar por el corazón. Por eso, el corazón es la senda que la vida debe usar. Puede decirse que es la entrada y la salida de la vida. Por ejemplo, cuando alguien escucha el evangelio del Señor y percibe el dolor y la tristeza del pecado o la dulzura del amor de Dios, la emoción de su corazón es conmovida, su conciencia es contristada, su mente se arrepiente y su voluntad toma la decisión de creer. Luego su corazón se abre al Señor, él recibe salvación y así la vida de Dios entra en su espíritu. A la inversa, si su corazón no está de acuerdo ni está abierto, por mucho que uno le predique, la vida de Dios no podrá entrar en su espíritu. Es por esto que el gran evangelista británico, el señor Spurgeon, dijo una vez que para conmover el espíritu del hombre, debemos conmover su corazón. Esta afirmación es muy cierta; sólo cuando el corazón se ha conmovido, puede el espíritu recibir la vida de Dios.

De igual manera, si la vida de Dios ha de salir del interior de una persona salva, debe pasar por el corazón y tener la cooperación del corazón. Cuando el corazón está de acuerdo, la vida puede atravesarlo. Cuando el corazón no está de acuerdo, la vida no puede pasar. A veces el corazón está de acuerdo solamente en parte. Tal vez sólo la conciencia consienta, y las otras partes no. Quizás la mente del corazón esté de acuerdo, y la emoción no. Por tanto, la vida todavía no puede pasar. De esta manera, el corazón constituye realmente la entrada y la salida de la vida. Así como el acto de recibir la vida comienza con nuestro corazón, el hecho de vivir la vida también comienza con el corazón.

2. El corazón es el interruptor de la vida

El corazón es la entrada y la salida de la vida: que la vida entre y salga, depende del corazón. Además, el corazón también es el interruptor de la vida. Si el corazón está cerrado, la vida no puede entrar ni expresarse por medio de la regulación interior. Sin embargo, cuando el corazón está abierto, la vida puede entrar y también expresarse libremente por medio de la regulación interior. La vida de Dios no puede regular ninguna parte cerrada del corazón; pero la vida de Dios puede regular cualquier parte del corazón que esté abierta. Así que el corazón es realmente el interruptor de la vida. Aunque la vida tiene gran poder, su gran poder es controlado por nuestro pequeño corazón. La operación de la vida depende totalmente de la apertura de nuestro corazón. Es semejante al poder eléctrico de una planta electrógena, el cual aunque poderoso, es controlado por el pequeño interruptor de la luz en nuestro cuarto; si no está prendido, la electricidad no puede pasar.

Por supuesto, esto no significa que todo está bien con tal

de tener un corazón correcto. El corazón sólo puede inducirnos a amar a Dios e inclinarnos hacia El; no puede hacernos tocar a Dios ni tener comunión con El. El espíritu es lo que nos permite tocar a Dios y tener comunión con El. Esta es la razón por la cual muchos hermanos y hermanas, aunque aman mucho al Señor, no pueden tocar a Dios en oración. Tienen un corazón, pero no usan el espíritu. Entre los que fomentan avivamientos muchos sufren fracasos en su obra por la misma razón. Sólo conmueven la emoción del hombre, incitan la voluntad del hombre y hacen que los hombres amen a Dios y que deseen a Dios; ellos no guían a los hombres a que ejerciten su espíritu para tener comunión con Dios.

Es cierto que para poder entender las cosas espirituales es necesario usar la mente del corazón, pero primero debemos usar el espíritu para tener contacto con estas cosas, porque el espíritu es el órgano con el cual podemos tocar el mundo espiritual. Primeramente debemos tener contacto con todas las cosas espirituales por medio del espíritu, y luego comprenderlas y entenderlas con la mente del corazón. Es semejante a oír un sonido: primero lo percibimos con el oído y luego lo entendemos con la mente. También es semejante a mirar cierto color: primero los ojos deben tener contacto con el color y luego la mente debe discernirlo. Por lo tanto, cuando predicamos el evangelio a los hombres, si nuestro espíritu es débil, sólo usamos palabras que permiten a la gente comprender y entender con la mente; tal vez más tarde los conduzcamos a tocar al Espíritu. Sin embargo, cuando nuestro espíritu es fuerte, mandamos la salvación de Dios directamente al espíritu de los hombres por medio de las palabras del evangelio. Al oír el evangelio, tocan el espíritu y son salvos. Después de eso, gradualmente guiamos su mente para que comprendan y entiendan.

La función principal de tener contacto con Dios y con las cosas espirituales es el ejercicio del espíritu, pero si el corazón del hombre es indiferente, entonces su espíritu está encarcelado y no puede manifestar su capacidad. Aun cuando Dios quiere tener comunión con él, resulta imposible. Por lo tanto, para tener contacto con Dios y las cosas espirituales, necesitamos usar el espíritu e inclinar el corazón hacia El.

El espíritu es el órgano con el cual tenemos contacto con la
vida de Dios, y el corazón es la llave, el interruptor, el punto
estratégico por el cual la vida de Dios puede pasar.

3. El corazón puede impedir
la operación de la vida

Puesto que el corazón es la entrada y la salida de la vida
y también el interruptor de la vida, ejerce gran influencia
sobre la vida; cualquier problema que exista en el corazón
puede impedir completamente la operación de la vida. En
cualquier parte del corazón donde haya un problema, allí se
obstaculiza y se estanca la vida, y la ley de vida ya no puede
llevar a cabo su regulación.

La vida de Dios en nosotros debe tener la capacidad de
trabajar y crecer libremente, dándonos la revelación diaria y
la luz frecuente. Esto es normal y también apropiado. Pero
en realidad muchas veces no es el caso. La vida espiritual de
muchos hermanos y hermanas no crece y su vivir espiritual
no es normal. No es cuestión de que la vida de Dios en ellos
no les es real; tampoco se debe a que la vida de Dios en ellos
tenga algún problema; su corazón es el que tiene problemas.
Su corazón no se inclina suficientemente hacia Dios, no ama
al Señor adecuadamente, no busca al Señor lo suficiente, y
no está suficientemente limpio ni abierto. Esto revela algún
problema que el corazón tiene. O bien existe algún problema
en la conciencia, la cual siente condenación pero no ha sido
tratada, o bien la mente tiene algún problema con respecto
a alguna preocupación, pensamiento malo, disputa o duda,
etc. O bien existe un problema en la voluntad terca y
obstinada, o bien hay un problema con las emociones, en el
sentido de que tienen deseos carnales y una inclinación
natural. Todos estos asuntos del corazón obstaculizan la
operación de la vida dentro de nosotros, imposibilitando la
regulación de la ley de vida. Por lo tanto, si deseamos crecer
en vida, es necesario que primero resolvamos los problemas
del corazón, y luego ejercitemos el espíritu. Si los problemas
del corazón no han sido resueltos, es inútil mencionar el
espíritu. El problema que muchos hermanos y hermanas
tienen no radica en el espíritu, sino en el corazón. Si el corazón

no está correcto, entonces la vida en el espíritu está impedida, y la ley de vida no puede obrar con libertad. Si deseamos buscar la vida y andar en la senda de vida, no debemos tener ningún problema en el corazón; entonces la ley de vida podrá obrar con libertad y moverse sin impedimento, alcanzando así cada parte de todo nuestro ser.

4. Cómo resolver los problemas del corazón

Puesto que el corazón está esencialmente relacionado con la vida, a Dios no le queda otra opción que resolver los problemas de nuestro corazón para que Su vida se exprese a través de nosotros por la regulación interior. Con respecto a Dios, nuestro corazón tiene cuatro problemas grandes: dureza, impureza, falta de amor e inquietud. La dureza es un asunto de la voluntad, la impureza tiene que ver no sólo con la mente sino también con la emoción, la falta de amor tiene que ver con las emociones, y la inquietud es un asunto de la conciencia. Cuando Dios examina nuestro corazón, trabaja en cuatro aspectos para que nuestro corazón sea dócil, puro, lleno de amor y tranquilo.

En primer lugar, Dios quiere que nuestro corazón sea dócil. Que un corazón sea dócil significa que su voluntad es sumisa a Dios y que se rinde a El, sin mostrar dureza ni rebelión. Cuando Dios se pone a resolver los problemas de nuestro corazón para que sea dócil, El quita de nuestra carne el corazón de piedra y nos da un corazón de carne (Ez. 36:26). Esto significa que El ablanda nuestro corazón endurecido y de piedra, de modo que llegue a ser un corazón dócil y de carne.

Cuando somos recién salvos, nuestro corazón siempre es dócil. Pero después de cierto tiempo, el corazón de algunos vuelve atrás y se endurece otra vez. Puesto que no son sumisos al Señor y no le temen, gradualmente se alejan de Su presencia. Cada vez que nuestro corazón se endurece, tenemos un problema ante Dios. Si deseamos que nuestro vivir espiritual delante de Dios esté bien, nuestro corazón no debe endurecerse; al contrario, debe seguir ablandándose. De hecho, no debemos tener miedo de nada, pero sí debemos ser temerosos de Dios para no ofenderle. No tenga miedo del cielo ni de la tierra; solamente tema ofender a Dios. Nuestro corazón debe ser tratado hasta que haya sido ablandado a tal punto; entonces estará bien. En verdad es triste ver que muchos hermanos y hermanas son dóciles en muchas cosas y al mismo tiempo se vuelven muy duros tan pronto como se mencionan Dios y la voluntad de Dios. Incluso dicen: "Así soy; deja ver qué hará Dios conmigo". ¡Esto es horrible! También hay hermanos y hermanas que se muestran duros frente a todas las cosas; pero a pesar de todo se ablandan cuando se menciona a Dios y Su voluntad. Estas personas tienen corazones dóciles. Debemos pedirle a Dios que ablande nuestros corazones para que sean así.

¿Cómo hace Dios que nuestro corazón sea dócil? ¿Cómo ablanda nuestro corazón? A veces El emplea Su amor para conmovernos; a veces El usa castigo para herirnos. Muchas veces Dios usa Su amor primero para conmovernos; si el amor no nos puede mover, El emplea Su mano, a través del ambiente, para herirnos hasta que nuestro corazón haya sido ablandado. Cuando nuestro corazón ha sido ablandado, la vida de El puede obrar en nosotros.

En segundo lugar, Dios quiere que nuestro corazón sea puro. Un corazón puro pone la mente específicamente en Dios. También su emoción es extremadamente pura y sencilla para con Dios (véase 2 Co. 11:3). Sólo ama a Dios y desea a Dios; aparte de Dios, no tiene otro amor, inclinación ni deseo. Mateo 5:8 dice: "los de corazón puro ... verán a Dios". Por lo tanto, si el corazón no es puro, no podemos ver a Dios. Si nos ocupamos un poco de las cosas que están fuera de Dios, o si nuestra emoción abriga un poco de amor hacia las cosas que están fuera de Dios, nuestro corazón ha dejado de ser puro; la vida en nuestro espíritu también queda frustrada debido a esto. Así que, debemos seguir "con los que de corazón puro invocan al Señor" (2 Ti. 2:22), y ser personas que amen al Señor y lo deseen con un corazón puro; entonces podremos permitir que la vida de Dios obre libremente en nosotros.

En tercer lugar, Dios quiere que nuestro corazón esté lleno de amor. Un corazón lleno de amor es uno en el cual la emoción ama a Dios, desea a Dios, tiene sed de Dios, anhela a Dios y siente cariño por Dios. En la Biblia hay un libro que habla específicamente del amor de los santos para con el Señor, esto es, el Cantar de los Cantares, en el Antiguo Testamento. Allí dice que como pueblo de Dios nosotros debemos amar al Señor de la misma manera que una mujer ama a su amado. Este amor es sumamente profundo e inmutable, y es más poderoso que la muerte (8:6-7). Debido a que este libro habla especialmente de nuestro amor para con el Señor, también presenta nuestro crecimiento en la vida del Señor de una manera especial. Luego, en el Nuevo Testamento, en Juan 21, el Señor preguntó tres veces a Pedro: "¿Me amas?" Esto significa que el Señor deseaba inducir las emociones de Pedro a amar tanto al Señor que pudiera ser una persona que tuviera un corazón lleno de amor por el Señor. El Señor hizo esto porque quería que Pedro concediera a Su vida la oportunidad de obrar y crecer en él. Este acontecimiento está narrado en el Evangelio de Juan, un libro que trata de cómo recibir al Señor como vida y cómo vivir en esta vida. Si nuestro corazón tiene tal clase de amor para con el Señor, la vida del Señor en nuestro interior puede moverse sin dificultad y hacer lo que quiera.

En cuarto lugar, Dios quiere que nuestro corazón esté en paz. Un corazón tranquilo tiene una conciencia libre de ofensas (Hch. 24:16), condenación y reproche; está a salvo y es seguro. Nuestra conciencia representa a Dios y nos gobierna. Si nuestra conciencia nos reprende, Dios es mayor que nuestra conciencia, y El sabe todas las cosas (1 Jn. 3:20); El nos condenaría todavía más. Por eso, debemos hacer una confesión cabal de toda ofensa, condenación y reproche; de esta manera "aseguraremos nuestros corazones delante de El" (1 Jn. 3:19). Cuando nuestro corazón está en paz, Dios puede pasar a través de él, y la ley de la vida de Dios puede seguir obrando en nuestro interior.

Si nuestro corazón es dócil, puro, lleno de amor, y en paz, entonces es recto. Sólo un corazón tan recto constituye un apto complemento para la ley de vida. Puede permitir que la vida de Dios se exprese libremente a través de nosotros por medio de su regulación interior. Muy frecuentemente parece que nuestro corazón lleva una señal que dice: "Calle sin salida". De esta manera impedimos que Dios lo atraviese.

Obstaculizamos y estancamos la vida de Dios hasta el punto de que no puede obrar ni extenderse libremente desde nuestro interior.

Aunque estas palabras no son muy elocuentes ni sabias, deberían hacernos examinar con esmero, tal como en un examen físico, todas las condiciones de nuestro corazón. Debemos preguntarnos: ¿Realmente escoge a Dios la voluntad de nuestro corazón? ¿Es sumisa y rendida ante Dios? ¿O es de cerviz dura y rebelde? También debemos preguntarnos: ¿Es pura delante de Dios la mente de nuestro corazón? ¿O es perversa? Nuestros pensamientos, nuestras preocupaciones, ¿son puramente para Dios mismo? ¿O hay, aparte de Dios, una persona, un asunto o una cosa de que nos preocupamos profundamente y que ocupa nuestro corazón? Luego, debemos preguntarnos: ¿Es sencilla para con Dios la emoción de nuestro corazón? ¿Ama a Dios y desea a Dios completamente? ¿O tiene otro amor, otra inclinación o algún cariño por algo que no sea Dios? También debemos preguntarnos: ¿Cómo está nuestra conciencia delante de Dios? ¿Está nuestra conciencia libre de ofensa? ¿Tiene seguridad? ¿O tiene condenación y reproche? Debemos examinar cuidadosamente todos estos puntos y enfrentarlos con esmero, para que nuestro corazón llegue a ser un corazón dócil, puro, lleno de amor y tranquilo; en otras palabras, un corazón recto. Si tal es el caso, la vida en nuestro espíritu sin duda tendrá manera de salir, y la ley de vida podrá expresarse claramente a través de nosotros por medio de su regulación interior.

Por lo tanto, en cualquier área de nuestro corazón que ha pasado por este proceso, allí la vida de Dios puede obrar y allí la ley de la vida de Dios también puede regular. Cuando todas las partes de nuestro corazón hayan sido examinadas y tratadas, entonces la ley de la vida de Dios podrá extender su regulación desde nuestro espíritu, a través de nuestro corazón, hasta llegar a cada parte de todo nuestro ser. De esta manera, cada parte de todo nuestro ser podrá manifestar la capacidad de esta ley de vida y ser llena del elemento de la vida de Dios, alcanzando así la gloriosa meta de la unidad de Dios con el hombre.

V. REQUISITOS DE LA LEY DE VIDA

Ya que hemos visto la sede de la ley de vida, sabemos que esta ley de vida obra en las diferentes partes interiores de todo nuestro ser. Sin embargo, en práctica, si la ley de vida ha de obrar libremente en nuestras diferentes partes interiores, tenemos que satisfacer dos requisitos:

A. Amar a Dios

El primer requisito es amar a Dios. El Evangelio de Juan habla especialmente de la vida; también habla enfáticamente de creer y amar. Creer es recibir la vida, mientras que amar es hacer fluir la vida. Si queremos recibir la vida, debemos creer. Si queremos expresar la vida, debemos amar. Sólo la fe puede permitir que la vida entre, y sólo el amor puede permitir que la vida fluya. Así que, el amor es una condición necesaria de la operación de la ley de vida.

En otro pasaje vemos que la Biblia nos exhorta a amar a Dios con todo nuestro corazón, con toda nuestra alma, con toda nuestra mente y con toda nuestra fuerza (Mr. 12:30). Cuando amamos a Dios hasta el punto de permitir que nuestro amor por El llegue hasta nuestras numerosas partes interiores, entonces la vida de Dios puede comenzar a funcionar y regularnos en esas partes. De este modo esas partes gradualmente llegan a ser como Dios.

Por tanto, Dios primeramente siembra Su vida en nosotros; luego, El emplea Su amor para conmover la emoción de nuestro corazón y hacer que nuestro corazón lo ame, que se vuelva a El y se adhiera a El. Así se quita el velo dentro de nosotros (véase 2 Co. 3:16), y podemos ver la luz, recibir revelación y conocer a Dios y la vida de Dios. Además, cuando amamos a Dios con todo nuestro corazón, espontáneamente estamos dispuestos a someternos a Dios y a cooperar con El. De esta manera permitimos que la ley de la vida de Dios obre libremente dentro de nosotros y suministre a cada parte de nuestro ser todas las riquezas de la vida de Dios. La ley de la vida de Dios regula cualquier parte que esté llena de amor para con Dios. Si todo nuestro ser ama a Dios, entonces la ley de la vida de Dios opera por todo nuestro ser. Entonces, todo nuestro ser, tanto interior como exteriormente, llegará a ser como Dios y se llenará de las riquezas de la vida de Dios.

B. Obedecer el primer sentir de la vida

El segundo requisito es obedecer el primer sentir de la vida. En el capítulo siete, *El sentir del espíritu y cómo conocer el espíritu*, mencionamos que la ley de vida pertenece a lo consciente; nos proporciona cierto sentir. En cuanto somos regenerados y tenemos la vida de Dios, esta ley de vida en nosotros nos da cierta consciencia. Nuestra responsabilidad es obedecer el sentir de la ley de vida, permitiendo así que esta ley de vida obre libremente en nosotros.

No obstante, al principio quizás la consciencia que tenemos de esta ley de vida sea relativamente débil y poco frecuente. Pero si estamos dispuestos a obedecer el primer sentir, aunque sea relativamente débil, el sentir será cada vez más fuerte. Debemos comenzar sometiéndonos al primer sentir débil y seguir sometiéndonos. De esta manera la ley de vida puede obrar en nosotros sin cesar, hasta que llegue a las diferentes partes interiores de todo nuestro ser. Así la vida en nosotros podrá extenderse hacia afuera de manera espontánea y crecer en profundidad y altura.

Tal vez algunos hermanos pregunten: "Después de obedecer el primer sentir, ¿qué debemos hacer?" Nuestra respuesta es ésta: Antes de obedecer el primer sentir, no debemos preocuparnos por lo que tendremos que hacer después. Dios no nos da muchos sentimientos a la vez, sino que nos los da uno por uno, tal como nos da los días. Así como vivimos día tras día, así también obedecemos el sentir, cada vez que se nos da. Cuando Dios nos da un sentir, simplemente lo obedecemos. Cuando hayamos obedecido el primer sentir, Dios luego nos dará el segundo. Cuando Dios llamó a Abraham, sólo le dijo cuál sería el primer paso: "Vete de tu tierra y de tu parentela, y de la casa de tu padre". Después de dejar todo esto, lo que debía hacer y dónde debía ir le sería mostrado. Dios le dijo: "Te mostraré" (Gn. 12:1). Cuando el Señor Jesús nació y el rey Herodes procuró destruirlo, Dios sólo le dijo a José cuál sería el primer paso, el cual fue escapar y entrar en Egipto; había de estar allí *hasta que* Dios le avisara del próximo paso (Mt. 2:13).

Esto nos muestra que Dios nos da un solo sentir a la vez porque quiere que acudamos a El paso por paso y que dependamos de El momento tras momento, sometiéndonos así a El. Por lo tanto, el sentir de la ley de vida tiene el mismo principio que el árbol de la vida: el principio de dependencia. Nos hace depender de Dios, es decir, depender de que El nos dé el sentir de la vida una y otra vez. No se trata de depender de El una sola vez, sino de depender de El continuamente. Es lo opuesto al principio del árbol del conocimiento del bien y del mal, el cual implica un vivir independientemente de Dios. Por tanto, cada uno de nosotros que desee vivir por la ley de vida debe considerar el primer sentir de la vida como algo importante y obedecerlo, y luego seguir obedeciéndolo.

A veces la ley de vida también nos da un sentimiento negativo. En otras palabras, cuando hacemos algo en contra de Dios, algo que no armonice con la vida de Dios, la ley de vida nos hace sentir incómodos e inseguros, y nos da el sabor de la muerte. Esto es el la experiencia de ser "prohibido" y de no ser "permitido" que proviene de Dios en nosotros (Hch. 16:6-7). No importa lo que queramos hacer ni qué estemos haciendo, en cuanto tengamos una sensación de prohibición dentro de nosotros, debemos detenernos. Si podemos movernos o detenernos conforme al sentir de la ley de vida interior, esta ley de vida podrá obrar en nosotros sin obstáculo. La vida dentro de nosotros también podrá crecer y extenderse continuamente. Por lo tanto, obedecer el sentir de la ley de vida, especialmente el primer sentir, también es una condición imprescindible para que obre en nosotros la ley de vida. La razón por la cual el apóstol, en Filipenses 2, nos exhorta a obedecer con temor y temblor es para que Dios obre dentro de nosotros (vs. 12-13). La operación de Dios dentro de nosotros requiere nuestra cooperación mediante la obediencia; por eso, nuestra obediencia llega a ser un requisito para la operación de Dios.

VI. LA FUNCION DE LA LEY DE VIDA

Hemos visto que el amor y la obediencia son los dos

requisitos para tener la operación de la ley de vida. También son nuestras dos responsabilidades con respecto a la ley de vida. Si podemos amar y si estamos dispuestos a obedecer, la ley de vida puede obrar espontáneamente en nuestras diferentes partes interiores y manifestar su función natural.

La ley de vida tiene dos funciones distintas. Una es quitar o matar, y la otra es añadir o suministrar. Por un lado, nos quita lo que no debemos tener por dentro, y por otro añade lo que debemos tener en nosotros. Lo que se quita es el elemento de Adán, y lo que se añade es el elemento de Cristo, quien es el Espíritu vivificante. Lo que se quita es viejo, y lo que se añade es nuevo. Lo que se quita está muerto y lo que se añade está vivo. Cuando la ley de vida opera en nosotros, manifiesta allí estas dos funciones: por un lado, quita gradualmente todo lo que pertenece a nuestra vieja creación y, por otro, añade gradualmente todo lo que pertenece a la nueva creación de Dios. De esta manera la vida en nosotros crece gradualmente.

La ley de vida dentro de nosotros puede tener estas dos funciones porque la vida de la cual esta ley se deriva tiene dos elementos especiales: el primero es el elemento de la muerte, y el otro es el elemento de la vida. El elemento de la muerte es aquella muerte maravillosa del Señor Jesús en la cruz, aquella muerte que incluye todo y pone fin a todo. El elemento de la vida es la resurrección del Señor Jesús, o la vida del poder de resurrección del Señor; por consiguiente, se llama también el elemento de resurrección.

La función aniquiladora en la ley de vida proviene del elemento de la muerte todo-inclusiva del Señor, la cual está en la vida; por lo tanto, así como la muerte del Señor en la cruz eliminó todas las dificultades que Dios encontró en el hombre, así también Su muerte es aplicada hoy en día en nosotros mediante la operación de la ley de vida. Mata y elimina, una por una, todas las cosas que no estén en armonía con Dios y que estén fuera de Dios, tales como el elemento del pecado, el elemento del mundo, el elemento de la carne, el elemento de la lujuria, el elemento de la vieja creación y el elemento de la constitución natural. La función de añadir, la cual está en la ley de vida, proviene del elemento de la resurrección del Señor, la cual está en la vida; así que, tal como la resurrección del Señor introdujo al hombre en Dios, capacitándolo así para participar de todo lo que Dios es y tiene, así también hoy en día Su resurrección es aplicada dentro de nosotros mediante la operación de la ley de vida. Esto significa que esta operación añade a nosotros y nos suministra el poder de Dios, la santidad de Dios, el amor de Dios, la paciencia de Dios y todos los elementos de Dios o los elementos de la nueva creación, para llenarnos con toda la plenitud de la Deidad.

[La ley de vida] es como la medicina que tomamos, la cual a veces contiene dos clases de elementos: el elemento que mata los microbios y el elemento que nutre. La función del elemento aniquilador, elimina la enfermedad que no debemos tener; la función del elemento nutritivo nos suministra los elementos de la vida que necesitamos.

También es como la sangre de nuestro cuerpo, la cual contiene dos clases de elementos: los glóbulos blancos y los glóbulos rojos. Los glóbulos blancos tienen una sola función, la de matar microbios; los glóbulos rojos también tienen una sola función, la de suministrar nutrimiento. Cuando la sangre circula y fluye en nosotros, los glóbulos blancos matan y eliminan los microbios que han invadido nuestro cuerpo, mientras que los glóbulos rojos suministran a cada parte de todo nuestro cuerpo la nutrición necesaria. De la misma manera, cuando la ley de la vida de Dios opera en nosotros, o cuando la vida de Dios opera en nosotros, los dos elementos, la vida y la muerte, contenidas en la vida de Dios, tienen las funciones de matar y suministrar, es decir, de matar nuestros microbios espirituales, tales como el mundo y la carne, y suministrarnos la nutrición espiritual, la cual consiste de todas las riquezas de Dios.

Por tanto, debemos ver que ésta es la manera correcta de perseguir el crecimiento en vida. En cuanto somos salvos y tenemos la vida de Dios, la ley de la vida de Dios en nosotros nos proporciona cierto sentir. Si hemos de buscar el crecimiento en vida, tenemos que amar a Dios y obedecer este sentir para resolver los problemas de nuestra conciencia, de nuestras emociones, de nuestros pensamientos y de nuestra voluntad. Cuando nos pongamos a resolver estos problemas, la vida de Dios en nuestro espíritu continuará dándonos cierta consciencia o sensibilidad. Cuando obedecemos estas sensaciones, la ley de vida nos regula por dentro y manifiesta sus dos funciones: la de quitar lo que está fuera de Dios y la de añadir todo lo que Dios es. De esta manera podemos crecer y madurar gradualmente en la vida de Dios. Estas son experiencias muy reales y prácticas. El camino de la vida, de la cual estamos hablando, radica en esto.

VII. EL PODER DE LA LEY DE VIDA

Además de las dos funciones mencionadas arriba, la ley de vida también tiene poder. Ya hemos mencionado que la ley del Antiguo Testamento es la ley escrita fuera del hombre, la ley muerta, la ley de letras. Sólo exige algo del hombre; no tiene ningún poder que suministre al hombre lo que necesita para satisfacer lo que la ley exige. Por eso, "no pudo" (Ro. 8:3) y también "nada perfeccionó" (He. 7:19). Pero la ley del Nuevo Testamento es la ley escrita en nuestras partes interiores, la ley viva, la ley de vida. Esta vida es la "vida indestructible" de Dios, la cual tiene "poder" (He. 7:16). Por tanto, la ley que proviene de esta vida también tiene poder y puede capacitarnos para todo.

Aquí debemos ver que el poder de la ley de vida es el poder de la vida de Dios, de la cual proviene la ley. Este poder capacitó al Señor Jesús para levantarse de la muerte y ascender a los cielos, muy por encima de todo. Este poder también procura regularnos por dentro cada día y es poderoso para hacer todas las cosas mucho más abundantemente de lo que pedimos o entendemos (Ef. 1:20; 3:20). Dentro de nosotros este poder puede llevar a cabo lo siguiente:

A. Puede inclinar nuestro corazón hacia Dios

Primero, este poder puede inclinar nuestro corazón hacia Dios. Cuando hablamos de la relación entre la ley de vida y el corazón, mencionamos que el corazón puede impedir la ley de vida. Si nuestro corazón no se inclina hacia Dios, la vida de Dios no puede atravesarlo. Pero, gracias a Dios, Su vida dentro de nosotros no se detiene allí. Sigue trabajando en nosotros hasta el punto de inclinar nuestro corazón hacia Dios, a pesar de que no está inclinado hacia El. Proverbios 21:1 dice: "Como los repartimientos de las aguas, así está el corazón del rey en la mano de Jehová; a todo lo que quiere lo inclina". Por eso le pedimos a Dios: "Inclina mi corazón a tus testimonios, y no a la avaricia" (Sal. 119:36). Cuando estamos dispuestos a pedirle de esta manera, el poder de la ley de la vida de Dios puede cambiar naturalmente nuestro corazón e inclinarlo completamente hacia Dios.

B. Puede hacernos sumisos para con Dios

En segundo lugar, este poder puede hacernos sumisos para con Dios. Cuando hablamos de los requisitos de la ley de vida, también mencionamos que la operación de la ley de vida en nosotros requiere que nuestra sumisión la complemente. No obstante, cuántas veces no podemos someternos, y tampoco queremos hacerlo. En estas ocasiones, el poder de la ley de vida tiene toda la capacidad para solucionar nuestra condición y hacernos sumisos.

Aunque nosotros, los que somos salvos y tenemos la vida de Dios, a veces volvemos atrás y nuestro corazón se endurece y queda incapacitado con respecto a obedecer a Dios, El tiene misericordia de nosotros en el sentido de que Su vida no deja de regularnos. Por medio de Su poder, El regula nuestra emoción y nuestra voluntad; entonces al regular aquí y acá, nos capacita para obedecerlo de nuevo.

Filipenses 2:13 dice que el asunto de nuestra voluntad ante Dios también se debe a la operación de Dios en nosotros. De esta manera la sumisión de nuestra voluntad también es el resultado de la operación del poder de la ley de la vida de Dios en nosotros. Este poder puede cambiar la inclinación de nuestra voluntad desobediente y someterla a Dios.

Había una hermana que creía que verdaderamente no podía obedecer. No sólo su mente estaba perturbada, sino que también su conciencia padecía de acusaciones. Luego pidió a Dios que la rescatara. Cuando clamó a Dios, Dios le mostró la luz de Filipenses 2:13. Después de eso, supo que Dios podía obrar para hacerla obediente. De esta manera cobró ánimo y halló descanso.

C. Nos puede incitar a cumplir la buena obra que Dios ha preparado para nosotros

En tercer lugar, este poder también puede incitarnos a cumplir las buenas obras que Dios preparó de antemano para que anduviéramos en ellas (Ef. 2:10). Lo bueno procede de Dios, y fluye de la vida de Dios; por lo tanto, hacer buenas obras así es vivir a Dios mismo. Esta bondad, la cual va mucho más allá de lo bueno que existe en el hombre, nunca puede ser manifestada por la vida humana. Pero la vida de Dios dentro de nosotros, al regularnos con Su poder, puede incitarnos a vivir tal bondad extraordinaria.

D. Nos puede incitar a laborar con todo nuestro corazón y con toda nuestra fuerza

En cuarto lugar, este poder puede incitarnos a laborar por el Señor con todo nuestro corazón y con toda nuestra fuerza. El apóstol Pablo dijo que la razón por la cual podía trabajar más que otros apóstoles no se debía a él mismo, sino a la gracia de Dios que le fue concedida, la gracia de la vida de Dios que estaba con él (1 Co. 15:10). También dijo que trabajaba, luchando según la operación de Dios, la cual actuaba en él "con poder" (Col. 2:29,). La palabra "poder" también puede traducirse "dinamita". Esto significa que el trabajo de Pablo no dependía del poder de su propia alma, sino del poder dinámico de la vida de Dios que moraba en él. Durante todas las generaciones anteriores, los que el Señor usó laboraban continuamente y sufrían constantemente en la obra del Señor. No trabajaban por sus esfuerzos personales, sino porque amaban al Señor y se inclinaban hacia El, y permitían que la vida de Dios obrara en ellos, que los regulara y que expresara a través de esa regulación cierta actividad, haciendo explotar así una obra. Esta actividad regulada u obra explosiva es la realización del poder dinámico de la vida de Dios. Cuando este poder dinámico de la vida de Dios regula al hombre desde su interior, ningún hombre puede quedar inactivo. El que permite que el poder dinámico de la ley de la vida de Dios obre en él, sin lugar a dudas trabajará con toda su fuerza, sin estimar su propia vida en cualquier labor.

Después de la Guerra Sino-Japonesa, comenzamos a trabajar en varias iglesias locales. El Señor nos bendijo en gran manera y produjimos mucho fruto. Cuando regresamos a Shanghái, el hermano Nee me dijo: "Hermano, nosotros somos 'alborotadores'. Acabamos de alborotar otras iglesias, y ahora vamos a alborotar a la iglesia en Shanghái". Aunque éstas fueron palabras divertidas, hablando en serio, todos los que viven en la vida de Dios y permiten que la ley de la vida de Dios obre, ciertamente son "alborotadores". La razón es la siguiente: la vida de Dios que está en ellos es una vida poderosa y sin fin, una vida positiva y motivadora, una vida con poder dinámico. Cada vez que esta vida opera y regula en su interior, ellos explotarán por dentro; llevarán a cabo la obra que tiene el poder dinámico. Por consiguiente, espontáneamente son alborotadores. A la inversa, si una persona que obra por el Señor no causa ninguna conmoción y hace que la obra del Señor no tenga ni sonido ni olor, no es necesario preguntar por qué; debe ser que la vida en él ha sido restringida, y que la ley de vida no puede obrar a través de él.

Si no me interpreta mal, quisiera testificar que muchas veces no me atrevo a pasar mucho tiempo en oración. Si oro sólo media hora cada día, la rueda de la vida comienza a girar, la ley de vida empieza a regular y el poder motivador comienza a instarme por dentro, hasta que ya no puedo aguantar vivir sin trabajar. E incluso si debo morir allí, tengo que trabajar. Si no trabajo, sufro; pero si trabajo, quedo satisfecho. ¡Oh, en esto radica el poder motivador de la obra!

E. Puede avivar y refrescar nuestro servicio

En quinto lugar, este poder puede hacer que nuestro servicio sea viviente y fresco. El servicio del Antiguo Testamento se lleva a cabo conforme a la letra. Por ser viejo, está muerto y da muerte al hombre. El servicio del Nuevo Testamento se lleva a cabo conforme al Espíritu; es fresco, y por eso es viviente y aviva al hombre. El servicio del Antiguo Testamento es una actividad que se basa en reglas muertas y exteriores; por eso, no puede dar al hombre el suministro de vida. El servicio neotestamentario es el producto de la regulación de la ley de vida en el espíritu. Proviene de la vida; por lo tanto, puede dar vida al hombre y proporcionarle una provisión viviente. Consideremos, por ejemplo, las actividades que tenemos en las reuniones. Si la ley de vida dentro de nosotros se está moviendo, aun el simple hecho de compartir algunas palabras, dar un testimonio o un anuncio, puede ser viviente y suministrar vida al hombre.

Llegamos a ser ministros competentes del Nuevo Testamento con un servicio viviente, no por nuestra propia capacidad, elocuencia ni educación, sino por el Espíritu de Dios (2 Co. 3:5-6) y conforme al "don de la gracia de Dios" (Ef. 3:7). Este don no se refiere a los dones sobrenaturales, tales como hablar en lenguas, tener visiones, sanar, echar fuera demonios, etc., sino al don de gracia, el cual nos es dado conforme a la operación del poder de Dios, y el cual obtenemos debido a la operación continua del poder que está en la vida que Dios nos da gratuitamente. Por lo tanto, el apóstol Pablo dice que este don de gracia puede capacitarlo para predicar las inescrutables riquezas de Cristo y alumbrar a todos para que vean cuál es el misterio escondido desde los siglos en Dios, que creó todas las cosas (Ef. 3:8-9). ¡Oh, qué don tan grande es éste! No obstante, un don tan grande le fue dado conforme a la operación del poder de la ley de la vida de Dios. Por lo tanto, el don de gracia que recibimos por la operación del poder de la ley de la vida de Dios es poderoso en todo aspecto para hacernos servir a Dios de una manera viviente y fresca.

VIII. EL RESULTADO DE LA LEY DE VIDA

Cuando permitimos que la ley de la vida de Dios obre en nosotros sin estorbo, moviéndose en esferas siempre expansivas, entonces la vida de Dios en nosotros puede extenderse a tal punto que "Cristo sea formado" en nosotros (Gá. 4:19). Cuando Cristo es así formado poco a poco en nosotros, gradualmente somos transformados en la imagen del Señor (2 Co. 3:18) y tenemos la imagen del Hijo de Dios (Ro. 8:29) hasta que por fin llegamos a ser completamente "semejantes a El" (1 Jn. 3:2). Este es el glorioso resultado de la operación de la ley de vida dentro de nosotros.

¿Qué significa el hecho de que Cristo sea formado en nosotros? Vamos a usar un ejemplo sencillo. En un huevo se encuentra la vida de la gallina. No obstante, durante los primeros días, cuando el pollito está formándose, si usamos una luz eléctrica para ver a través del huevo, no podemos discernir cuál parte es la cabeza y cuál es el pie. Cuando se acerca el fin del período de incubación y el pequeño pollito adentro está a punto de quebrar la cáscara y salir, si volvemos a usar una luz eléctrica para penetrar la cáscara, veremos allí que la forma del pollito ha sido completada. Esto significa que el pollito ha sido formado en el huevo. De la misma manera, Cristo formado en nosotros, significa que la forma de Cristo es completada en nosotros. Cuando recibimos la vida de Cristo por medio de la regeneración, Cristo sólo nació en nosotros, lo cual significa que Él era completo orgánicamente, pero no completo en forma. Más tarde, mientras la ley de esta vida sigue obrando en nuestras partes interiores, el elemento de esta vida gradualmente crece en nuestras partes interiores; de esta manera Cristo crece en nosotros hasta que Su vida se haya formado completamente en nosotros.

Mientras Cristo se forma gradualmente en nosotros, nosotros también somos transformados. Somos transformados al mismo grado que Cristo se ha formado en nosotros. La formación de Cristo y nuestra transformación se desarrollan simultáneamente interior y exteriormente. Así como la formación de Cristo es el aumento del elemento de Cristo en las diferentes partes nuestras, del interior al exterior, así también nuestra transformación se lleva a cabo en estas varias partes, desde el interior hasta el exterior, hasta que gradualmente lleguemos a ser semejantes a Cristo. De esta manera, la transformación procede del espíritu y se extiende al entendimiento (el alma), y luego a la conducta (o el cuerpo). Cuando nuestro espíritu es vivificado por la regeneración, es transformado por medio de la renovación. (Véanse las páginas 40-42, con respecto al espíritu nuevo). Más tarde, mediante la operación de la ley de vida, el entendimiento del alma también es transformado por medio de la renovación. Luego, por medio del resplandor de la luz de la vida de Dios, reconocemos lo que es nuestro yo, lo resistimos y por el Espíritu Santo lo crucificamos y permitimos que sólo la vida de Dios se exprese en nuestro vivir. De esta manera, en nuestras experiencias espirituales, cada vez más nos despojamos del viejo hombre y nos vestimos del nuevo hombre en nuestra conducta; así que, nuestra conducta exterior también es renovada y transformada gradualmente. Por lo tanto, la formación de Cristo en nosotros significa que nuestra naturaleza es transformada en la imagen del Señor. Ser transformados a partir del espíritu y a través del entendimiento hacia la conducta, significa que nuestra semejanza se transforma en la semejanza del Señor. Tal transformación siempre da por resultado que seamos semejantes al Señor Jesús, o en otras palabras, semejantes a la gloriosa naturaleza humana del Señor. Este es el significado de ser conformados a la imagen de Su Hijo, como se menciona en Romanos 8:29. Es como ser formado según el molde del Hijo de Dios. Así que, la transformación es el proceso, y ser semejante al Señor, o tener la misma imagen y naturaleza que el Señor, es el resultado final de la transformación. Esta es la obra que el Señor realiza en nosotros "de gloria en gloria". ¡Cuánto debemos alabar al Señor!

Además, debemos comprender que la meta de la transformación no consiste solamente en que seamos semejantes al Señor o que tengamos la misma imagen y naturaleza que El, sino que también seamos completamente "semejantes a El". Esta es la "redención de nuestro cuerpo" mencionada en Romanos 8:23. Cuando el Señor regrese y aparezca a nosotros "transfigurará el cuerpo de la humillación nuestra, para que sea conformado al cuerpo de la gloria Suya, según la operación de Su poder, con la cual sujeta también a Sí mismo todas las cosas" (Fil. 3:21). De esta manera, El nos hace semejantes a El no sólo en la naturaleza de nuestro espíritu y en la forma de nuestra alma y de nuestra conducta, sino incluso completamente semejantes a El en el cuerpo, el cual será glorioso, incorruptible e inmarcesible. Este es el producto final de la operación de la ley de la vida de Dios en nosotros. ¡Oh, qué maravilloso! ¡Qué glorioso! Por lo tanto, todos los que tenemos esta esperanza debemos purificarnos así como El es puro (1 Jn. 3:3). A la luz de la vida de Dios, debemos conocernos a nosotros mismos y conocer todo lo que está fuera de Dios, y debemos despojarnos diariamente de nuestro pecado, el mundo, la carne y todo lo de la vieja creación para ser puros, sin mezcla. Entonces dentro de poco Dios podrá obtener Su propósito glorioso, y en seguida podremos disfrutar la gloria con el Señor.

IX. DIOS QUIERE SER DIOS EN LA LEY DE VIDA

En Hebreos 8:10, después de que Dios dijo: "Pondré Mis leyes en la mente de ellos, y sobre su corazón las escribiré", dijo: "Y seré a ellos por Dios, y ellos me serán a Mí por pueblo". Esto nos muestra que Dios pone Su ley de vida dentro de nosotros porque quiere ser nuestro Dios en esta ley de vida, y quiere que seamos Su pueblo en esta ley de vida. Esto declara la intención de Dios, o sea, el propósito de Dios, y es un asunto de gran importancia; por eso, debemos examinarlo.

A. Dios quiere ser Dios para el hombre

¿Por qué creó Dios al hombre? y, ¿por qué lo robó el diablo? Al principio de la Biblia, estos asuntos no se revelan explícitamente. La intención de Dios con respecto al hombre no se reveló claramente sino hasta que Dios declaró los diez mandamientos en el Monte Sinaí. En los tres primeros mandamientos vemos que El quiere ser Dios para el hombre. No fue sino hasta más tarde, cuando el diablo tentó al Señor en el desierto y quería que el Señor lo adorara, que se reveló la intención que el diablo tenía al robar al hombre, a saber, que desea usurpar la posición de Dios y quiere que el hombre le adore como a Dios. Esto nos muestra claramente que la lucha entre el diablo y Dios radica en la cuestión de quién es Dios para el hombre y quién recibirá la adoración del hombre. Pero sólo Dios es Dios; sólo El es digno de ser el Dios del hombre y de recibir la adoración del hombre. En los tiempos del Antiguo Testamento, El vivió entre el pueblo de Israel como su Dios. En el Nuevo Testamento, por medio de la encarnación, El vivió entre los hombres y declaró que era Dios. Ahora, mediante el Espíritu Santo, El vive en la iglesia y es Dios para el hombre en la iglesia. En el futuro, en el milenio, El será Dios para toda la familia de Israel y además de esto, morará entre los hombres por la eternidad en el cielo nuevo y la tierra nueva y será el Dios eterno de los hombres.

B. Dios quiere ser Padre y luego Dios

Dios no sólo quiere ser Dios para el hombre, sino que aun más quiere ser el Padre del hombre. No sólo quiere que el hombre lo tome como Dios, sino también que el hombre reciba Su vida. Quiere ser el Padre del hombre, y de esta manera ser Dios para el hombre en Su vida. Solamente cuando el hombre tiene la vida de Dios y llega a ser hijo de Dios, puede el hombre saber realmente que El es Dios y permitir que El sea Dios.

El Señor Jesús, en la mañana de Su resurrección, dijo a María Magdalena: "Subo a Mi Padre y a vuestro Padre, a Mi Dios y a vuestro Dios" (Jn. 20:17). Aquí el Señor mencionó primero al Padre y luego a Dios. Esto significa que Dios debe ser nuestro Padre; luego puede ser nuestro Dios. Y el Señor Jesús, en la oración de Su última noche, afirmó también con mucha claridad que podemos conocerlo a El, el único Dios verdadero sólo al tener la vida eterna de Dios (Jn. 17:3). Por lo tanto, debemos experimentar a Dios el Padre en vida; entonces, podremos conocer a Dios como Dios. ¡Cuanto más permitamos que la vida del Padre obre en nosotros, más adoraremos y serviremos a este Dios glorioso! Dios es Padre para nosotros porque quiere ser nuestro Dios en la vida del Padre. Esto también significa que El quiere ser nuestro Dios en la operación de esta vida.

C. Dios quiere ser Dios en la ley de vida

Dios es nuestro Padre porque tenemos Su vida. Ya que Su vida ha entrado en nosotros, también ha introducido en nosotros la ley de vida. Cuando la ley obra, por medio de su regulación interior manifiesta a Dios mismo a través de nosotros. De esta manera Dios quiere ser nuestro Dios en esta ley de vida.

Sin duda, los mahometanos adoran al Dios que está en los cielos, y todavía más los judíos adoran al Dios que está en los cielos. Pero sólo adoran a un Dios objetivo, un Dios que está por encima de todo; no han permitido que Dios sea su Dios interiormente. Hoy en día, incluso entre los cristianos, muchos adoran a un Dios objetivo que está por encima de todo. Sólo adoran a un Dios que está fuera de ellos, basándose en ciertas enseñanzas exteriores o reglas de letras escritas. No han permitido que Dios sea un Dios viviente para ellos en la vida que está en ellos. Pero debemos entender claramente que cuando adoremos a Dios y permitamos que Dios sea nuestro Dios, no debemos seguir las doctrinas o leyes de letras, sino que debemos hacerlo en la vida de Dios, o sea en la ley de la vida de Dios. Esta ley es la función que la vida de Dios manifiesta. Cuando esta ley de la vida de Dios nos regula por dentro, o cuando Dios opera dentro de nosotros, Dios es nuestro Dios en esta ley, es decir, en Su operación.

Hoy en día, cuando servimos a Dios, debemos servirle en la ley de esta vida, en Su operación. Cada vez que permitimos que Su vida opere en nosotros y que la ley de Su vida nos regule interiormente, nuestro servicio es el servicio de vida, o sea el servicio espiritual, el servicio viviente. Cuando permitimos así que Dios sea nuestro Dios en la ley de Su vida, entonces el Dios a quien adoramos no es un Dios en doctrina ni en imaginación, sino un Dios vivo, un Dios práctico, un Dios palpable. En nuestras experiencias de vida, en nuestro vivir diario, y en las actividades de nuestro trabajo, nuestro Dios en verdad es un Dios vivo, un Dios a quien podemos tocar y con quien nos podemos reunir. No es nuestro Dios en creencia, tampoco es nuestro Dios en reglas, sino que es nuestro Dios en una ley viviente de vida, en una función viviente de vida.

Pero a veces, debido a cierto problema en nuestro corazón, no lo amamos ni permitimos que la ley de Su vida nos regule. Entonces, aunque tenemos a Dios, El llega a ser un Dios en doctrina o creencia. Cuando recuperamos nuestro amor anterior por Dios y permitimos nuevamente que nos regule interiormente por medio de la rueda giratoria de Su vida, entonces la función de la rueda de Su vida se manifiesta de nuevo, y la ley de vida vuelve a realizar su obra de moverse y regularnos continua e interiormente. En esa ocasión, El vuelve a ser nuestro Dios en un sentido práctico; ya no es un nombre ni una doctrina, sino un Dios vivo.

Por tanto, debemos ponernos en la mano de Dios, dejando que la ley de la vida de Dios nos regule; entonces podremos tener realmente a Dios como nuestro Dios. Cuando impedimos que esta ley de vida nos regule, Dios no puede ser nuestro Dios, ni tampoco podemos ser Su pueblo. Si queremos que Él sea nuestro Dios y que nosotros seamos Su pueblo de modo práctico, debemos permitir que la ley de Su vida nos regule y que Él sea nuestro Dios en la ley de Su vida.

Dios debe ser nuestro Dios en la ley de Su vida, y nosotros debemos ser Su pueblo en la ley de Su vida, porque nuestra relación con Dios tiene que ser viviente. Cuando Su vida se mueve y nos regula interiormente, Su ley de vida lo trae a nosotros y nos trae a Él. En la operación de Su ley de vida podemos obtenerlo a Él y Él puede obtenernos a nosotros. Cada vez que Su ley de vida en nosotros deja de regular, también se detiene esta relación viviente en la cual Él es nuestro Dios y nosotros somos Su pueblo. Por lo tanto, debemos permitir que la ley de la vida de Dios nos regule; sólo entonces podremos tener a Dios como nuestro Dios y podremos ser Su pueblo de una manera clara y viva.

Por consiguiente, podemos ver claramente que el Antiguo Testamento y el Nuevo Testamento son muy distintos en cuanto a la manera en que Dios es Dios para el hombre. En el Antiguo Testamento, Dios era Dios para el pueblo de Israel sentado en Su trono muy encima de todo y conforme a las regulaciones de la ley. También quería que el pueblo de Israel fuera Su pueblo conforme a estas regulaciones. Por lo tanto, si sólo seguían estas regulaciones, no tenían ningún problema delante de Dios. Pero en el Nuevo Testamento, Dios entra en nosotros para ser nuestra vida, y en la ley de esta vida Él es nuestro Dios y nosotros somos Su pueblo. Por lo tanto, es necesario que vivamos por la ley de esta vida.

X. CONCLUSION

Al ver los puntos principales de cada aspecto de la ley de vida, entendemos cuán importante es esta ley de vida para la experiencia de la vida espiritual. Por lo tanto, debemos ver claramente y entender a fondo cada punto principal de este tema; entonces podremos tener la verdadera experiencia en vida. Así que, sin temer repetirnos, una vez más resumiremos estos puntos principales a fin de quedar con una impresión profunda de ellos.

Cuando somos regenerados recibimos la vida de Dios. En ese tiempo, aunque tenemos la vida de Dios dentro de nosotros, esta vida sólo es completa orgánicamente; no ha sido completada en crecimiento y madurez. Por eso, debemos permitir que el poder de esta vida obre en nosotros continuamente y sin cesar, a fin de que llegue a Su meta perfecta de crecimiento y madurez. La operación de esta vida proviene de la función y la característica naturales de esta vida; en otras palabras, proviene de la ley de esta vida.

Si esta ley de vida ha de expresar su contenido a través de nosotros por medio de su regulación, debe pasar por nuestro corazón. Por lo tanto, la operación de esta ley de vida dentro de nosotros requiere la cooperación de nuestro corazón. En cuanto nuestro corazón coopera, esta ley de vida tiene la oportunidad de realizar su regulación interior con libertad. Como resultado nos proporciona cierto sentir interior. Cuando tenemos esta consciencia, debemos obedecerla por medio del poder de esta vida. Cada vez que la obedecemos, permitimos que esta ley tenga otra oportunidad de regularnos, lo cual nos da otro sentir y nos permite dar otro paso en obediencia. Cuanto más obedecemos, tanto más le proporcionamos a El la oportunidad de obrar. La operación de esta continua interacción de causa y efecto en nosotros da por resultado la manifestación constante de las funciones de los dos elementos que se encuentran en la vida: la muerte y la resurrección. La función de la muerte quita todo lo que no debe hallarse en nosotros. La función de la resurrección añade todo lo que pertenece a la vida de Dios. Además, la operación de esta ley y las dos funciones de muerte y resurrección también son poderosas para hacernos satisfacer los requisitos ilimitados de Dios y expresar en nuestro vivir todo lo que está en la vida de Dios. De esta manera, permitimos que la vida de Dios crezca gradualmente y madure en nosotros.

Mientras tanto, cuando esta vida obre en nosotros,

regulándonos constantemente, nuestra inclinación hacia Dios, nuestra sumisión a Dios y nuestro servicio a Dios llegan a ser naturales y fáciles, vivientes y frescos. En esta ley viviente de vida, Dios llega a ser nuestro Dios vivo y nosotros llegamos a ser Su pueblo viviente. Podemos decir que nuestra relación con Dios se encuentra en esta ley de vida. ¡Esto realmente merece toda nuestra atención!

Capitulo Once

EL CONOCIMIENTO INTERIOR

Ahora veremos el undécimo punto principal con respecto a la vida, el cual es el conocimiento interior, es decir, conocer a Dios por medio de la ley interior de la vida y por lo que la unción nos enseña. Tendremos a Dios y lo experimentaremos como nuestra vida proporcionalmente a nuestro conocimiento interior de Dios. Por lo tanto, el conocimiento interior y el crecimiento de vida están totalmente relacionados. Si queremos conocer la vida a fin de que la vida crezca, tenemos que examinar en detalle el conocimiento interior.

I. LA IMPORTANCIA
DE CONOCER A DIOS

Dios se deleita en que el hombre le conozca; por lo tanto, El quiere que el hombre prosiga en conocerle (Os. 6:6, 3). Todo lo que Dios hace en el Nuevo Testamento, lo hace a fin de que lo conozcamos a El (He. 8:10-11). Cuando somos regenerados, Su Espíritu, el cual contiene Su vida, entra en nosotros para darnos la capacidad de conocerle interiormente. Por un lado, este conocimiento de El aumenta gradualmente junto con nuestro crecimiento interior de vida, y, por otro, también hace crecer la vida en nosotros. Puesto que Dios nos ha dado Su vida, podemos conocerle. Cuanto más crece Su vida en nosotros, más le conocemos. Cuanto más lo conozcamos, más lo experimentaremos como nuestra vida, más lo disfrutaremos y más permitiremos que El viva a través de nosotros. Así que, podemos decir que todo el crecimiento de nuestra vida espiritual depende de nuestro conocimiento de Dios. Pidamos a Dios que nos dé espíritu de sabiduría y revelación para conocerle en realidad (Ef. 1:17) y crecer "por el pleno conocimiento de Dios" (Col. 1:10).

II. LAS TRES ETAPAS
EN EL CONOCIMIENTO DE DIOS

Salmos 103:7 dice: "Sus caminos notificó a Moisés, y a los hijos de Israel sus obras". Aquí vemos que los hijos de Israel conocían las obras de Dios, mientras que Moisés conocía Sus caminos. Hebreos 8:10-11 también dice: "Pondré Mis leyes en la mente de ellos ... todos me conocerán, desde el menor hasta el mayor de ellos". En este versículo podemos ver que todos los que reciben la ley interior bajo [el pacto] del Nuevo Testamento pueden conocer a Dios mismo. Estos dos pasajes de la Biblia nos muestran que el hombre llega a conocer a Dios al pasar por tres etapas: primero, conocer las obras de Dios; en segundo lugar, conocer los caminos de Dios; y en tercer lugar, conocer a Dios mismo.

A. Conocer las obras de Dios

El hombre conoce las obras de Dios por medio de lo que Dios hace y efectúa. Por ejemplo, en Egipto los hijos de Israel vieron las diez plagas que Dios mandó para herir a los egipcios. Junto al Mar Rojo, vieron que Dios dividió las aguas para que pudieran pasar en medio de ellas. En el desierto, vieron que Dios mandó que de la roca brotara agua para satisfacer la sed de ellos. Y diariamente Dios les envió maná del cielo para alimentarlos. Viendo tales milagros de Dios, llegaron a conocer las obras de Dios. Además, por ejemplo, al ver las multitudes los milagros que el Señor Jesús hizo, tales como alimentar a cinco mil personas con cinco panes y dos peces, echar fuera demonios y levantar a los muertos, llegaron a conocer las obras de Dios. O, por ejemplo, cuando nosotros estamos enfermos y Dios nos sana, cuando nos encontramos en peligro y Dios nos preserva, cuando tenemos necesidad y Dios nos provee de todo, llegamos a conocer las obras de Dios. Cuando conocemos así las obras de Dios, estamos en la primera etapa en el conocimiento de Dios. Tal conocimiento es superficial y exterior, porque no sabemos lo que Dios ha hecho hasta que veamos Sus obras.

B. Conocer los caminos de Dios

Conocer los caminos de Dios se refiere a conocer los

principios según los cuales El actúa. Cuando Abraham intercedió por Sodoma, reconocía que Dios era justo, y que nunca actuaría en contra de Su justicia. Por lo tanto, Abraham habló a Dios conforme a la justicia de Dios (Gn. 18:23-32). Esto significa que conocía la manera en que Dios hace las cosas. Cuando los hijos de Israel seguían murmurando después de que Coré y su séquito se rebelaron y fueron consumidos, Moisés, habiendo visto aparecer la gloria de Jehová, dijo a Aarón: "Toma el incensario, y pon en él fuego del altar, y sobre él pon incienso, y vé pronto a la congregación, y haz expiación por ellos, porque el furor ha salido de la presencia de Jehová; la mortandad ha comenzado" (Nm. 16:46). Esto muestra que Moisés conocía los caminos de Dios. Sabía que cuando el hombre se comporta de cierta manera, Dios reacciona como corresponde.

Samuel dijo a Saulo: "Ciertamente el obedecer es mejor que los sacrificios, y el prestar atención que la grosura de los carneros" (1 S. 15:22). Y David dijo: "Porque no ofreceré a Jehová mi Dios holocaustos que no me cuesten nada" (2 S. 24:24). Esto muestra que ellos conocían los caminos de Dios.

Cuando liberamos la palabra de Dios, creemos profundamente que no será en vano, sino que hará lo que el Señor quiere (Is. 55:10-11). Además, si sembramos para el Espíritu, sabemos que del Espíritu segaremos vida eterna (Gá. 6:8). Esto también se debe al hecho de que conocemos los caminos de Dios.

Cuando conocemos la manera en que Dios actúa, estamos en la segunda etapa del conocimiento de Dios. Este conocimiento es un paso más allá en el conocimiento de las obras de Dios. Antes de que se lleven a cabo las obras de Dios, sabemos qué hará y cómo lo va a hacer. Este conocimiento puede hacer crecer nuestra fe en la oración, y también puede capacitarnos para negociar con Dios. Sin embargo, aunque tal conocimiento es bueno, todavía no es suficientemente profundo e interior.

C. Conocer a Dios mismo

Conocer a Dios mismo es conocer la naturaleza de Dios. Cuando somos regenerados y recibimos la vida de Dios, tenemos la naturaleza de Dios. Por medio de la vida de Dios en nosotros podemos tocar la naturaleza de Dios. Cuando tocamos la naturaleza de Dios, tocamos a Dios mismo; en otras palabras, conocemos a Dios mismo. Este conocimiento difiere de las primeras dos etapas en las cuales conocemos las obras de Dios y los caminos de Dios. En ésta conocemos a Dios mismo interiormente.

Por ejemplo, consideremos a un hermano que tenía una enfermedad incurable y que verdaderamente fue sanado por Dios. El exclama gozosamente: "¡Gracias a Dios, realmente me cuidó!" En esto supo algo de las obras de Dios. Más tarde se enfermó de nuevo. Esta vez él sabía que esto le ocurrió debido a alguna falla que tenía y que Dios lo estaba castigando y disciplinando. Por tanto, eliminó su falla. Cuando lo hizo, sabía que Dios lo sanaría (1 Co. 11:30-32). Resultó que en realidad Dios lo sanó. Pero antes de ser sanado, ya sabía que Dios lo sanaría. Esto se debía al hecho de que conocía los caminos de Dios. En esta ocasión, aunque su conocimiento de Dios había mejorado —pasó del conocimiento de las obras de Dios al conocimiento de Sus caminos— seguía siendo un conocimiento objetivo de Dios que provenía de lo exterior, y no un conocimiento subjetivo desde lo interior. Más tarde, este hermano sintió que algunas cosas suyas no concordaban con la naturaleza santa de Dios; así que las confesó y las eliminó. Tal sentir y tal conocimiento no provenían de su medio ambiente, sino de la sensibilidad que la vida interior de Dios le había dado. Por lo tanto, esta vez él llegó a conocer a Dios mismo interiormente; tenía un conocimiento subjetivo de Dios.

Consideremos el caso de otro hermano, quien, al comienzo de un problema grave, oró a Dios y recibió Su apoyo. De esta manera supo algo de las obras de Dios. Más tarde, cuando se encontró nuevamente en apuros, sabía cómo comportarse de una manera tal que Dios lo sostuviera. Esto indica que conocía los caminos de Dios. Finalmente, cuando enfrentó otra vez un problema, tenía por dentro un sentir extraño. Percibió que Dios ciertamente lo sostendría. Este sentir o conocer no se debía al hecho de que hubiera visto ciertas obras de Dios, ni se debía a su conocimiento de los principios según los cuales Dios actúa. Se debía al hecho de que había tocado a Dios mismo interiormente; por lo tanto, tenía ese sentir o ese conocimiento. Puede decirse que ese conocimiento de Dios es el más elevado, el más profundo y el más interior.

En los tiempos del Antiguo Testamento, Dios sólo manifestó a los hombres Sus obras y Sus caminos. Por lo tanto, en aquel entonces el hombre sólo pudo alcanzar las primeras dos etapas del conocimiento de Dios. Ahora que ha llegado el tiempo neotestamentario, aunque todavía debemos conocer las obras y los caminos de Dios, lo más importante y lo más glorioso consiste en que Dios mismo, en el Espíritu, mora en nosotros para ser nuestra vida. Esto nos capacita para tocar a Dios mismo directamente y conocerle interiormente. Esta tercera etapa en el conocimiento de Dios, es decir, la etapa de conocer a Dios mismo, es una bendición especial para nosotros los que hemos sido salvos bajo el nuevo pacto.

III. LAS DOS CLASES DEL CONOCIMIENTO DE DIOS

Aunque nuestro conocimiento de Dios se desarrolla en tres etapas, en realidad sólo hay dos clases de conocimiento: el conocimiento interior y el conocimiento exterior. Conocer las obras y los caminos de Dios es tener un conocimiento de índole exterior. Aunque estas dos etapas difieren en profundidad, ambas representan un conocimiento de Dios que proviene de las obras y caminos de Dios que están fuera de nosotros. Por lo tanto, son objetivas y exteriores. Pero conocer a Dios mismo es un conocimiento de índole interior. Esta clase de conocimiento viene cuando tocamos a Dios mismo por medio de Su vida en nosotros y así le conocemos de modo subjetivo e interior.

En el texto original de la Biblia, dos palabras diferentes se usan para describir el conocimiento interior y el conocimiento exterior. Hebreos 8:11 habla de conocer al Señor. La palabra "conocer" se usa dos veces en este versículo, pero en el texto original, se usaban dos palabras diferentes que tenían significados distintos. El primer "conocer" se refiere a nuestro conocimiento general y exterior, el cual requiere la enseñanza del hombre. El segundo "conocer" se refiere al conocimiento de nuestro sentir interior, el cual no requiere la enseñanza del hombre. Esto indica que el conocimiento exterior de Dios y el conocimiento interior de El, a la verdad son diferentes.

Por ejemplo, supongamos que al lado de una cantidad de azúcar fina y blanca ponemos una cantidad de sal fina y blanca. Según la apariencia exterior, ambos son blancos y finos, y es difícil distinguirlos. Podemos pedirle a alguien que nos diga cuál es el azúcar y cuál es la sal, pero tal conocimiento proviene de la enseñanza de otros y es exterior, objetivo y general. También puede ser erróneo. Sin embargo, al probarlos simplemente podremos determinar inmediatamente cuál es el azúcar por el sabor dulce, y cuál es la sal por el sabor salado. No será necesario que otros nos informen. Esta clase de conocimiento proviene del sentir que tenemos dentro de nosotros; así que es subjetivo y pertenece al sentir interior.

Cuando probamos a Dios interiormente, experimentamos un disfrute y un sabor que no se puede obtener al conocer a Dios exteriormente conforme a Sus obras o caminos. Salmos 34:8 dice: "Gustad, y ved que es bueno Jehová". Gracias a Dios, ¡a El se le puede probar! Hebreos 6:4-5 también dice: "Los que una vez fueron iluminados y gustaron del don celestial, y fueron hechos partícipes del Espíritu Santo, y asimismo gustaron de la buena palabra de Dios y los poderes del siglo venidero". Esto nos muestra que no sólo se puede gustar a Dios, sino también a las cosas de Dios, las cosas del Espíritu. Gustar así nos da un conocimiento interior. Una vez que interiormente "gustamos" a Dios y las cosas de Dios, naturalmente tenemos un conocimiento cierto y acertado que proviene del sentir interior, y no es necesario que otros nos enseñen. ¡En verdad ésta es una bendición gloriosa bajo el nuevo pacto!

IV. EL CONOCIMIENTO INTERIOR

En el Nuevo Testamento, hay cuatro pasajes donde se habla muy claramente del conocimiento interior. Los primeros dos casos se encuentran en Hebreos 8:11 y en 1 Juan 2:27. Ambos dicen que no tenemos necesidad de que nadie nos enseñe, sino que podemos conocer a Dios interiormente. Sin embargo, lo dicen de dos maneras distintas. Hebreos 8 dice que la ley de la vida de Dios, la cual es la función natural de la vida de Dios, nos da a conocer a Dios. Y 1 Juan 2 dice que la enseñanza de la unción, la cual es la acción del Espíritu Santo que da revelación, nos da a conocer a Dios. Conocer a Dios por medio de la ley de vida es conocerle por medio de Su vida. Conocer a Dios por medio de la enseñanza de la unción significa conocerle mediante Su Espíritu.

Los otros dos casos que tratan del conocimiento interior son Juan 17:3 y Efesios 1:17. Juan 17:3 dice que aquellos que tienen la vida eterna de Dios conocen a Dios. Esto significa que la vida de Dios en nosotros puede hacer que lo conozcamos. Efesios 1:17 dice que Dios nos da el espíritu de sabiduría y revelación para que le conozcamos. El espíritu mencionado aquí es nuestro espíritu humano relacionado con el Espíritu de Dios. Esto significa que nuestro espíritu junto con el Espíritu de Dios puede hacernos conocer a Dios interiormente.

Estos cuatro pasajes de la Biblia nos muestran que obtenemos un conocimiento interior de Dios por dos medios: un medio es la ley de vida, la cual proviene de la vida de Dios; el otro es la enseñanza de la unción, la cual proviene del Espíritu Santo de Dios. Puesto que tenemos en nosotros estos dos medios de conocer a Dios, nuestro conocimiento de Dios puede ser de dos etapas. La ley de vida principalmente hace que conozcamos la naturaleza de Dios, la cual es la característica de Su vida. Cuando Su vida obra y funciona en nosotros para expresar esta característica, nos manifiesta espontáneamente la naturaleza de Dios y nos la da a conocer. La enseñanza de la unción principalmente nos da a conocer a Dios mismo. La razón por esto es que la enseñanza de la unción proviene del Espíritu Santo, y el Espíritu Santo es la corporificación de Dios mismo. Cuando el Espíritu Santo nos unge y obra en nosotros, siempre imparte a Dios mismo en nosotros como ungüento, dándonos a conocer así a Dios mismo. La ley de vida y la enseñanza de la unción nos dan a conocer interiormente la naturaleza de Dios y también a Dios mismo. Esto es lo que aquí llamamos el conocimiento interior.

V. LA LEY Y LOS PROFETAS

En el Antiguo Testamento podemos ver una sombra de

estas dos etapas del conocimiento de la naturaleza de Dios y de Dios mismo. Dios dio la ley y los profetas a fin de que, por medio de ellos, los hijos de Israel conocieran la naturaleza de Dios y también a Dios mismo. Dicho conocimiento provenía de lo exterior.

Las características del Antiguo Testamento son la ley y los profetas. Dios dio la ley y estableció a los profetas para que Su pueblo le conociera. Así que, la ley y los profetas eran los dos medios usados por Dios para darse a conocer a los hijos de Israel. Por estos dos medios podían tener el conocimiento de Dios en dos etapas.

Dios dio la ley para que los israelitas pudieran conocer Su naturaleza. La ley proviene de la naturaleza de Dios, porque expresa las predilecciones y aversiones de Dios. Todo lo que le place a Dios según Su naturaleza es lo que El quería que ellos cumplieran. Todo lo que aborrece constituye lo que a ellos les había prohibido. Por ejemplo: Dios es un Dios celoso; por lo tanto, prohibió que adoraran ídolos. Dios está lleno de amor; por eso prohibió que mataran. Dios es santo; por lo tanto, El quería que fuesen santos. Dios es honrado; por eso, El prohibió que mintiesen. La clase de ley que les fue dada era conforme a la clase de naturaleza que tiene Dios. Así que, toda la ley les mostraba la naturaleza de Dios. Algunos puntos hablan del resplandor de Dios, otros de la santidad y la bondad de Dios, mientras que otros hablan del amor de Dios. Dios utilizó las exigencias y prohibiciones de todos los puntos de la ley para inducir al pueblo de Israel a conocer todos los aspectos de Su naturaleza.

Dios también estableció profetas a fin de que el pueblo de Israel pudiera conocerle; pues los profetas del Antiguo Testamento fueron establecidos por Dios para representarlo a El mismo, es decir, a Su Persona. Las palabras que hablaban eran la revelación y la guía dadas por Dios conforme a Su propia voluntad. Por ejemplo, Moisés era un profeta establecido por Dios (Dt. 18:15). Las palabras que él dirigió a los hijos de Israel acerca de la edificación del tabernáculo fueron para ellos la revelación de Dios al respecto. Cuando Moisés los guiaba en el desierto, Dios fue el que los guió en el desierto. Por tanto, Dios utilizó toda clase de revelación y dirección por medio de los profetas para llevar a los hijos de Israel al conocimiento de El, de Su Persona.

Ya que la ley proviene de la naturaleza de Dios, su carácter está establecido y es inmutable. La ley dice que uno debe honrar a sus padres, que no debe matar, que no debe cometer adulterio y que no debe hurtar. Estas son leyes establecidas, firmes e imposibles de cambiar. Se aplican tanto a una persona como a otra, tanto a una persona que vive en Jerusalén como a otra que vive en Samaria. No se modifican por cambios de persona, acontecimiento, tiempo o lugar. Si los hijos de Israel estaban dispuestos a aceptar la norma establecida por estas leyes, no sólo conocerían la naturaleza eterna e inmutable de Dios, sino también el estilo, el carácter y el sabor del vivir de ellos corresponderían a esa naturaleza.

Por otro lado, puesto que los profetas representaban a Dios mismo y proclamaban la voluntad de Dios con respecto a cierto tiempo, su actividad era flexible y podía cambiar. No estaba limitada ni fija. Esto se debe al hecho de que Dios hace todas las cosas conforme a Su propia voluntad, y El mismo es flexible e ilimitado. Es posible que en una ocasión los profetas den a la gente cierta clase de revelación, y que en otra les den otra clase de revelación. Aquí tal vez den a la gente cierto tipo de guía, y allá otro. Entonces, la norma de la ley dada a los hombres estaba fija y limitada; pero la revelación y la guía que les daban los profetas era flexible e ilimitada. Si los israelitas estaban dispuestos a seguir la revelación y la guía de los profetas, podían conocer a Dios en Su propia Persona por medio de ellas y conocer Su voluntad con respecto a aquel tiempo. También podían corresponder a Dios mismo y Su voluntad, ya sea en acción o en reposo, en el trabajo o en la batalla.

VI. LA LEY DE VIDA
Y LA ENSEÑANZA DE LA UNCION

Aunque la ley y los profetas del Antiguo Testamento podían ayudar a los hijos de Israel a conocer a Dios, todo eso era el conocimiento exterior y no el interior. Por lo tanto, en los tiempos neotestamentarios, Dios puso en nosotros Su Espíritu con Su vida, capacitándonos así para conocerle interiormente.

La ley de vida, la cual proviene de Su vida, toma el lugar de la ley del Antiguo Testamento y nos capacita para conocer Su naturaleza interiormente. La enseñanza de la unción toma el lugar de los profetas del Antiguo Testamento y nos capacita para conocer interiormente a Dios mismo y Su voluntad.

A. La ley de vida

La ley de vida es una característica y función natural de la vida; esta característica de la vida es la naturaleza de la vida. Por lo tanto, cuando la ley de la vida de Dios en nosotros expresa su función y nos regula, siempre nos revela la naturaleza de Dios. De esta manera nos capacita para conocer la naturaleza de Dios. Este conocimiento no requiere la enseñanza del conocimiento exterior, ni tampoco las regulaciones exteriores de la ley de letras y ordenanzas, sino que viene por medio de una sensibilidad natural dada a nosotros por la ley interior de la vida. Por ejemplo, si se pone vinagre en la boca de un bebé, lo escupirá. Pero si se le pone azúcar, lo tragará. La capacidad que un bebé tiene para distinguir entre lo agrio y lo dulce no se basa en ninguna enseñanza, sino en la función natural de la vida. De igual manera, al que acaba de salvarse y de recibir la vida de Dios, no le gusta cometer pecado. No es por tener miedo del castigo del pecado, sino porque la santa naturaleza de la vida de Dios dentro de él le dio una sensibilidad que lo hace sentir repugnancia, aversión e intolerancia hacia el pecado. Esta sensibilidad es más profunda que la condenación de la conciencia. Por sentir tal odio hacia el pecado, llegamos a conocer la santa naturaleza de Dios.

Pablo dijo a los santos en Corinto: "Nos fatigamos trabajando con nuestras propias manos; nos maldicen, y bendecimos; padecemos persecución, y la soportamos. Nos difaman, y exhortamos" (1 Co. 4:12-13). Pablo pudo comportarse de esta manera no sólo porque la vida de Dios en él lo había hecho así, sino también porque la naturaleza de la vida de Dios en él era así. Cuando vivía en la vida de Dios de esta manera, tocó la naturaleza de Dios; en otras palabras, llegó a conocer la naturaleza de Dios.

La naturaleza de la vida de Dios, tal como la santidad, el

amor, la honradez, el resplandor, etc., siempre es inmutable de eternidad en eternidad, sin importar los cambios de tiempo o de lugar. Por lo tanto, el carácter de la ley de Su vida también es fija e inmutable. A pesar del tiempo o del lugar, cada vez que obra la ley de la vida de Dios, somos capacitados para tocar la naturaleza de Dios, y esta naturaleza siempre es permanente e inmutable.

Cuando la ley de vida obra en nosotros, capacitándonos para conocer la naturaleza de Dios, da por resultado que el modo, el carácter y el sabor de todo nuestro vivir corresponde a la naturaleza de Dios. No es como la ley de letras del Antiguo Testamento, la cual sólo es una regulación exterior que exige que la vida exterior del hombre corresponda a la naturaleza de Dios. Esta es la ley de vida del Nuevo Testamento, la cual, por medio de la operación de esta vida por dentro, mezcla la naturaleza de Dios con la nuestra. De esta manera hace que nuestra naturaleza contenga el elemento de la naturaleza de Dios y que gradualmente llegue a ser semejante a la naturaleza de Dios. Lo que la naturaleza de Dios ama o aborrece, nuestra naturaleza también lo amará o lo aborrecerá. Ahora, cuando hagamos o aun queramos hacer las cosas tenebrosas e inmundas del pasado, la ley de vida dentro de nosotros nos hará sentir incómodos, antinaturales y desprovistos de paz. A la inversa, cuanto más hacemos las cosas de luz y santidad que corresponden a la naturaleza de Dios, más vida y paz sentimos dentro de nosotros. De esta manera, nuestro vivir cambia naturalmente para corresponder a la naturaleza de Dios por dentro.

B. La enseñanza de la unción

En las Escrituras, sólo 1 Juan 2:27 habla de la enseñanza de la unción. Todos sabemos que *unción* es un sustantivo derivado del verbo ungir, y se refiere a la actividad del ungüento, esto es, el moverse y el obrar del ungüento. Conforme a la tipología del Antiguo Testamento y su cumplimiento en el Nuevo Testamento, el ungüento o aceite mencionado en las Escrituras se refiere al Espíritu Santo (Is. 61:1; Lc. 4:18). Puesto que el ungüento o aceite se refiere al Espíritu Santo, la "unción" debe de referirse a la operación del Espíritu Santo. La operación del Espíritu Santo en nosotros es semejante al ungir del ungüento; por tanto, las Escrituras llaman esta operación del Espíritu Santo, "la unción".

Por ser la unción la operación del Espíritu Santo en nosotros, nos da un sentir interior con el cual podemos conocer a Dios y Su voluntad. Cuando la unción nos hace conocer a Dios y Su voluntad de esta manera, nos está enseñando por dentro. Así que las Escrituras llaman esta enseñanza "la enseñanza de la unción".

Puesto que la unción es la operación del Espíritu Santo en nosotros, también es la operación de Dios mismo en nosotros, porque el Espíritu Santo es la corporificación de Dios en nosotros. Dios es ilimitado; por eso, el carácter de la enseñanza que nos da por medio de la operación y la unción dentro de nosotros tampoco puede ser limitado. A veces El nos da cierta clase de enseñanza; a veces nos da otra. No es como la ley de Su vida, cuyo carácter es establecido e inmutable. La ley de Su vida proviene de la naturaleza fija de Su vida y nos pone en contacto con la misma; por lo tanto, la función de esta ley dentro de nosotros está fija. Pero la operación de Su Espíritu Santo proviene de Su Persona ilimitada, y nos hace tocar a Su Persona ilimitada; por lo tanto, la enseñanza que esta operación nos da interiormente también es ilimitada. Nos puede proporcionar Su revelación y Su dirección, lo cual nos da a conocer a Su Persona infinita y Su voluntad ilimitada.

Ya que la enseñanza de la unción nos da revelación y dirección conforme a la Persona infinita de Dios, puede conformar todo nuestro comportamiento, todas nuestras acciones, movimientos y selecciones a la voluntad de Dios. Esto difiere del caso de los profetas del tiempo del Antiguo Testamento, los cuales enseñaron a otros exteriormente y exigieron que sus acciones correspondieran a la voluntad de Dios. Esto es el Espíritu Santo como ungüento en nosotros, ungiéndonos con el elemento de Dios mismo y capacitándonos interiormente para comprender la voluntad de Dios por haber tocado nosotros a Dios mismo. Como resultado, nuestra actividad y también todo nuestro ser están llenos del elemento de Dios y están conformes a Su voluntad.

Por lo tanto, la ley de vida nos hace tocar la naturaleza de la vida de Dios. Nos regula interiormente conforme a la naturaleza de la vida de Dios. Pero la unción nos hace tocar a Dios mismo, a Su Persona, y nos unge con Su misma esencia. Puesto que la ley de vida y la unción continuamente obran y enseñan en nosotros, podemos conocer a Dios en todas las cosas y no es necesario que otros nos enseñen. Cuando consideramos el modo de vivir y las preferencias en la vida, la ley de vida nos da a conocer la naturaleza de Dios al respecto. Igualmente cuando consideramos acciones o decisiones, la enseñanza de la unción nos da a entender lo que piensa Dios al respecto.

Por ejemplo, supongamos que queremos comprar ropa. El hecho de comprarla o no es cuestión de ser guiados por el Espíritu Santo en nuestras acciones. Por tanto, la unción nos enseñará y nos guiará. Cuando llegamos a la tienda, la moda y color que seleccionamos es un asunto relacionado con el gusto de la naturaleza de Dios. La ley de vida nos hará saber cuál moda y cuál color concuerdan con la naturaleza de Dios. El ir o no de compras, no es algo fijo. Es posible que esta vez podamos ir y que la próxima vez no debamos ir. No obstante, el gusto en cuanto a la moda y el color que debemos escoger nunca cambia; cada vez que vayamos, será lo mismo.

Por ejemplo, consideremos a un hermano y una hermana que quieren casarse. Determinar cuál día deben escoger para la boda es una acción que depende de la guía; no tiene que ver con la naturaleza de Dios. No es cuestión de que el primer día o el decimoquinto día concuerde con la naturaleza de Dios, y que todos los demás no. Como depende de la guía, el factor determinante es la unción o la operación del Espíritu Santo. No obstante, en el día de la boda, el estilo de la ropa, el ambiente, el arreglo de la reunión, la manera de acomodar, y si el carácter, el sabor y el estilo están en conformidad con la iglesia y con la dignidad de los santos, están relacionados con la naturaleza de Dios. Por lo tanto, no los enseña la unción, sino que los regula la ley de vida.

C. La relación entre ambos

Aunque la ley de vida y la enseñanza de la unción tienen funciones distintas y no son iguales, están íntimamente relacionadas. La causa y el efecto recíprocos que uno ejerce sobre el otro no pueden ser separados.

La ley de vida proviene de la vida de Dios, y la vida de Dios depende del Espíritu de Dios y está contenida en El. Por lo tanto, esta ley también se llama "la ley del Espíritu de vida" (Ro. 8:2), y también es una ley del Espíritu Santo. Aunque esta ley proviene de la vida de Dios y depende de ella, es ejecutada por el Espíritu Santo de Dios, y esta operación del Espíritu Santo es la unción. Así que la función de esta ley debidamente se manifiesta junto con la unción. Cuando la unción se detiene, la función de esta ley se esfuma. Esto nos demuestra que la unción y la función de la ley de vida en realidad están conectadas y no pueden ser separadas.

Además, la enseñanza de la unción también está relacionada con nuestra comprensión de la ley de vida. Por ser la ley de vida la función natural de la vida, la operación de esta ley en nosotros pertenece al sentir de la vida. Por la ley de esta vida, sólo podemos tener cierta consciencia, o sensibilidad, en la parte más profunda de nuestro ser, lo cual nos da un sentir de urgencia o de prohibición, de gusto o de repugnancia. Pero todavía no podemos comprender el significado de aquel sentir. Para comprender su significado, necesitamos la enseñanza de la unción. Sólo cuando la unción nos enseña, podemos comprender el significado del sentir que la ley de vida nos ha dado. Por ejemplo, un niño que por primera vez prueba azúcar y sal, puede percibir la diferencia en sabor por medio de la capacidad natural de la vida que está en él; no obstante, todavía no sabe qué son estas dos cosas. Sin embargo, cuando su madre le dice que lo dulce se llama azúcar y lo salado se llama sal, no sólo percibe que el sabor de éstos dos son diferentes, sino que también sabe lo que son.

De la misma manera, cuando un hermano es salvo, tiene en su interior la vida de Dios. Por lo tanto, si va al cine, toma vino o fuma, la naturaleza de esta vida hace que se sienta incómodo e intranquilo hasta que abandone aquellas cosas porque nada de esto esté en armonía con la naturaleza de la vida de Dios en él. Esto es lo que el sentir innato de la vida de Dios le da a conocer. Sin embargo, aunque se siente intranquilo al hacer estas cosas, todavía no entiende por qué. Cuando la unción, por medio de la enseñanza de las Escrituras, le revela que todas estas cosas no están en conformidad con la naturaleza de la santa vida de Dios en él, él entiende la causa de su inquietud. En este momento, no sólo está consciente del sentir innato de la vida de Dios, sino que también tiene la enseñanza de la unción que se lo explica. De esta manera, no sólo la función de la ley de vida es manifestada por la unción, sino que además, el significado del sentir de la ley de vida es revelado por medio de la enseñanza de la unción.

Por el otro lado, la operación de la ley de vida también está relacionada con nuestro entendimiento de la enseñanza de la unción. Por experiencia sabemos que nuestro entendimiento de la enseñanza de la unción depende del crecimiento en vida. Nuestro nivel de crecimiento en vida determina cuánto entendamos la enseñanza de la unción. Por ejemplo, si el niño que prueba el azúcar y la sal es demasiado pequeño, aunque su madre le dice que la cosa dulce se llama azúcar y que la cosa salada se llama sal, no lo podrá comprender. Es necesario esperar hasta que su vida llegue a cierto nivel; entonces podrá comprender. Si queremos comprender la enseñanza de la unción, el mismo principio se aplica. El crecimiento en vida debe ser suficiente. Si queremos comprender más la enseñanza de la unción, nuestro crecimiento en vida debe aumentar más. Y el aumento del crecimiento de la vida proviene de la operación de la ley de vida. Cuanto más obre en nosotros la ley de vida, más aumentará nuestro crecimiento en vida y más podremos comprender la enseñanza de la unción. De esta manera, la operación de la ley de vida puede hacer crecer nuestra comprensión de la unción.

Por lo tanto, tengamos presente que la ley de vida y la unción no sólo están relacionadas la una con la otra, sino que también influyen el uno en el otro. La relación entre las dos y su interacción es lo que hace crecer cada vez más nuestro conocimiento interior de Dios hasta que conozcamos plena y ricamente a Dios.

D. La comparación entre ambas

Ya hemos visto cómo la ley de vida y la enseñanza de la unción difieren, y cómo están relacionadas mutua y recíprocamente. Ahora veremos una comparación sencilla y clara entre los dos aspectos del conocimiento de Dios que la ley de vida y la enseñanza de la unción nos proporcionan, lo cual nos permitirá entender aun más claramente.

Por ser la ley de vida la función natural de la vida de Dios, el conocimiento de Dios que nos proporciona es de una sola índole, es decir, nos permite conocer la naturaleza de la vida de Dios.

Sin embargo, puesto que la enseñanza de la unción es la operación del Espíritu de Dios mismo, el conocimiento de Dios que nos da tiene por lo menos tres aspectos:

Primero, nos hace conocer a Dios mismo. Esto significa que tocamos a Dios mismo y así le experimentamos y ganamos más de El.

En segundo lugar, nos hace conocer la voluntad de Dios. Esto significa que entendemos la guía que Dios nos da en nuestras acciones. Esta puede dividirse en dos clases: la guía común y la guía especial. La guía común es para nuestra vida diaria. La guía especial es para el plan de la obra del Señor. Como ya hemos dicho, el comprar o no comprar cierta ropa, el organizar las bodas en este día o en otro, etc., son ejemplos de la guía común de nuestra vida diaria. Por otro lado, cuando el hermano Hudson Taylor sintió que debía llevar el evangelio del Señor al interior de la China, ésa fue una guía especial en la obra del Señor.

En tercer lugar, nos hace conocer la verdad. Esto significa que recibimos revelación con respecto a la verdad. Esta también se divide en la común y la especial. La revelación común está relacionada con nuestro comportamiento humano: por ejemplo, los creyentes no deben unirse "en yugo desigual con los incrédulos" (2 Co. 6:14), y en lo que hagamos, debemos hacerlo "todo para la gloria de Dios" (1 Co. 10:31). Por otro lado, la revelación especial está relacionada con el plan de

Dios, tal como ver el misterio de Dios en Cristo (Col. 2:2), y la función de la iglesia en relación con Cristo (Ef. 1:23).

Después de ver estos puntos, nos damos cuenta de que el conocimiento interior que nos proporcionan la ley de vida y la enseñanza de la unción, es verdaderamente rico. Incluye casi toda la operación de Dios dentro de nosotros, y así nos capacita para tener un conocimiento de Dios que sea pleno, rico y cabal.

VII. LA PRUEBA DE LAS ESCRITURAS

El sentir interior que nos dan la ley de vida y la enseñanza de la unción, nos capacita para conocer a Dios. Sin embargo, aunque este sentir interior puede ser absolutamente real y verdadero, necesita ser comprobado por la enseñanza y los principios de las Escrituras. Si nuestro sentir interior no concuerda con la enseñanza y los principios de las Escrituras, no lo debemos aceptar. Así podemos evitar los engaños y los extremos, y podemos ser exactos y estables.

Ya sea que nuestra consciencia interior provenga de la ley de vida en nuestro espíritu o del Espíritu Santo como la unción, debe estar conforme a la verdad de las Escrituras. Si nuestra consciencia interior no está conforme a la verdad de las Escrituras, probablemente no proviene de la ley de vida ni de la enseñanza de la unción. Aunque nuestra consciencia interior sea viviente, la verdad de las Escrituras es exacta y segura. Aunque la verdad de las Escrituras en sí sólo es exacta y segura sin ser viviente, la consciencia interior en sí puede ser a veces viviente pero no precisa, puede ser viviente pero no segura. Esto es semejante a un tren que avanza: no sólo debe tener poder por dentro, sino también las vías por fuera. Por supuesto, si sólo hay vías exteriores y no hay poder interior, el tren no podrá moverse hacia adelante. Pero si sólo hay poder interior sin vías exteriores, aunque el tren se mueva hacia adelante, ciertamente se precipitará hacia la calamidad. Por lo tanto, no sólo necesitamos el sentir viviente por dentro, sino también la verdad por fuera. La consciencia viviente que está en nuestro interior proviene de la ley de vida y la enseñanza de la unción; la verdad que tenemos por fuera se encuentra en la enseñanza de las palabras escritas de la Biblia y en la luz de sus principios.

Cuando los hijos de Israel andaban en el desierto, una columna de nube los conducía de día, y una columna de fuego los guiaba de noche. De la misma manera, cuando nuestra condición espiritual está tan clara como la luz del día, cuando interiormente estamos tan brillantes como el mediodía y nuestro sentir interior es claro y exacto, con la guía del Espíritu Santo como tipificado por la columna de nube, entonces podemos andar en la senda correcta de Dios. Pero a veces, nuestra condición espiritual se parece a lo oscuro de la noche; en nuestro interior somos tan oscuros como la medianoche y nuestro sentir interior es borroso e impreciso. En esta ocasión necesitamos que las Escrituras, tipificada por la columna de fuego, sea una lámpara a nuestros pies y una lumbrera a nuestro camino para hacernos andar en el camino recto de Dios.

Por lo tanto, si deseamos andar en el camino seguro de la vida y la verdad, debemos examinar y comprobar cada sentir, guía y revelación ante la enseñanza y los principios del verdadero poder y fortaleza. Esta combinación es lo único que nos capacitará para seguir adelante sin estar desequilibrados.

VIII. LA "ENSEÑANZA" EXTERIOR

Aunque las Escrituras, por un lado, dicen que podemos conocer a Dios y no necesitamos que otros nos enseñen porque llevamos dentro de nosotros la ley de vida y la enseñanza de la unción; por otro lado, hay muchos pasajes en las Escrituras donde se habla de la enseñanza del hombre. Por ejemplo, en pasajes como 1 Corintios 4:17; 14:19; 1 Timoteo 2:7; 3:2; 2 Timoteo 2:2, 24, etc., vemos que el apóstol enseñó a los hombres, y que quería que otros también aprendieran a enseñar a los hombres. Hay tres razones por esto.

Primero, aunque el sentir interior que nos proporcionan la ley de vida y la enseñanza de la unción, es suficiente para hacernos conocer a Dios y, por eso, no necesitamos la enseñanza del hombre, con todo y eso frecuentemente no escuchamos ni atendemos a ese sentir. Somos débiles, especialmente para escuchar las palabras de Dios. A veces no las oímos, y a veces no estamos dispuestos a oírlas. Los que no tienen mente sana, los que son subjetivos, los que insisten en sus propias opiniones, y los que a propósito se cierran, a menudo no pueden oír. Y los que no aman al Señor, los que no quieren pagar el precio para seguir al Señor, no están dispuestos a oír. Por no estar dispuestos a oír, desde luego no oyen. Como no oyen, menos quieren oír. Por lo tanto, muchas veces el problema no consiste en que Dios no hable, que Su vida no regule o que Su unción no enseñe, sino que nosotros no lo escuchamos. Job 33:14 dice: "Habla Dios una vez, y otra vez, sin que se le haga caso" (heb.). Nuestra condición a veces es peor todavía. Aun cuando Dios habla cinco, diez o veinte veces, todavía no lo escuchamos. Pero, gracias a Dios, El es perdonador y paciente. Si no escuchamos lo que nos dice interiormente, El usa la enseñanza de los hombres que viene de afuera para repetirlo. Ya ha hablado dentro de nosotros, pero por no escucharlo, nos enseña exteriormente mediante los hombres para repetir lo que ya nos dijo en nuestro interior.

En el Nuevo Testamento, mucha enseñanza sigue este principio de repetición. En las epístolas, encontramos este dicho: "¿No sabéis?" con frecuencia. Esto quiere decir que usted ya oyó y supo, pero que no ha atendido ni escuchado; así que, Dios usa al hombre para enseñarle nuevamente. Por lo tanto, muchas veces, cuando Dios emplea las palabras de las Escrituras o usa a Su siervo para enseñarnos, no lo hace para reemplazar Su enseñanza dentro de nosotros, sino para repetir lo que ya nos ha enseñado interiormente. Aunque la guía exterior y la enseñanza interior se ayudan mutuamente, la exterior no puede tomar el lugar de la interior. Es una mera repetición de la interior.

Por tanto, ahora cuando ayudamos a otros en asuntos espirituales, no debemos darles los Diez Mandamientos a fin de enseñarles a comportarse de una manera o de otra, objetivamente. Sólo podemos explicar lo que Dios ha ordenado en principio, dando así testimonio de las palabras que Dios habla dentro de ellos y repitiendo lo que Dios ya les ha enseñado interiormente. No debemos enseñar a los hombres objetiva y detalladamente en una u otra manera. Esto es lo que hicieron los profetas del Antiguo Testamento. En el Nuevo Testamento, sólo hay profetas para la iglesia, los cuales explican lo que Dios ha ordenado en principio. Para los individuos no hay profetas que decidan las cosas en detalle. La resolución de detalles es lo que Dios, por medio de la ley de vida y la enseñanza de la unción, da a conocer interiormente a cada hombre. Este es el principio del Nuevo Testamento. Así que, aunque debemos ser humildes y recibir la enseñanza de otros, lo que nos gobierna debe ser lo que la ley de vida dentro de nosotros ya ha promulgado o lo que la unción ya nos ha enseñado. De otro modo, no estará conforme al principio neotestamentario.

La segunda razón por la cual existe la enseñanza del hombre en el Nuevo Testamento es ésta: aunque la ley de vida y la unción pueden hacernos conocer a Dios, el sentir y la enseñanza que éstas nos dan se encuentran en nuestro espíritu. Si no recibimos una enseñanza adecuada desde afuera, resultará difícil que nuestra mente comprenda el sentir y la enseñanza que la ley de vida y la unción nos dan en nuestro espíritu. Si queremos que nuestra mente comprenda el sentir y la enseñanza que la ley de vida y la unción nos dan en nuestro interior, necesitamos que los hombres nos enseñen el camino de Dios exteriormente. Cuanto más recibamos de esta enseñanza exterior, más entenderá nuestra mente el sentir y la enseñanza que provienen de la ley de vida y la unción en nuestro interior. Y cuanto más recibamos de esta enseñanza exterior, más ayudará a nuestro espíritu a crecer, dándoles así a la ley de vida y a la unción aun más terreno y más oportunidad de manifestar sus funciones y darnos una sensibilidad y una enseñanza más profundas. Por lo tanto, aunque la ley de vida y la unción nos dan un sentir y una enseñanza interiormente, seguimos necesitando la enseñanza de los hombres que proviene de afuera. Sin embargo, esta enseñanza exterior no puede ni debe tomar el lugar del sentir y de la enseñanza de la ley de vida y de la unción que se encuentran en nuestro interior. Sólo sirve de ayuda para hacernos comprender el sentir y la enseñanza interiores y para proporcionar a la ley de vida y a la unción la oportunidad de darnos una consciencia y una enseñanza más profundas. La enseñanza de los hombres que viene desde afuera siempre debe tener un "amén" o un "eco" en el sentir y la enseñanza interiores. Entonces estará de acuerdo con el principio del Nuevo Testamento. La enseñanza y la guía interiores y exteriores no deben sustituirse, sino que deben corresponder.

En tercer lugar, aunque la ley de vida y la enseñanza de la unción pueden hacernos conocer a Dios en todas las cosas, muchas veces necesitamos que nos enseñen los que tienen el ministerio de palabras en la revelación de Dios para poder entender la verdad de lo profundo de Dios y el conocimiento ortodoxo de la vida espiritual. Necesitamos el conocimiento subjetivo que proviene de la unción y la ley de vida interiores, pero muchas veces, sin la enseñanza objetiva de otros, no podemos obtener el conocimiento subjetivo e interior. Por supuesto, en el Nuevo Testamento, la enseñanza exterior y objetiva no puede tomar el lugar del conocimiento interior y subjetivo; pero frecuentemente obtenemos el conocimiento interior y subjetivo debido a la enseñanza exterior y objetiva.

Por las tres razones que acabamos de mencionar, Dios frecuentemente levanta a los que tienen conocimiento y experiencia espiritual delante de El y dispone que nos enseñen y nos guíen. Por un lado, esperemos dar atención reverente a lo que Dios nos enseña en nuestro interior por medio de la ley de vida y la unción y, por otro, esperemos atender a la enseñanza que Dios nos da exteriormente por medio de los hombres. No debemos rechazar la enseñanza exterior de los hombres simplemente porque tenemos la ley de vida y la enseñanza de la unción interiores. En verdad damos gracias a Dios por darnos la ley de vida y la enseñanza de la unción en nuestro interior, pero aun así debemos humillarnos y vaciarnos para recibir la enseñanza y la guía que Dios nos da por medio de los hombres. Tengamos en cuenta que en el Nuevo Testamento, Dios no sólo nos da la ley de vida y la unción para enseñarnos interiormente, sino que también nos da a los que pueden enseñarnos y guiarnos exteriormente.

IX. CONOCER EN EL ESPIRITU Y ENTENDER EN LA MENTE

A. Conocer en el espíritu

Puesto que el conocimiento interior proviene de la ley de vida y de la enseñanza del Espíritu de Dios como unción, y ambas están en nuestro espíritu, este conocimiento interior sin duda nos será revelado en nuestro espíritu. Con excepción de lo que es correcto o incorrecto, determinado por la parte de nuestro espíritu llamada la conciencia, puede decirse que este conocimiento en el espíritu es la responsabilidad de la parte de nuestro espíritu llamada la intuición. Por tanto, si queremos comprender el conocimiento interior, debemos saber lo que es la intuición del espíritu.

Tanto el cuerpo como el alma del hombre tienen sentidos. Así como el cuerpo tiene la vista, el oído, el olfato, el gusto y el tacto, y así como el alma tiene el sentido de felicidad, de enojo, de tristeza y de gozo, etc., así también el espíritu del hombre tiene el sentir de la conciencia y el sentir de la intuición. El sentir de la conciencia funciona en asuntos del bien y del mal; el sentir de la intuición funciona directamente sin causa. Las Escrituras nos muestran que el espíritu puede estar "dispuesto" (Mt. 26:41), puede "conocer" las cavilaciones del corazón del hombre (Mr. 2:8), puede "gemir" (Mr. 8:12), puede "proponerse" (Hch. 19:21), y puede ser "provocado", "ferviente" y puede recibir "refrigerio", etc. (Hch. 17:16; 18:25; 2 Co. 7:13). Todos éstos son los "sentidos" de la intuición del espíritu. Podemos decir que la intuición del espíritu tiene tantos sentidos como el alma.

Sin embargo, la intuición del espíritu difiere del sentir del alma. La diferencia principal consiste en que el sentir del alma nace de cierta causa, pero la intuición del espíritu no tiene causa. Los hombres, los eventos y las cosas exteriores son lo que provoca el sentir del alma. Ya sea hombre, evento o cosa, puede producir cierto sentir en nuestra alma. Si es encantador, estamos contentos; si es triste, nos sentimos tristes. El sentir del alma que se debe a influencias exteriores es un sentir que tiene causa. En contraste, la intuición del espíritu no tiene causa, lo cual significa que no tiene medio, sino que está presente directamente en lo profundo del espíritu. No sólo está libre de la influencia de los hombres, los eventos y las cosas en lo exterior; tampoco es influenciado por el sentir del alma. De hecho, frecuentemente actúa a lo opuesto del sentir del alma.

Por ejemplo, a veces queremos hacer cierta cosa. Nuestros motivos son bastante suficientes, nuestro corazón también está muy contento, y hemos decidido llevarlo a cabo. No obstante, no sabemos por qué en nuestro espíritu padecemos de una condición horrible. Nos sentimos muy abrumados y deprimidos, como si el espíritu se opusiera a lo que nuestra mente piensa, a lo que nuestra emoción prefiere, y a lo que nuestra voluntad ha decidido. Nuestro espíritu parece decir que no debemos llevar a cabo lo que hemos planeado. Este sentir es la prohibición que proviene de la intuición del espíritu. A veces cierto asunto no tiene nada racional que lo apoye; también es contrario a nuestros gustos, y no estamos dispuestos a llevarlo a cabo. Sin embargo, aunque no sabemos por qué, en el espíritu constantemente sentimos cierta motivación y movimiento, que nos insta a llevarlo a cabo. Cuando lo hacemos, nos sentimos cómodos por dentro. Esta consciencia es la urgencia que proviene de la intuición del espíritu.

Esta prohibición o urgencia de la intuición del espíritu se produce sin causa. Es un sentido más profundo que se debe a la operación de la ley de vida y la unción. Como resultado, podemos tocar a Dios directamente, conocer a Dios y conocer Su voluntad. Ese conocimiento en la intuición del espíritu es lo que las Escrituras llaman "revelación". Por tanto, la revelación es el propio Espíritu Santo en nuestro espíritu mostrándonos la realidad de un evento particular de manera que lo comprendamos claramente. Puede decirse que tal conocimiento de Dios es el conocimiento más profundo dentro de nosotros. También es el conocimiento interior del cual estamos hablando.

B. Comprender en la mente

Aunque el conocimiento interior se encuentra en la intuición de nuestro espíritu, la mente de nuestra alma todavía lo debe entender, porque el órgano del entendimiento y de la comprensión es la mente. Así que, con respecto al conocimiento interior, no sólo es necesario que el espíritu lo conozca, sino que también la mente lo comprenda. Al conocimiento de la intuición del espíritu debe añadirse el entendimiento de la mente a fin de que haya comprensión. El entendimiento de la mente es una clase de interpretación hecha por la mente con respecto a la intuición del espíritu. Cuando tengamos un sentir intuitivo en nuestro espíritu, es necesario que nuestra mente lo entienda y lo interprete. Esto significa tomar en cuenta los hombres, los eventos o las cosas, comparándolos con este sentir intuitivo del espíritu. Seguimos examinándolos hasta que haya respuesta en el espíritu. Entonces entendemos la intención del Espíritu Santo y podemos actuar como corresponde.

Por ejemplo, cuando vamos al Señor en oración y sentimos una carga en la intuición, en lo más profundo de nuestro ser, sabemos que ha llegado a nosotros la guía del Señor. Esto es un conocimiento en el espíritu. No obstante, es posible que no entendamos claramente en qué sentido nos guía Dios, para predicar el evangelio o para visitar a un hermano. Si debemos visitar a un hermano, ¿a cuál debemos visitar? Todo esto requiere que la mente entienda. En nuestra mente debemos poner delante de Dios, una por una, todas las cosas que tenemos que hacer y compararlas con la intuición interior. Si al tocar el asunto de visitar a los hermanos, hay una respuesta interior, entonces entendemos que Dios desea que visitemos a algunos hermanos. Luego en esta comunión con Dios le presentamos, uno por uno, los muchos hermanos a quienes tenemos que visitar, y consultamos con la intuición del espíritu. Cuando tratamos de averiguar nuestra carga con respecto a un hermano que tiene necesidad, tal vez no haya respuesta en el espíritu. Cuando consideramos al hermano enfermo, puede ser que tampoco sintamos una respuesta en el espíritu. Pero cuando consideramos a otro hermano que se ha metido en problemas, la intuición del espíritu responde, y es como si el interior de todo nuestro ser dijera "¡Amén!" Si tememos que nos hayamos equivocado, podemos mencionar a más hermanos que necesitan una visita, para examinar nuestra carga por ellos también. Si el espíritu no responde a ninguno de ellos, entendemos que la persona a quien Dios quiere que visitemos es el hermano que se ha metido en problemas. Esto es usar la mente para entender lo que ya se sabe en el espíritu, o usar la mente para interpretar el sentir del espíritu.

Otro ejemplo de esto es el caso en que usted recibe una carga cuando está orando y le parece que Dios desea que usted diga algo a los hermanos y hermanas. Esta carga es el conocimiento en la intuición. Pero, con respecto a lo que Dios quiere que diga, usted no tiene claridad. Esto requiere que en su mente usted tome un mensaje tras otro y que los compare con la carga en su espíritu. Cuando considera el asunto de subyugar la carne, el espíritu responde. Entonces entiende que Dios desea que usted hable sobre este tema. Este entendimiento es la comprensión de la mente. De esta manera, la carga de la intuición en el espíritu le da a conocer que Dios desea que usted haga algo, y el entendimiento de la mente en el alma le capacita para comprender lo que Dios quiere que usted haga.

Tal vez, como siempre, en el día del Señor usted quiere ofrecer algo de dinero. Pero su espíritu siente una carga, la sensación de que Dios desea que usted dé una ofrenda especial. Pero la mente tiene que entender la cantidad que Dios desea que usted ofrezca, así como a cuál asunto y a cuál persona designarlo. De esta manera, usted no sólo tiene la carga de Dios en la intuición, sino que también entiende en la mente la intención de Dios. Este, pues, es el conocimiento interior.

Puede ser que esta manera de manejar los asuntos le parezca muy difícil. No obstante, cuando un hombre apenas comienza a aprender a interpretar con su mente el sentir del espíritu, debe llevarlo a cabo de esta manera. Más tarde, cuando haya aprendido a hacerlo de modo habitual y se haya vuelto muy hábil en eso, tan pronto como tenga el sentir o el conocimiento en el espíritu, la mente inmediatamente podrá comprenderlo y entenderlo.

X. LA MANERA DE OBTENER EL CONOCIMIENTO INTERIOR

Ahora que hemos visto todos los aspectos del conocimiento interior, debemos ver la manera de practicar o de obtener el conocimiento interior. Para obtener el conocimiento interior, debemos ejercitar nuestro espíritu, renovar el entendimiento y mantener el corazón puro.

A. Ejercitar el espíritu

Puesto que el conocimiento interior está en la intuición de nuestro espíritu, si queremos obtenerlo, debemos ejercitar y usar nuestro espíritu con frecuencia para que sea viviente y fuerte. Sólo al estar vivo y fuerte el espíritu, puede la intuición del espíritu estar consciente y alerta, lo cual nos capacita para conocer a Dios interiormente.

Si nuestro objetivo es ejercitar el espíritu, primero tenemos que aprender a volvernos al espíritu. Si vivimos constantemente en el hombre exterior, nos es imposible conocer a Dios en la intuición del espíritu. Debemos aprender a poner a un lado las actividades y compromisos bulliciosos y exteriores. No sólo debemos abstenernos de estar muy ocupados exteriormente, sino que tampoco debemos dejarnos pensar de modo desenfrenado. En lugar de eso, debemos prestar atención al movimiento en el espíritu, al sentir que tenemos en lo más profundo de nuestro ser. El niño Samuel, al ministrar al Señor, pudo oír Su voz. María, sentada tranquilamente a los pies del Señor, pudo entender Sus palabras. Si podemos volvernos así al espíritu para estar muy cerca del Señor, podemos verdaderamente tocar el sentir de Dios en el espíritu y así conocer a Dios.

Además, necesitamos ejercitar y usar el espíritu en nuestro vivir diario. En nuestro trato con la gente, en el manejo de los asuntos, al enfrentar varias cosas o al servir al Señor en las reuniones y ministrar la palabra de Dios; al platicar con otros o hasta en los negocios; en todo debemos negar el alma y dejar que el espíritu nos dirija. No debemos permitir que nuestra mente, nuestras emociones ni nuestra voluntad tome la delantera, sino que en todo primeramente debemos intentar tocar el sentir que tenemos en lo profundo de nuestro espíritu. Esto quiere decir que primero debemos preguntarnos qué quiere decirnos el Señor que mora en nuestro espíritu. Si seguimos ejercitándonos de esta manera, la sensibilidad del espíritu sin duda estará alerta, y entonces resultará fácil que el conocimiento interior crezca y que se haga más profundo.

Al ejercitar el espíritu, la mejor práctica es la oración, porque la oración requiere que ejercitemos el espíritu más que en cualquier otra actividad. Muchas veces nos gustan las pláticas vanas, pero no queremos orar ni alabar; por lo tanto, frecuentemente nuestro espíritu se seca. Si cada día pudiéramos dedicar una hora o más para orar, no en peticiones sino en adoración, comunión y alabanza, en poco tiempo nuestro espíritu ciertamente crecería y se fortalecía. El salmista dijo que alabó al Señor siete veces al día (Sal. 119:164). Si los aficionados del boxeo practican una hora todos los días, después de cierto período de tiempo sus puños serán muy fuertes. De la misma manera, si ejercitamos nuestro espíritu día tras día, nuestro espíritu ciertamente se fortalecerá. Cuando el espíritu es fuerte, la intuición ciertamente está alerta. Entonces podemos, con una intuición alerta, obtener más conocimiento de Dios.

B. Renovar el entendimiento

Ya hemos mencionado que el conocimiento interior no sólo requiere que conozcamos en el espíritu, sino que también entendamos con la mente. Por lo tanto, si queremos obtener este conocimiento interior, necesitamos ejercitar nuestro espíritu y renovar el entendimiento de nuestra mente. La mente es el órgano con el cual entendemos las cosas; entender constituye su aptitud principal.

Romanos 12:2 nos muestra que sólo cuando la mente, la cual contiene el entendimiento, haya sido renovada y transformada, podremos comprobar "cuál sea la voluntad de Dios: lo bueno, lo agradable y lo perfecto". Colosenses 1:9 también nos muestra que al tener "inteligencia espiritual" podemos ser "llenos del pleno conocimiento de Su voluntad". Por lo tanto, la renovación del entendimiento de la mente es una necesidad en el asunto de conocer a Dios.

Antes de ser salvos, todo nuestro ser, incluyendo nuestra mente, se encontraba en una condición caída. Todo designio de los pensamientos de nuestro corazón era el mal (Gn. 6:5), y nuestros pensamientos y percepciones también estaban

llenos del sabor del mundo. Puesto que nuestra mente estaba
en tal condición, nuestro entendimiento vino a ser entenebrecido. Así que, éramos totalmente incapaces de comprender las
cosas espirituales. Mucho menos podíamos entender la voluntad de Dios. Cuando fuimos salvos, fuimos renovados por el
Espíritu Santo (Tit. 3:5). Esta obra de renovación que el
Espíritu Santo lleva a cabo comienza en nuestro espíritu y
luego se extiende a nuestra alma para renovar el entendimiento de nuestra mente a fin de que conozcamos las cosas
del espíritu. Cuanto más el entendimiento de nuestra mente
es renovado por el Espíritu Santo, tanto más podemos
comprender las cosas espirituales y entender la voluntad de
Dios.

Aunque el Espíritu Santo realiza la renovación del entendimiento de la mente, nosotros debemos encargarnos de dos
responsabilidades:

Primero, debemos consagrarnos. En Romanos 12, antes de
que la mente sea renovada y transformada, se nos pide que
presentemos nuestros cuerpos en sacrificio vivo. Esto muestra
que la renovación del entendimiento de la mente se basa en
nuestra consagración. Si en realidad estamos dispuestos a
consagrarnos y a entregarnos a Dios, entonces el Espíritu
Santo de Dios podrá extender Su obra de renovación a nuestra
alma y renovar así el entendimiento de nuestra mente.

En segundo lugar, debemos aceptar la obra de la cruz y
permitir que ponga fin a nuestra vieja manera de vivir.
Efesios 4:22-23 nos muestra que sólo cuando nos despojemos
del viejo hombre de la pasada manera de vivir, será posible
que nuestra mente, la cual contiene nuestro entendimiento,
sea renovada. Antes de ser salvos, nuestra vieja manera de
vivir ya había entenebrecido el entendimiento de nuestra
mente. Después de ser salvos, por la muerte del Señor en la
cruz, nos despojamos de la vieja manera de vivir. Esto permite
que el poder aniquilador de la cruz del Señor ponga fin, uno
por uno, a todos los aspectos de nuestra vieja manera de vivir.
Sólo entonces puede ser renovado el entendimiento de
nuestra mente. Así que, debemos aceptar la obra de la
cruz a fin de que el entendimiento de nuestra mente sea
renovado. El entendimiento de nuestra mente se renueva

proporcionalmente al grado en que permitimos que la cruz ponga fin a nuestra vieja manera de vivir.

Efesios 4:23 dice: "Y os renovéis en el espíritu de vuestra mente". Sabemos que la mente es la parte principal del alma. Al principio, no estaba relacionada con el espíritu, pero ahora el espíritu ha llegado a ser "el espíritu de la mente"; por tanto, está conectado a la mente. Esto se debe a que el espíritu se ha extendido y ha llegado a la mente de nuestra alma para que seamos renovados en este espíritu, es decir, para que nuestra mente sea renovada al ser unida con el espíritu. De esta manera la renovación se extiende del espíritu a la mente.

La obra interior del Espíritu se extiende desde el centro hasta la circunferencia, es decir, del espíritu interior al alma exterior. Primero, el Espíritu renueva nuestro espíritu, el cual es el centro de nuestro ser interior. Luego, si nos consagramos a El y aceptamos la obra de la cruz, El se extenderá del espíritu al alma, la cual es la circunferencia exterior, lo cual renovará cada parte de nuestra alma. Esto significa que cuando nuestra alma se somete al dominio del Espíritu y se une con nuestro espíritu, es renovada. Por lo tanto, el entendimiento de la mente también es renovado.

Después de que recibimos la regeneración del Espíritu Santo en nuestro espíritu, si nos consagramos a Dios y aceptamos lo que el Espíritu Santo, por medio de la cruz, quiere hacer en nosotros para despojarnos de toda nuestra vieja manera de vivir, entonces el Espíritu Santo podrá llevar a cabo continuamente Su obra de extenderse dentro de nosotros, renovando así el entendimiento de nuestra mente en el alma. Sólo tal entendimiento renovado puede complementar la intuición del espíritu. Cuando Dios nos hace saber algo en la intuición de nuestro espíritu, el entendimiento de la mente puede entenderlo inmediatamente. Cuando tenemos un espíritu fuerte y alerta, más un entendimiento renovado y claro, entonces podemos tener un pleno conocimiento interior de la naturaleza de Dios y de toda Su guía y revelación.

C. Resolver los problemas del corazón

El corazón representa al hombre en su conjunto; por eso, si el corazón tiene problemas, todas las actividades del espíritu y de la vida en nosotros serán impedidas y limitadas. Aunque nuestro espíritu esté alerta y nuestro entendimiento haya sido renovado, si hay problemas en nuestro corazón, no podremos obtener el conocimiento interior de Dios. Por lo tanto, también tenemos que abrirnos al Señor para resolver los problemas del corazón a fin de que sea manso y limpio, a fin de que ame a Dios, le desee y le obedezca.

En Mateo 11:25 el Señor dice que Dios escondió las cosas espirituales de los sabios y entendidos y las reveló a los niños. Los "sabios" y "entendidos" son los que en su corazón se justifican a sí mismos, están satisfechos de sí mismos y son obstinados; así que, no pueden ver las cosas espirituales de Dios. Los "niños" son los humildes y los mansos de corazón; por eso, pueden recibir la revelación de Dios. Así que, nuestro corazón debe ser tratado hasta que sea humilde y manso. Podemos recibir la revelación y el conocimiento interiores de Dios sólo cuando nuestro corazón está libre de su autosuficiencia y de su obstinación.

En Mateo 5:8 el Señor dice que "los de corazón puro ... verán a Dios". Si nuestro corazón no está limpio, es decir, si no es puro porque tiene inclinaciones y deseos aparte de Dios, existe en nosotros un velo que nos impide ver claramente a Dios. No obstante, cuando el corazón se vuelve a Dios, se quita el velo (2 Co. 3:16). Por lo tanto, debemos resolver los problemas de nuestro corazón. Nuestro corazón debe ser puro y no "de doble ánimo" (Jac. 4:8); entonces podremos recibir luz y revelación en el espíritu, comprender y entender en la mente y conocer así a Dios.

En Juan 14:21 el Señor dice: "el que me ama ... me manifestaré a él". En la mañana de la resurrección, María la magdalena, debido a su intenso amor por el Señor, lo buscó. Ella vio al Señor la primera vez que El se manifestó a Sus discípulos después de la resurrección, llegando a ser la primera en conocer al Cristo resucitado (Jn. 20). El hermano Lawrence dijo que si uno quiere conocer a Dios, la única manera es amarlo. Nuestro corazón debe amar a Dios y buscarle; entonces podremos tener la manifestación de Dios y conocerle.

En Juan 7:17 el Señor dice: "El que quiera hacer la

voluntad de Dios, conocerá...." Esto revela que nuestro corazón debe desear a Dios y Su voluntad; entonces podremos conocer a Dios y la voluntad de Dios.

En Filipenses 2:13 el apóstol dice que es Dios el que realiza en nosotros el querer y el hacer. Si nuestro corazón no se somete o no está dispuesto a someterse a la operación de Dios dentro de nosotros, Dios no podrá obrar en nosotros; así que, no podremos recibir el sentir que Su operación nos daría en el conocimiento de El. Por tanto, tenemos que abrir nuestro corazón y permitir que Dios obre en él hasta que no sólo pueda someterse a Dios, sino que también esté dispuesto a someterse a Dios. Entonces podremos recibir el sentir y el conocimiento que proviene de la operación de Dios en nosotros.

Por lo tanto, debemos: (1) ejercitar y usar el espíritu hasta que sea fuerte y alerta, (2) dejar que el Espíritu renueve nuestro entendimiento, y (3) resolver los problemas de nuestro corazón hasta que sea blando y puro, un corazón que ame a Dios y le desee y que siempre sea sumisa ante El; entonces podremos tener el conocimiento interior de Dios.

IX. CONCLUSION

Puesto que Dios se deleita cuando el hombre le conoce, Dios ha dado al hombre muchas maneras y medios para llegar a este fin. En los tiempos del Antiguo Testamento, El manifestó Sus actos y declaró Sus caminos a los hombres a fin de que le conocieran. Pero el conocimiento que el hombre tenía de El por medio de esos actos y caminos era sólo exterior, objetivo, superficial e incompleto. Por lo tanto, en los tiempos neotestamentarios, aunque todavía utiliza Sus actos y caminos para revelarse a nosotros, lo más importante y glorioso es que El mismo como el Espíritu ha entrado en nosotros para ser nuestra vida. Esto nos capacita para tener un conocimiento interno, subjetivo, profundo y completo de El.

Cuando Dios está en nosotros como vida, El nos proporciona una ley de vida divina, la cual nos regula continuamente desde nuestro interior, haciendo así que conozcamos la naturaleza de Su vida. La ley de esta vida, como es ley, no es una persona; es fija e inmutable. Nos regula interiormente sin cambiar, conforme a la naturaleza de la vida de Dios.

Como resultado, hace que la manera, la naturaleza y el gusto de nuestro vivir concuerden con la naturaleza de Dios.

El Espíritu de Dios que mora en nosotros es semejante al ungüento, y nos unge y nos enseña a conocerle. Por ser Dios mismo, este ungüento es una persona, y también es ilimitado y flexible. Este ungüento en nosotros nos unge continuamente con el mismo Dios infinito. Como resultado, llena a toda nuestra persona, todo nuestro comportamiento y toda nuestra conducta con la esencia de Dios y los conforma a la voluntad de Dios.

Dios, como ley de vida y unción, comienza en nuestro espíritu y se extiende a nuestra alma a fin de que nuestra mente lo comprenda y lo entienda. Por lo tanto, tenemos que ejercitar el espíritu para que la intuición del espíritu esté alerta. También nuestra mente debe ser renovada para que nuestro entendimiento esté claro. Además, necesitamos resolver los problemas de nuestro corazón para que sea blando y puro, para que ame a Dios y le desee y para que siempre sea sumisa ante El. De esta manera, en cuanto la ley de vida y la unción se muevan en nosotros, la intuición de nuestro espíritu inmediatamente conocerá, el entendimiento de nuestra mente comprenderá, y podremos tener el conocimiento interior de Dios en cualquier momento.

Dios, con el fin de que obtengamos este conocimiento interior, también nos ha dado exteriormente la enseñanza y los principios de la Biblia por medio de los cuales podemos ser examinados y probados para que no nos equivoquemos ni nos engañemos. Además, por medio de Sus muchos siervos por fuera, Dios enseña o repite el sentir que tenemos por dentro. El puede enseñar nuestra mente a comprender el sentir que recibimos en el espíritu, o bien puede poner en claro para nosotros lo profundo de Dios y el conocimiento ortodoxo de la vida espiritual.

Por tener interior y exteriormente muchas maneras y medios de conocer a Dios, podemos ser "llenos del pleno conocimiento de Su voluntad en toda sabiduría e inteligencia espiritual, para [andar] como es digno del Señor, agradándole en todo, llevando fruto en toda buena obra, y creciendo por el pleno conocimiento de Dios" (Col. 1:9-10). Cuando conozcamos a Dios de esta manera, no sólo podremos conocer plenamente la voluntad de Dios, sino que también podremos crecer y madurar en la vida de Dios. Cuanto más crezcamos en el conocimiento de Dios, tanto más creceremos en la vida de Dios, hasta que El nos ocupe completamente. Entonces la esencia de Dios será plenamente forjada en nosotros, cumpliendo así la gloriosa meta del deseo de Dios de mezclarse con nosotros y ser uno con nosotros.

Capítulo Doce

¿QUE ES EL CRECIMIENTO DE VIDA?

Ahora consideraremos el duodécimo punto principal con respecto al conocimiento de la vida. Este punto es el crecimiento de vida. Si queremos tener más conocimiento de la vida, también debemos saber lo que es el crecimiento de vida. Muchos hermanos y hermanas aman al Señor con fervor, y han pagado un precio elevado. No obstante, por no conocer el verdadero crecimiento de vida, tienen muchos conceptos y objetivos equivocados. Por lo tanto, el verdadero crecimiento de vida en ellos está muy limitado. ¡Qué lástima! Entonces, si queremos el conocimiento correcto y si vamos a buscar lo apropiado en el camino de la vida, debemos dedicar algún tiempo para ver lo que es el crecimiento de vida.

Sin embargo, antes de ver qué es el crecimiento de vida, consideraremos el lado negativo, o sea, lo que no es el crecimiento de vida. Esto nos hará una impresión profunda y nos proporcionará un conocimiento más exacto.

I. EL CRECIMIENTO DE VIDA
NO ES EL MEJORAMIENTO DEL COMPORTAMIENTO

Mejorar el comportamiento de una persona significa cambiarlo de malo a bueno, de maligno a virtuoso. Esto es lo que los hombres normalmente llaman "renunciar a los caminos malos y volver al buen camino" o "apartarse del mal y seguir la virtud". Por ejemplo, anteriormente cierto hombre era muy orgulloso; ahora es humilde. Casi siempre odiaba a otros; ahora los ama. Solía enfadarse y se enojaba fácilmente; ahora su temperamento es más tranquilo, y ya no es un hombre de prontos enojos. Todo esto puede considerarse como el mejoramiento del comportamiento. Cuando el comportamiento de un hombre mejora así, ¿es esto el crecimiento de vida? ¡No!

¿Por qué decimos que el crecimiento de vida no es el

mejoramiento del comportamiento? Porque el comportamiento y la vida pertenecen claramente a dos mundos distintos.

Así como el mal no es la vida, tampoco el bien es la vida. El mal y el bien, aunque diferentes en naturaleza, pertenecen al mismo mundo; ambos son distintos de la vida; no son la vida. Por eso, en la Biblia el bien y el mal no son dos árboles, sino uno solo. La vida es otro árbol, pues pertenece a otro mundo, a otro reino (Gn. 2:9). Podemos decir que el bien y el mal, por un lado, y la vida, por otro, pertenecen claramente a dos categorías diferentes. Así que un hombre, por su propia resolución y esfuerzo, puede mejorarse mucho en cuanto a su comportamiento y, no obstante, ser muy inmaduro y débil en la vida de Dios. Esto se debe a que su mejoramiento está totalmente aparte de la vida; proviene de su propia labor y no de la vida. Además, su mejoramiento no es el resultado de su crecimiento en vida. Por lo tanto, el crecimiento de vida no es el mejoramiento del comportamiento.

II. EL CRECIMIENTO DE VIDA
NO ES LA EXPRESION DE LA REVERENCIA

¿Qué es la expresión de la piedad o la devoción? La expresión de la reverencia, la devoción, difiere de la mejoría en el comportamiento. La mejoría en el comportamiento tiene que ver con los hombres, lo cual significa que ante los hombres el comportamiento y carácter de una persona se ha mejorado y como resultado es mejor que antes. La expresión de la reverencia se dirige a Dios, lo cual significa que la actitud de una persona delante de Dios está llena de veneración y temor, además de ser devota y sincera. No obstante, ni el mejoramiento del comportamiento ni la expresión de la reverencia representa el crecimiento de vida. Tal vez algunos creyentes sean muy reverentes y devotos delante de Dios; no se atreven a ser irrespetuosos o relajados en su comportamiento y sus acciones. No podemos decir que estas expresiones no son buenas, pero tampoco podemos decir que son el crecimiento de vida. Esto se debe a que estos creyentes sólo consideran a Dios como Aquel que está por encima de todo, Aquel que es digno de reverencia y temor; por tanto, tienen un corazón de veneración y la expresión de la reverencia. Sin embargo, puede ser que éstos no tengan el menor conocimiento ni la menor experiencia de que Dios en Cristo mora en el hombre para ser su vida, o que, por medio de la operación de la ley de esta vida, El está dentro del hombre para ser el Dios del hombre. Aunque tienen la expresión de la reverencia, esta expresión no se debe al crecimiento de la vida de Dios en ellos; por lo tanto, no indica que tienen en ellos el crecimiento de vida. Por consiguiente, el crecimiento de vida tampoco es la expresión de la reverencia.

III. EL CRECIMIENTO DE VIDA
NO CONSISTE EN SERVIR CON CELO

¿Qué significa servir con celo? Significa que anteriormente un creyente era indiferente y frío tocante a las cosas de Dios; pero ahora es entusiasta en el servicio de Dios. Puede ser que muy pocas veces asistía a las reuniones anteriormente, pero ahora está presente en todas las reuniones. Antes no se preocupaba por la iglesia; ahora, participa en toda clase de servicio por la iglesia. Aunque este servicio celoso manifiesta el fervor que un creyente siente para con el Señor y su diligencia en servirle, y a pesar de recibir también muchos elogios de los hombres, este celo puede ser mezclado con mucha emoción, afán e interés humano. También es muy posible que este servicio se lleve a cabo según el poder anímico del hombre y así depende de su propia fuerza; no proviene de la guía del Espíritu Santo; aun menos depende de la vida de Cristo ni ayuda a los hombres a entrar en una unión más profunda con Dios. Por tanto, este servicio celoso no proviene de la vida ni pertenece a la vida; por lo tanto, no es el crecimiento de vida.

Vemos en la Biblia que antes de ser salvo el apóstol Pablo, él servía a Dios con celo (Hch. 22:3). En aquel tiempo, aunque en su interior no había recibido la vida de Dios, pudo servir a Dios exteriormente con mucho celo por medio de su propio entusiasmo y fuerza. Esto nos muestra que es posible servir a Dios celosamente sin tener ninguna relación con la vida. Servir con celo no indica nada de la condición de vida de un creyente. Por lo tanto, el crecimiento de vida tampoco es el servicio celoso.

IV. EL CRECIMIENTO DE VIDA
NO ES EL AUMENTO DEL CONOCIMIENTO

Aunque el aumento del conocimiento espiritual de un creyente —logrado por éste al escuchar mensajes, conocer más verdades, entender más de la Biblia y comprender más términos espirituales, etc.— implica cierta clase de crecimiento, no es el crecimiento de la vida. El aumento de tal conocimiento sólo mejora la mente de una persona, haciéndole más versado, y da a su cerebro más entendimiento y más capacidad de entender. Esto no significa que el Espíritu Santo le haya dado más revelación interior ni que la vida haya ganado más terreno en él de manera que tenga crecimiento en el verdadero conocimiento y experiencia de Cristo como vida. El aumento de tal conocimiento en sí simplemente hace que el hombre se envanezca (1 Co. 8:1). Delante de Dios no es nada (1 Co. 13:2) y no tiene ningún valor en cuanto a la vida. Así que, el crecimiento de vida no es el aumento del conocimiento.

V. CRECER EN VIDA
NO SIGNIFICA ABUNDAR EN DONES

Aunque es muy valioso que un creyente abunde en dones espirituales, tales como la capacidad de ministrar, sanar, hablar en lenguas, etc., esto tampoco constituye el crecimiento de vida. El poder milagroso del Espíritu Santo que desciende más sobre un creyente, es lo que le proporciona tales dones. Los dones no se manifiestan porque la vida de Dios haya crecido y madurado en él. Es posible que un hombre usado por el Espíritu Santo manifieste más dones, pero quizás no haya permitido que el Espíritu Santo forje en él más de la vida de Dios. Por consiguiente, abundar en dones no indica forzosamente un crecimiento en vida.

Los creyentes en Corinto fueron enriquecidos en toda palabra y en todo conocimiento, y nada les faltaba en ningún don (1 Co. 1:5, 7), pero en vida todavía eran muy inmaduros; en realidad, eran carnales y eran niños en Cristo (1 Co. 3:1).

Esto nos muestra que crecer en vida tampoco significa abundar en dones.

VI. EL CRECIMIENTO DE VIDA
NO ES EL AUMENTO DE PODER

Es posible que un creyente sea más poderoso que antes en su servicio a Dios; al predicar o al testificar puede conmover a los hombres más que antes; al administrar la iglesia o al manejar los asuntos, tal vez tenga más sabiduría que antes. Esto muestra un aumento en poder, pero aun así no es el crecimiento en vida. Este aumento sólo proviene de un poder exterior que el Espíritu Santo le ha concedido. No significa que el Espíritu Santo haya entretejido la vida en su interior y así haya manifestado el poder de vida desde su interior mediante su espíritu. Por lo tanto, este poder no proviene de la vida ni pertenece a la vida. Así que, el aumento de tal poder tampoco es el crecimiento de vida.

Lucas 9 nos dice que al principio, los doce discípulos que seguían al Señor recibieron poder y autoridad del Señor para someter toda clase de demonios y sanar toda clase de enfermedades. No obstante, en aquel entonces, la condición de su vida espiritual era muy inmadura. Esto es suficiente para mostrarnos que el aumento de poder no es el crecimiento de vida.

En estos seis puntos negativos vemos que no crecemos en vida al mejorarnos en nuestro comportamiento, al tener una expresión de reverencia delante de Dios, al ser celosos en servir a Dios, al aumentar nuestro conocimiento espiritual, al abundar en dones exteriores ni al recibir poder para la obra. Ninguno de éstos constituye el crecimiento de vida. Es una lástima que hoy en día casi todos los cristianos toman estos puntos como normas para medir el crecimiento de vida. Ellos determinan si un cristiano tiene el crecimiento de vida al mirar su comportamiento, su devoción, su celo, su conocimiento, sus dones y su poder. Este modo de evaluación no es exacto. El cobre es muy parecido al oro; sin embargo, no es oro. Asimismo, aunque estos seis puntos se parecen un poco al crecimiento de vida, no constituyen el crecimiento de vida. Por supuesto, el verdadero crecimiento de vida manifestará estos seis puntos en cierto grado; no obstante, no es correcto medir el crecimiento de vida simplemente por medio de estos seis puntos.

Así que, después de todo, ¿qué es el crecimiento de vida? Esto requiere que volvamos a considerar el asunto, esta vez por el lado positivo:

I. EL CRECIMIENTO DE VIDA
ES EL AUMENTO DEL ELEMENTO DE DIOS

Tener el aumento del elemento de Dios significa que más de Dios mismo ha sido mezclado en nosotros, ha sido obtenido por nosotros y ha llegado a ser nuestro elemento. Hemos dicho que la vida es Dios mismo, y que experimentar la vida equivale a experimentar a Dios; por lo tanto, el crecimiento de vida es el aumento del elemento de Dios en nosotros, hasta que todo lo que pertenece a la Deidad esté completamente formado en nosotros para llenarnos hasta toda la plenitud de Dios (Ef. 3:19).

II. EL CRECIMIENTO DE VIDA
ES EL AUMENTO DE LA ESTATURA DE CRISTO

Mientras que la vida es Dios mismo, Dios como nuestra vida es Cristo; por consiguiente, la Biblia dice que Cristo es nuestra vida. Podemos decir que cuando somos regenerados, Cristo nace de nuevo dentro de nosotros para ser nuestra vida. Sin embargo, cuando al principio la recibimos, esta vida todavía es muy joven e inmadura, lo cual significa que la estatura de Cristo dentro de nosotros es muy pequeña. Cuando amamos a Cristo, buscamos a Cristo y permitimos que Cristo viva más en nosotros y de esta manera nos gane, la estatura de Cristo gradualmente aumenta en nosotros. Esto es el crecimiento de vida. Puesto que esta vida es Cristo que vive en nosotros, el crecimiento de esta vida es el aumento de la estatura de Cristo dentro de nosotros.

III. EL CRECIMIENTO DE VIDA
ES LA EXTENSION DEL TERRENO DEL ESPIRITU SANTO

También hemos mencionado que la vida no sólo es Dios, sino que es Cristo y también el Espíritu Santo. Podemos decir que experimentar la vida equivale a experimentar al Espíritu Santo; por lo tanto, crecer en vida también significa dejar que el Espíritu Santo gane más terreno en nosotros. Cuando perseguimos con más urgencia la operación del Espíritu Santo en nosotros y somos diligentes en obedecer la enseñanza del Espíritu Santo como unción en nuestro interior, el Espíritu Santo puede extender considerablemente Su terreno; de esta manera la vida dentro de nosotros crecerá mucho. Por lo tanto, el crecimiento de vida también significa que el terreno del Espíritu Santo se ha extendido en nosotros.

IV. EL CRECIMIENTO DE VIDA ES LA DISMINUCION DEL ELEMENTO HUMANO

Los tres puntos antes mencionados revelan que si el elemento de Dios y la estatura de Cristo han aumentado en un creyente y el terreno del Espíritu Santo se ha extendido, entonces la vida en él ha crecido. Todos estos puntos tienen que ver con el lado divino. Ahora vamos a hablar de nuestro lado. En primer lugar, el crecimiento de vida es la disminución del elemento humano. La disminución del elemento humano es la reducción de Adán, la vieja creación, en el hombre, lo cual también indica la disminución del sabor del hombre y el aumento del sabor de Dios. Algunos hermanos son muy entusiastas, mientras que algunas hermanas son muy dóciles; según la apariencia exterior, parece que han crecido en vida; sin embargo, están llenos del elemento humano, del sabor humano; en ellos no se puede tocar el elemento de Dios ni percibir el sabor de Dios. Por lo tanto, si queremos averiguar si un hermano o una hermana ha crecido en vida, no podemos observar sencillamente su comportamiento exterior, lo devoto o celoso que es, o su conocimiento, sus dones o su poder. Más bien, debemos discernir si el elemento de Dios ha aumentado en estas cosas o, por otra parte, si todavía abunda el elemento humano. La disminución del elemento humano es el aumento del elemento divino. Si un creyente realmente ha crecido en vida, sus palabras, sus acciones, su vivir o sus obras deben dar la impresión de no conformarse a él mismo, sino a Dios; que no provienen de su propia inteligencia, sino de la gracia de Dios; por lo tanto, no llevan el sabor del hombre, sino el sabor de Dios, lo cual también significa que el elemento humano ha menguado y que el elemento de Dios ha aumentado. Por tanto, el crecimiento de vida no sólo es el aumento del elemento de Dios, sino también la disminución del elemento humano.

Este punto es bastante importante; pero le resulta un poco difícil a los hermanos y hermanas comprenderlo. Aunque durante más de diez años nosotros los que servimos al Señor en el ministerio de la palabra lo hemos dicho continuamente, todavía no hemos podido impartirlo a los hermanos y hermanas. A veces hablábamos hasta que todos asentían con la cabeza; no obstante, en la práctica, los hermanos y hermanas seguían considerando el mejoramiento del comportamiento o el celo en servir, etc., como normas según las cuales determinar si uno había crecido en vida. Una vez, en cierto lugar, los hermanos responsables de la iglesia me hablaron como una sola voz, diciendo: "Hay una hermana aquí que habla y anda con firmeza y esmero, es muy tranquila y dócil, verdaderamente espiritual y llena de vida". Entonces les dije: "Si esto es lo que llaman espiritual y lleno de vida, entonces la estatua de María en la Iglesia Católica es más espiritual y llena de vida, porque es más dócil y tranquila que ella". La tranquilidad y docilidad de ella estaban llenas del sabor humano y del elemento humano; eran totalmente el producto del esfuerzo humano. Cuando queremos determinar la condición en vida de un creyente, no podemos juzgar por lo que muestra exteriormente; debemos probar el sabor y el elemento de lo que se manifiesta. ¿Es el sabor de Dios o el sabor del hombre? ¿Es el elemento de Dios o el elemento del hombre? Es posible que a menudo nuestra percepción no esté correcta, pero el olor sí. Es posible que cierta prenda de vestir le parezca muy limpia, pero si usted la toma y la olfatea, sabrá que destaca un olor sucio. Por tanto, si queremos evaluar la condición de la vida interior de un hombre, debe ser como probar un té: con sólo probar un poco, podemos determinar su sabor.

V. EL CRECIMIENTO DE VIDA
ES EL QUEBRANTAMIENTO DE LA VIDA NATURAL

El quebrantamiento de la vida natural de un creyente

demuestra también su crecimiento en vida. El quebrantamiento de la vida natural significa que el Espíritu Santo y la cruz han operado sobre nuestro propio poder, capacidad, opinión y método hasta el punto de que somos quebrantados. Por ejemplo, consideremos a un hermano que anteriormente, en su comportamiento y acción al obrar por el Señor y al administrar la iglesia, dependía de su propio poder, capacidad, opinión y método natural. En todas las cosas él dependía de su propio poder y capacidad natural; usó de su propio concepto y método. Más tarde, la cruz operó en él y el Espíritu Santo le disciplinó mediante su ambiente de modo que su vida natural fue quebrantada hasta cierto punto. Ahora, cuando viene para trabajar y manejar los asuntos, no confía en su propio poder, capacidad, opinión ni método. Tal hombre, cuya vida natural ha sido quebrantada, aprende a no depender más del poder de su vida natural ni vivir más por su vida natural, sino que depende continuamente del poder de la vida de Dios y vive por la vida de Dios. De esta manera la vida en él puede crecer. Por lo tanto, el crecimiento de vida es el quebrantamiento de la vida natural.

VI. EL CRECIMIENTO DE VIDA ES LA SUJECION DE CADA PARTE DEL ALMA

Cuando hablamos de ser librados del pecado, debemos poner atención en la crucifixión de la carne; cuando hablamos del crecimiento de vida, debemos prestar atención a la sujeción del alma. Por el lado positivo, el crecimiento de vida es la extensión del terreno del Espíritu Santo; por el lado negativo, significa que cada parte del alma está siendo sometida. Todos los que viven en la vida natural viven por el alma. Todos sabemos que el alma tiene tres partes: la mente, la parte emotiva y la voluntad. Por lo tanto, vivir por el alma es vivir por la mente, las emociones o la voluntad. En el alma de un hombre, la parte que es especialmente fuerte y sobresaliente es la misma parte por la cual aquel hombre vive. Cuando se enfrenta con las cosas, indudablemente usa esa parte para solucionarlas. Una vez el hermano Nee dijo que esto es parecido a un hombre que por un descuido choca con una pared; cuando lo hace, su nariz siempre toca primero. Cualquier parte destacada del cuerpo será la primera en chocar con la pared. La situación de nuestra alma es semejante. Si la mente de una persona es particularmente fuerte, su mente sin duda saldrá primero cuando le pase algo. Si él abunda especialmente en emociones, sus emociones responderán primero cuando le pase algo. Si su voluntad es especialmente fuerte, ciertamente su voluntad tomará la iniciativa cuando algo le suceda.

Cuando la cruz ha operado suficientemente en un hombre, cada parte de su alma está sometida. Su mente, su parte emotiva y su voluntad están quebrantadas y sometidas; no se destacan como antes. Cuando se enfrenta con algo, teme usar su mente, teme usar las emociones, teme usar la voluntad. La mente no sale primero; el espíritu sale primero. La emoción no responde primero; el espíritu es el que responde primero. La voluntad no toma la iniciativa; el espíritu sí la toma. Esto significa que no debemos dejar que el alma tome la delantera, sino que debemos permitir que el espíritu sea la cabeza; que no debemos vivir por el alma, sino por el espíritu. Semejantes personas tienen el crecimiento en vida. Por lo tanto, crecer en vida equivale a someter cada parte del alma.

Después de ver estos doce puntos con respecto al crecimiento de vida, sabemos que por nuestro lado el verdadero crecimiento de vida es un asunto de mengüar, de ser quebrantados y sometidos; para Dios es un asunto de aumentar, crecer y extenderse. Podemos decir que todo esto constituye el conocimiento fundamental que debemos tener al buscar la vida. También está estrechamente relacionado con la experiencia espiritual, que hemos considerado en otro tomo*. Por lo tanto, debemos tener un entendimiento cabal de todos estos puntos y conocerlos con precisión.

---

*La experiencia de vida, publicado por Living Stream Ministry.

Capítulo Trece

LA SALIDA DE LA VIDA

Ahora veremos el decimotercer punto principal con respecto al conocimiento de la vida: la salida de la vida. Si queremos conocer el camino de la vida y perseguir el crecimiento de la vida, debemos entender claramente la salida de la vida, es decir, la vía por la cual la vida sale de nuestro interior.

Casi todos los puntos principales de este capítulo ya se han mencionado en los capítulos anteriores. Ahora consideraremos cada punto específicamente.

I. EL LUGAR DONDE SE ENCUENTRA LA VIDA: EL ESPIRITU

Dios nos regenera por medio de Su Espíritu y de esta manera Su vida es introducida en nuestro espíritu; por tanto, nuestro espíritu es el lugar donde se encuentra la vida.

Cuando la vida de Dios, la cual está en el Espíritu de Dios, entra en nuestro espíritu, estos tres se mezclan como uno solo y llegan a ser lo que Romanos 8:2 llama "el Espíritu de vida". Así que, este espíritu de vida tres-en-uno que está dentro de nosotros es el lugar donde se encuentra la vida.

II. LA SALIDA PARA LA VIDA: EL CORAZON

En el capítulo "La ley de la vida", dijimos que el corazón es la entrada y la salida de la vida, así como el interruptor de la vida; por lo tanto, el corazón está íntimamente relacionado con el brotar de la vida.

Mateo 13 es la parte de la Biblia que afirma claramente que el corazón tiene que ver con el brotar de la vida. Allí el Señor nos dice que la vida es la semilla y que el corazón es la tierra; por tanto, el corazón es el lugar donde la vida crece y brota de nuestro interior. El hecho de que la vida brote o no de nuestro interior depende totalmente de la condición de nuestro corazón. Si es un corazón cabal o recto, la vida puede brotar; pero si el corazón es impropio o perverso, la vida no puede brotar. Por tanto, si queremos que la vida crezca y brote de nuestro interior, debemos resolver los problemas de nuestro corazón.

Mateo 5:8 dice: "Bienaventurados los de corazón puro, porque ellos verán a Dios". Esto nos indica que nuestro corazón debe ser puro. Resolver los problemas de nuestro corazón equivale a purificarlo, es decir, hacer que nuestro corazón desee a Dios, ame a Dios y se incline hacia Dios en simplicidad, sin tener otro amor o deseo aparte de El. Cuando los problemas de nuestro corazón han sido resueltos y nuestro corazón purificado, entonces es un corazón cabal y recto. De esta manera la vida puede brotar.

III. EL CORREDOR DE LA VIDA

Aunque el corazón es la salida de la vida, el lugar donde la vida brota, la vida tiene que pasar por la conciencia, las emociones, la mente y la voluntad, es decir, por las cuatro partes del corazón para que crezca y brote de allí. Así que, estas cuatro partes son los lugares por los cuales la vida pasa. Por lo tanto, debemos ver la relación entre estas cuatro partes y el brotar de la vida.

A. La conciencia

Cuando la vida crece y brota de nuestro interior, pasa por la conciencia. La conciencia debe estar libre de ofensas. Resolver los problemas de la conciencia equivale a liberarla de toda ofensa.

Antes de ser salvos, mientras todavía éramos pecadores, en nuestra conducta y comportamiento frecuentemente ofendíamos a Dios y perjudicábamos a los hombres; nuestro corazón era sucio y engañoso; por lo tanto, la conciencia entenebrecida estaba llena de ofensas y agujeros y era extremadamente inmunda. Por eso, en cuanto seamos salvos, debemos resolver los problemas de la conciencia. Cuando fuimos salvos al principio, una gran porción de las lecciones que aprendimos, tales como hacer restitución por deudas anteriores, resolver el vivir pasado, etc., tenían como fin que, incluso desde el mismo principio de nuestra vida cristiana, resolvamos adecuadamente los problemas de la conciencia para que sea limpia y sin ofensa. Después, durante toda nuestra vida cristiana, puede ser que a veces fallemos y nos debilitemos, cayendo así en el pecado y en la carne o contaminándonos y ocupándonos del mundo, lo cual añade ofensas y agujeros a nuestra conciencia; por lo tanto, necesitamos ejercitarnos en resolver continuamente los problemas de nuestra conciencia para mantenerla siempre libre de ofensas. En 1 Timoteo 1:19 dice: "Manteniendo la fe y una buena conciencia, desechando las cuales naufragaron en cuanto a la fe algunos". Esto nos muestra que resolver los problemas de la conciencia tiene mucho que ver con el crecimiento de vida. Cuando desechamos la conciencia y no la atendemos, inmediatamente la vida es impedida y encarcelada. Por lo tanto, si deseamos tener el crecimiento de vida, si queremos que la vida en nosotros tenga salida y que brote de nuestro corazón, resulta imprescindible resolver los problemas de la conciencia.

Resolver los problemas de la conciencia significa eliminar todas las ofensas y los sentimientos inquietos e intranquilos de la conciencia. Ante Dios, si nos volvemos injustos por el pecado, impíos porque una parte del mundo ha ocupado nuestro corazón, o inquietos debido a otras condiciones que nos han quitado la armonía con El, nuestra conciencia nos condena y nos sentimos ofendidos e inquietos delante de Dios. Si queremos solucionar esta condición, tenemos que prestar atención a lo que sentimos. Por lo tanto, para tener una buena conciencia necesitamos resolver cualquier problema que sugiere el sentir interior de nuestra conciencia. Una vez que hemos pasado por este proceso de manera completa, nuestra conciencia puede ser muy limpia y segura, sin ofensa ni acusación. Así la vida puede crecer y brotar naturalmente de nuestro interior.

Nuestra experiencia nos muestra que en nuestro intento de resolver los problemas de la conciencia para que quede totalmente limpia, a veces llegamos a extremos. Esto significa que la conciencia es tratada hasta el punto de ser demasiado sensible, casi débil. En tal condición, la persona no se atreve a moverse ni actuar; con cada acción siente que ha cometido una ofensa, y con cada acto siente inquietud. Este parece ser un caso extremo; no obstante, es necesario en la etapa inicial de nuestro aprendizaje con respecto a la conciencia.

El período durante el cual traté muy severamente mi conciencia fue en 1935. En aquel tiempo yo daba la impresión de ser un caso psiquiátrico. Por ejemplo, cuando iba a las casas de otros, después de entrar por la puerta de afuera, si nadie venía para abrir la puerta interior, no me atrevía a abrirla y entrar. Al entrar en la sala, si nadie me invitaba a sentarme, no me atrevía a hacerlo; y si lo hacía, dentro de mí yo sentía que estaba abusando de la soberanía de otra persona. Si había periódicos delante de mí, y si nadie me invitaba a leerlos, tampoco me atrevía a hacerlo, y si lo hacía, también sentía que estaba violando la soberanía de otra persona. A veces, al escribir una carta, tenía que hacerla tres o cuatro veces. La primera vez que la escribía, me parecía que algunas palabras en la carta no eran exactas, así que la rompía y la escribía de nuevo. Después de escribirla por segunda vez, de nuevo me parecía que algunas palabras no eran apropiadas, así que la rompía una vez más y la escribía por tercera vez. Tampoco me atrevía a hablar con otros. Si yo hablaba, me parecía que había cometido algunos errores; o bien, que mis palabras no eran exactas, o que hablaba demasiado; y si no solucionaba eso, no podía estar en paz.

Una vez en Shanghái yo vivía con otro hermano en un cuarto pequeño. Cuando nos lavábamos la cara, teníamos que traer agua al cuarto para lavarnos. Ese cuarto era muy estrecho; aun cuando tomábamos mucho cuidado, no pudimos evitar que unas gotas de agua salpicaran la cama de la otra persona. En aquel entonces, frecuentemente yo salpicaba con agua la cama del otro hermano. Aunque poco después se secaba todo, y, en realidad, esto no podía considerarse como pecado, mi conciencia simplemente estaba intranquila y sentía una ofensa. Tenía que confesárselo a él y pedir perdón, diciendo: "Hermano, perdóname por favor, acabo de salpicar tu cama con muchas gotas de agua". Cuando confesé así, mi conciencia de nuevo se puso inquieta. Claramente sólo eran tres gotas de agua; ¿cómo es que le dije "muchas gotas"? No pude sino confesar de nuevo. Entonces, por la tarde, yo andaba un poco descuidado: pisé sus zapatos bajo su cama, y otra vez mi conciencia no me dejó tranquilo. Tuve que confesar otra vez. Diariamente, desde la mañana hasta la noche, estaba confesando esta clase de pecado. Finalmente la paciencia de este hermano se agotó, y también me dieron vergüenza tantas confesiones; pero si no confesaba, no me sentía bien. Un día hubo otra ofensa; si se la confesaba, yo temía que él perdiera la paciencia. Si no la confesaba, yo no podría estar tranquilo. Por la noche, después de la cena, él quería dar un paseo y me ofrecí a salir con él. Entonces encontré la oportunidad de decirle: "Me equivoqué otra vez, por favor, perdóname". Luego el hermano dijo: "La peor persona es aquella que comete un error, pero rehusa confesarlo. La mejor persona es aquella que ni hace el mal ni lo confiesa. Uno que no es ni bueno ni malo es uno que comete un error y también lo confiesa". Después de oír eso, dije en mi corazón: "Señor, ¡ten piedad de mí! No quiero ser la peor persona y no puedo ser la mejor; sólo puedo ser una persona que no es ni mala ni buena".

Durante aquel tiempo en realidad me ocupaba demasiado de mi conciencia. Pero ahora, mirando atrás, creo que todo eso fue necesario. De hecho, uno que quiere tener el verdadero crecimiento en vida debe pasar por un período de resolver los problemas de la conciencia de una manera tan severa. Si la conciencia no es tratada suficientemente, la vida no puede crecer de modo adecuado.

Cuando nuestra conciencia ha pasado por tratos tan severos y detallados, su sensibilidad viene a ser más y más aguda. Es semejante al vidrio de una ventana: cuando está cubierto de polvo y lodo, la luz no lo puede penetrar; pero si lo frotamos un poco, el vidrio viene a ser un poco más claro. Cuanto más lo frotamos, más claro se pone, y más permite que la luz lo atraviese. Pasa lo mismo con la conciencia. Cuanto más confesamos lo que sentimos en la conciencia, más clara y brillante viene a ser y más aguda es su sensibilidad.

Cuanto más sensible es la conciencia, más suave es el corazón, porque en todo corazón ablandado la conciencia es muy sensible. Si sólo siente algo pequeño, lo puede sentir inmediatamente. Podemos decir que una conciencia sensible pertenece ciertamente a un corazón ablandado. Todos los corazones endurecidos tienen una conciencia entumecida. Cuanto más entumecida es la conciencia de una persona, más endurecido es su corazón. Por lo tanto, cuando el Espíritu Santo quiere ablandar nuestro corazón, empieza por conmover nuestra conciencia. Al predicar el evangelio, siempre hablamos del pecado; esto se debe a nuestra intención de conmover la conciencia del hombre para que sienta sus muchos errores y ofensas. Cuando la conciencia de un hombre es conmovida, su corazón también es ablandado; luego está dispuesto a recibir la salvación del Señor.

Puesto que una conciencia sensible libre de ofensa puede ablandar el corazón, desde luego es capaz de permitir que la vida brote de nosotros. Por tanto, la conciencia es el primer lugar por el cual la vida pasa al brotar, o bien, la primera sección de la salida del crecimiento de vida.

B. La parte emotiva

Cuando la vida crece y brota de nuestro interior, el segundo lugar por el cual pasa es la parte emotiva de nuestro corazón. En las emociones del corazón, todo se trata del amor. Con respecto a la parte emotiva, lo necesario es incitarla a amar al Señor con fervor.

Sabemos que en todo lo que haga un hombre, la pregunta más importante tiene que ver con si le gusta o no. Si le gusta, él está dispuesto a hacerlo y lo hace con gozo; si no le gusta, no está contento ni dispuesto a hacerlo. Si queremos que la vida del Señor en nosotros brote libremente, también se requiere que sintamos mucho gusto al cooperar con El y que estemos dispuestos a dejarlo trabajar. Por lo tanto, cuando Dios quiere obrar en nosotros, muchas veces El primero conmueve nuestra emoción para que estemos dispuestos a cooperar con El. Muchos pasajes de la Biblia hablan de amar al Señor y se menciona con la intención de conmover nuestra emoción. Por ejemplo, en Juan 21, el Señor dijo a Pedro: "¿Me amas más que éstos?" Esto significa que el Señor quería conmover la emoción de Pedro; deseaba que Pedro le amara de tal manera que Su vida pudiera salir de él. Otra vez, en Romanos 12:1-2, el apóstol Pablo dice: "Os exhorto por las compasiones de Dios, que presentéis vuestros cuerpos en sacrificio vivo ... para que comprobéis cuál sea la buena voluntad de Dios". Cuando menciona las compasiones de Dios, lo hace también para conmover nuestra emoción, para hacernos amar al Señor, desearlo, buscarlo y consagrarnos a Él; entonces podremos entender las cosas de Dios. Estos ejemplos nos muestran que, además de tener una conciencia sin ofensa, también necesitamos una emoción que ame fervientemente al Señor, si queremos que la vida del Señor tenga una salida desde nuestro interior.

La parte emotiva que realmente ame al Señor está íntimamente relacionada con nuestro corazón y nuestra conciencia. En 1 Timoteo 1:5 dice: "El propósito de esta orden es el amor nacido de un corazón puro, una buena conciencia..." Este pasaje habla de las emociones, el corazón, y la conciencia a la vez. Aquí la intención de Pablo era decirle a Timoteo que mucho de lo que los hombres dicen no tiene importancia, pero que el amor y sólo el amor es el propósito de todo. Sin embargo, ¿de dónde proviene este amor? Proviene de un corazón puro y una buena conciencia. Así que, es necesario tener un corazón puro y una buena conciencia antes de que el amor pueda producirse. Por esta razón, cuando ayudamos a otros, primero debemos ayudarlos a resolver los problemas de su corazón y su conciencia. Cuando el corazón y la conciencia han sido tratados, la parte emotiva fácilmente puede amar y desear al Señor. Cuando hay amor en la emoción, éste le proporciona a la vida de Dios la manera de salir de nuestro espíritu. Así que, la emoción es el segundo lugar por el cual pasa el brotar de la vida, o la segunda sección de la salida del crecimiento de vida.

C. La mente

Nuestra mente es la tercera parte por la cual pasa el brotar de la vida. La mente necesita ser renovada. Resolver los problemas de la mente es dejar que nuestra mente sea renovada y librada de todos los viejos pensamientos. Romanos 12:2 dice: "No os amoldéis a este siglo, sino transformaos por medio de la renovación de vuestra mente, para que comprobéis cuál sea la voluntad de Dios: lo bueno, lo agradable y lo perfecto". Esto indica que sólo cuando tengamos una mente renovada y transformada, podremos entender la voluntad de Dios y permitir que la vida del Señor la penetre y allí brote naturalmente. Por consiguiente, la mente también está íntimamente relacionada con el brotar de la vida.

Toda la obra de renovación en toda nuestra persona es llevada a cabo por el Espíritu Santo (Tit. 3:5). Por lo tanto, al hablar de la renovación de la mente, debemos comenzar con la obra del Espíritu Santo. Sabemos que el comienzo de la obra del Espíritu Santo dentro de nosotros consiste en regenerarnos. Después de esto, mucho de lo que el Espíritu Santo sigue haciendo en nosotros tiene como fin renovarnos. Con la regeneración el Espíritu Santo nos proporciona la vida de Dios y la naturaleza de Dios. Con la renovación, el Espíritu Santo nos hace conocer a Dios, o sea, entender la voluntad de Dios y tener la mente de Dios.

El espíritu y la mente son las partes de nuestro ser interior que el Espíritu Santo renueva en Su obra renovadora. En el capítulo que se titula "El conocimiento interior" aclaramos que si deseamos conocer a Dios, lo podemos hacer por medio de nuestro espíritu y nuestra mente. Primero obtenemos el conocimiento de la intuición en el espíritu, y luego conseguimos la comprensión en la mente; así entendemos la voluntad de Dios y conocemos a Dios. Por tanto, se puede decir que el espíritu y la mente son un par de órganos con los cuales podemos conocer a Dios. El espíritu solo no es suficiente. Tener solamente la mente tampoco es suficiente. Debemos tener el espíritu y también la mente. Es semejante a un foco que resplandece con luz eléctrica. El foco en sí no es suficiente; el filamento en sí tampoco es suficiente. Se requiere que ambos trabajen juntos. Debido a que la renovación del Espíritu Santo tiene como fin que conozcamos a Dios, resulta que debe renovar el par de órganos que sirven para conocer a Dios, a saber, nuestro espíritu y nuestra mente.

Efesios 4:22-23 dice: "Que en cuanto a la pasada manera de vivir, os despojéis del viejo hombre ... y os renovéis en el espíritu de vuestra mente". Este pasaje, al hablar de la renovación, combina la mente con el espíritu y llama el espíritu "el espíritu de vuestra mente". Aunque se necesita la mente para entender la voluntad de Dios, la mente en sí no puede tocar a Dios y conocerlo directamente. Si queremos entender la voluntad de Dios, primero debemos usar el espíritu para tocar a Dios y sentirlo; luego debemos usar la mente para comprender el significado de lo que sentimos en la intuición del espíritu. Así que, en el asunto de entender la voluntad de Dios, por lo que a la mente se refiere, ésta necesita la cooperación del espíritu; por lo que al espíritu se refiere, está unido a la mente y es de la mente. Es semejante al filamento que se encuentra en un foco, el cual está conectado al foco y también pertenece al foco. Por eso, en este pasaje la Biblia llama nuestro espíritu "el espíritu de vuestra mente". El hecho de que el Espíritu Santo renueve el espíritu de nuestra mente, significa que El renueva nuestro espíritu y nuestra mente. El Espíritu Santo renueva nuestro espíritu porque en el asunto de conocer a Dios, el espíritu es de la mente; por lo tanto, la verdadera renovación de la mente siempre comienza con la renovación del espíritu. El Espíritu Santo primeramente renueva nuestro espíritu, y luego renueva nuestra mente; de esta manera el espíritu de nuestra mente es renovado.

Cuando el espíritu de nuestra mente es renovado así por el Espíritu Santo, nuestro espíritu viene a ser viviente y alerta. Cada vez que el Espíritu Santo obra y nos unge, este espíritu puede sentir y conocer. Mientras tanto, nuestra mente también está clara y es competente; en seguida, puede interpretar el significado de la intuición en el espíritu. De esta manera podemos entender la voluntad de Dios. Entonces, todo lo que nuestra mente piense y considere está por el lado del espíritu; ya no se rinde a la carne para ser empleada por la carne. Entonces nuestra mente ya no será una mente puesta en la carne, sino una mente puesta en el espíritu. Romanos 8:6 llama a esa mente la mente del espíritu. Puesto que la mente del espíritu está puesta constantemente en el espíritu y se ocupa del espíritu, permite que la vida de Dios crezca y brote continuamente de nuestro espíritu.

En resumen, con respecto a la renovación de la mente, tenemos estos tres puntos: primero, Romanos 12 dice que la mente necesita ser renovada y que tiene que desechar todos los pensamientos viejos; en segundo lugar, Efesios 4 dice que la mente necesita que el espíritu coopere con ella, que se una con ella como uno solo de modo que el espíritu llegue a ser "el espíritu de la mente"; en tercer lugar, Romanos 8 dice que la mente debe ponerse al lado del espíritu, rendirse al espíritu, pertenecer al espíritu, estar constantemente puesta en el espíritu, ocuparse del espíritu y atender al movimiento y al sentir del espíritu, llegando a ser así una "mente del espíritu". Cuando la mente es renovada de esta manera, tiene la cooperación del espíritu y se pone al lado del espíritu, entonces puede permitir que la vida pase y brote suavemente y sin impedimento. Así que, la mente es el tercer lugar por el cual pasa el brotar de la vida, o sea, la tercera sección de la salida para el crecimiento de vida.

D. La voluntad

En cuarto lugar, el crecer y brotar de la vida pasa por nuestra voluntad. Hemos visto que el corazón tiene que ser puro, la conciencia necesita ser libre de ofensas, la emoción debe amar y la mente tiene que ser renovada. Entonces, ¿qué necesita la voluntad? En la Biblia vemos que la voluntad necesita ser flexible. En cuanto a la voluntad, es un asunto de ser flexible. Resolver los problemas de la voluntad es hacer que la voluntad sea flexible.

La voluntad es el órgano de proposiciones y decisiones. Querer o no querer, decidir o no decidir, son funciones de la voluntad. Cuando decimos "Yo quiero" o "Me decido", eso significa que nuestra voluntad quiere, nuestra voluntad decide. Por tanto, la voluntad es la parte más esencial de todo nuestro ser; determina nuestras acciones y nuestros movimientos. Podemos decir que es el timón de toda nuestra persona. Así como un barco gira conforme al timón, así también un hombre avanza o se retira conforme a su voluntad.

La voluntad de un hombre es totalmente independiente y completamente libre. No puede ser forzada ni compelida a hacer algo que le es contrario o que no aprueba. Así como actúa para con los hombres, así también actúa para con Dios. Por lo tanto, si la vida de Dios puede brotar de nuestro interior o no, depende mucho de si nuestra voluntad es flexible y rendida. Si nuestra voluntad es dura, obstinada, rebelde y si en todo actúa conforme a nuestras propias ideas, la vida de Dios no puede brotar. Si nuestra voluntad ha sido ablandada, si es flexible y está dispuesta a actuar conforme a la operación de la vida, la vida de Dios podrá crecer y brotar. Por tanto, nuestra voluntad es el cuarto lugar por el cual pasa el brotar de la vida, o sea, la cuarta sección de la salida para el crecimiento de vida.

Debemos notar que cuando mencionamos el corazón, nos referimos a estas diferentes partes, o bien, a la conciencia del corazón, a la emoción del corazón, a la mente del corazón o a la voluntad del corazón. Cuando decimos que el corazón de una persona no es puro, nos referimos al corazón en su conjunto. Cuando decimos que el corazón de tal persona no tiene ofensa, que no tiene condenación, nos referimos a la conciencia. Cuando decimos que el corazón de una persona ama al Señor, nos referimos a la parte emotiva. Cuando decimos que el corazón de una persona no entiende, nos referimos a la mente. Cuando decimos que el corazón de esa persona es duro y obstinado, nos referimos a la voluntad. Cuando hablamos de resolver los problemas de nuestro corazón, nos referimos a estos cinco aspectos del corazón.

Si podemos tratar el corazón hasta que sea puro, sin ofensa, amoroso para con el Señor, claro, experto, y flexible, entonces tenemos un corazón que es útil para la vida de Dios, y permitimos que la vida de Dios tenga una vía libre para salir de nuestro interior.

PALABRAS DE CONCLUSION

Ya que hemos visto dónde está la vida, la salida de la vida y el corredor de la vida, sabemos que si queremos que la vida de Dios tenga una vía libre para crecer y brotar de nosotros, debemos resolver los problemas de nuestro espíritu, nuestro corazón, nuestra conciencia, nuestra emoción, nuestra mente y nuestra voluntad hasta que no haya problemas allí. Esto se debe a que la vida de Dios toma nuestro espíritu como morada y nuestro corazón, conciencia, parte emotiva, mente y voluntad como salida. Si alguno de estos seis órganos tiene problemas, la vida de Dios es impedida y no puede manifestarse. Por lo tanto, si deseamos buscar el crecimiento en vida, realmente no resulta muy sencillo. No sólo debemos tocar el espíritu y conocerlo; también debemos resolver los problemas de cada parte del corazón. Si no lo hacemos bien en todos los aspectos, no tendremos éxito. Por esta razón son muy pocos los hermanos y hermanas que tienen el crecimiento en vida, y ¡su crecimiento es muy lento!

A veces vemos a un hermano a quien no podemos acusar de no amar al Señor; en realidad, él es muy bueno en todo. Pero debido a que su mente es peculiar, todo su futuro espiritual queda paralizado. Algunas hermanas han resuelto los problemas de su conciencia, y su mente no tiene problema; no obstante, por no haber sometido correctamente su parte emotiva, y por seguir amando cosas fuera del Señor, tampoco tienen mucho crecimiento espiritual. Hay algunos hermanos que tienen una voluntad obstinada en todo; insisten en lo que ya han decidido; no están dispuestos a ser corregidos y son incapaces de someterse a la iluminación de la luz; por eso, la vida no puede salir. Por consiguiente, resolver adecuadamente los problemas de todas estas partes en nuestra vida cotidiana realmente no es fácil. Si hay un hermano o una hermana que no tenga problema en ninguno de estos asuntos, es un verdadero milagro. ¡Que Dios tenga misericordia de nosotros!

Capitulo Catorce

LUZ Y VIDA

Ahora veremos el último punto principal con respecto al conocimiento de la vida: la luz y la vida. Por las palabras de Dios así como en nuestras experiencias, vemos que la luz está especialmente relacionada con la vida. Podemos decir que por ser iluminados recibimos la vida. Y la medida de vida que recibimos corresponde exactamente a la medida de nuestra iluminación. Sólo el resplandor de la luz puede producir la vida, y sólo el resplandor de la luz puede hacerla crecer. Por lo tanto, si queremos conocer la vida, necesitamos ver la relación que existe entre la luz y la vida.

I. LA VIDA ES DIFERENTE DEL COMPORTAMIENTO

Hemos dicho repetidas veces que Dios no nos salva para que seamos hombres malos o buenos, sino para que seamos hombres de vida, o sea, Dios-hombres. Por lo tanto, después de ser salvos, no debemos llegar simplemente al apropiado nivel de moralidad en nuestro comportamiento y expresar la bondad humana, sino que debemos llegar al debido nivel de vida en nuestro vivir diario y expresar la vida de Dios en nuestra vida. Así que, el camino que tomamos hoy no es el camino de mejoramiento personal sino el camino de vida. Lo que perseguimos no es una mejoría en el comportamiento, sino el crecimiento en vida. Para poder seguir adelante en el camino de vida, sin desviarnos a la izquierda ni a la derecha, debemos tener la capacidad de distinguir la diferencia entre la vida y el comportamiento.

La vida y el comportamiento son realmente diferentes. En el principio, la Biblia menciona dos árboles que estaban en el huerto de Edén: uno de ellos era el árbol de la vida y el otro, el árbol del bien y del mal. El árbol de la vida representa la vida de Dios, mientras que el árbol del bien y del mal indica el comportamiento bueno y malo. El árbol de la vida y el árbol del bien y del mal no son un solo árbol, sino dos. Esto nos muestra que la vida y el comportamiento realmente pertenecen a dos categorías diferentes.

Necesitamos ver la diferencia fundamental que existe entre la vida y el comportamiento. En términos sencillos, la vida es el crecimiento natural, mientras que el comportamiento es la obra humana. Por ejemplo, consideremos una casa y un árbol. La casa es el resultado del comportamiento, el producto de la labor humana, mientras que el árbol es una expresión de vida, del crecimiento natural. Las puertas y las ventanas de la casa son colocadas allí por medio del trabajo; las flores y las hojas del árbol llegan a existir por medio del crecimiento. La casa edificada demuestra una clase de comportamiento; el árbol que ha crecido evidencia una clase de vida. La diferencia entre estas dos es muy obvia. Con respecto a nosotros los cristianos la diferencia entre el comportamiento y la vida es exactamente igual. Lo que se produce al ejercer nuestros esfuerzos humanos es el comportamiento, mientras que sólo lo que se produce del crecimiento de la vida de Dios dentro de nosotros, es vida. Algunos hermanos y hermanas son muy cariñosos, pacientes, humildes y mansos. A primera vista, parece que realmente tienen vida, pero en realidad estas virtudes sólo son una forma de comportamiento que ellos mismos han producido, y no son vida crecida de su interior. Aunque su comportamiento ha mejorado mucho, su vida ha crecido muy poco.

Aunque la vida y el comportamiento son realmente diferentes, en apariencia muchas veces estos dos son muy parecidos, y es difícil distinguir entre ellos. ¿Cómo podemos diferenciar entre la vida y el comportamiento?

En primer lugar, podemos diferenciar entre ellos por su sabor u olor. Una forma de comportamiento puede parecerse mucho a la vida, pero ciertamente no tiene el sabor u olor de vida. Por ejemplo, puede haber dos árboles que parecen ser iguales exteriormente; no obstante, uno es un árbol verdadero que tiene vida, mientras que el otro es un árbol artificial que no tiene vida. En el árbol genuino que tiene vida se produce mucha fruta, mientras que en el árbol artificial que no tiene vida alguien ha puesto algunas frutas. La fruta de los dos árboles tiene la misma forma y el mismo color; en su apariencia no hay casi ninguna diferencia. Pero si simplemente olfateamos o probamos la fruta, inmediatamente podemos notar la diferencia. La fruta verdadera es sabrosa, pero la fruta artificial no tiene sabor; sólo puede ser observada, pero no probada. Lo que nosotros los cristianos manifestamos en nuestro vivir diario es algo parecido. En algunos hermanos y hermanas, la forma y la manera de su vivir diario parecen con mucho provenir de la vida; no obstante, si uno olfatea cuidadosamente, no hay olor de vida. En la manera de orar y tener comunión algunas hermanas se aproximan mucho a una perfecta imitación de la señora Guyón, pero el olor no concuerda. Algunos hermanos imitan el comportamiento humilde de Jesús el nazareno, pero, aunque en lo exterior realmente desempeñan el papel, interiormente les falta el olor. Estas son obras humanas, y no el crecimiento de vida; son el desempeño de cierto comportamiento, y no el vivir de la vida. De esta manera, por su sabor u olor, podemos discernir si el vivir de un cristiano proviene de la vida o si es meramente una forma de comportamiento. Todo lo que proviene de la vida tiene el sabor u olor de la vida, el sabor u olor de Dios; si sólo es comportamiento, sólo tiene el sabor y el olor del hombre.

En segundo lugar, podemos distinguir entre la vida y el comportamiento por medio de la prueba de cambios ambientales. Todo lo que proviene de la vida puede resistir un cambio de ambiente; aunque sufre golpes, todavía puede sobrevivir. No pasa lo mismo con el comportamiento. Cuando llega un golpe, el comportamiento cambia de naturaleza o se extingue. Por ejemplo, si enterramos una semilla de vida en la tierra, crecerá y llevará mucho fruto. Pero si enterramos en la tierra una piedra, la cual no tiene vida, nada brotará. Muchas veces es muy difícil saber si lo que un cristiano expresa es vida o comportamiento; y a veces, incluso resulta difícil percibir la diferencia por medio de su sabor u olor. Entonces no podemos sino dejar que un cambio de ambiente lo ponga a prueba. Cuando Dios permite que llegue al cristiano toda clase de atracciones, tentaciones, dificultades o golpes ambientales, si lo que él tiene proviene de la vida de Dios, podrá sobrevivir después de pasar por todas esas circunstancias, y se manifestará aun más. Esto se debe a que la vida de Dios contiene el gran poder de resurrección; no teme golpe, destrucción ni muerte, y ningún ambiente contrario puede suprimirla; más bien, abre paso por todo, lo vence todo y florece de modo incorruptible para siempre. Sin embargo, si lo que él tiene sólo proviene del comportamiento humano, cuando se encuentra con un ambiente contrario, con golpes, destrucción o pruebas, cambia de naturaleza o se extingue. Puesto que todo el comportamiento humano resulta de la labor humana, no puede soportar golpes ni destrucción; tampoco puede vencer tentaciones ni pruebas. Una vez que el ambiente cambie, le será difícil seguir igual.

Había una hermana que imitaba a la señora Guyón hasta el punto de nunca mostrarse inquieta a pesar de lo que se le presentara; enfrentaba todo con tranquilidad. No sólo había aprendido a actuar cómo la señora Guyón exteriormente; incluso el sabor y el olor se parecían a los de ella. Pero llegó el día en que su hijo más amado, "su único, Isaac", de repente se enfermó. En aquel tiempo se le fue todo lo que había aprendido, y ella tuvo más ansiedad que nadie. Esto comprueba que la ausencia de ansiedad anterior se debía al esfuerzo humano; por eso, su comportamiento no pudo resistir la prueba.

Por tanto, no debemos juzgar precipitadamente la condición espiritual de los hermanos y hermanas; tampoco debemos elogiar precipitadamente la expresión de su vivir. Nuestra observación y nuestra percepción frecuentemente no son fiables. Sólo lo que Dios ha probado con el tiempo se revela exacto. Lo que pertenece meramente al comportamiento humano a su tiempo decaerá; cambiará de naturaleza, o bien será destruido. Sin embargo, lo que proviene de la vida de Dios superará el paso del tiempo. Esta prueba del tiempo proviene de Dios; nos hace ver lo que es la vida y lo que es el comportamiento.

Permítame mencionar aquí algunos asuntos personales para ejemplificar la diferencia entre la vida y el comportamiento. Poco después de creer en el Señor, oí que los que asistían a los seminarios eran devotos en su vivir diario, su comportamiento y su actitud y que también eran muy reverentes para con el Señor. Cuando oí eso, los admiré mucho. Más tarde, también oí que alguien, después de ser salvo, se convirtió en una persona totalmente diferente. Al oír esto, me conmoví aun más. De allí en adelante, me resolví a tener el vivir devoto de los seminaristas. Yo también quería ser un cristiano que fuera totalmente diferente de lo que era antes. Así que, cada día me esforcé para comportarme bien y aprender. Todo eso no provenía de la vida, sino de influencias exteriores y de la admiración de mi corazón. Con mis propios esfuerzos hice todo lo posible para imitar a otros; así que, era totalmente una forma de comportamiento.

Consideremos otro ejemplo. En aquel entonces, la costumbre de celebrar el año nuevo todavía prevalecía entre los chinos. Sin embargo, el Señor me había librado de tales cosas y ya no tenían terreno en mí. En la mañana del primer día de aquel año, después de levantarme, me arrodillé como siempre para orar y para leer la Biblia, y experimenté plenamente la presencia del Señor. Cuando terminé mi oración y me levanté, mi madre me dijo que me pusiera la túnica nueva que había sido preparada para mí. La tomé sin darle importancia, me la puse, y fui con mi familia para comer la cena del Año Nuevo. Después de haber comido, cuando regresé a mi cuarto, de nuevo me arrodillé y oré, pero extrañamente había perdido la presencia de Dios por dentro. Me sentí como si Dios en mí se hubiera ido. Luego sentí profundamente que no debía haberme puesto aquella túnica. Me la quité inmediatamente y me puse la túnica vieja. Entonces volví a orar. Esta vez toqué la presencia de Dios; sentí que Dios había regresado.

Oh, hermanos y hermanas, ¡esto es la vida! Esto no provino de una exhortación exterior, ni fue una resolución o cierta clase de comportamiento exterior; tampoco fue una enseñanza, práctica, o imitación. Fue la vida de Dios en la parte más profunda de mi ser la que me dio cierta consciencia y me hizo saber que no debía vestirme de aquel traje nuevo. Este sentir interior también fue el poder de vida, el cual me rescataba. De allí en adelante, ya no me interesaba la costumbre de celebrar fiestas. Qué diferencia entre esta experiencia y la del ejemplo anterior de la admiración e imitación exteriores. Esta es la expresión de vida.

En 1940 en Shanghái, se celebró una reunión de entrenamiento para los colaboradores, y muchos asistieron. En aquel tiempo un hermano me dijo: "Si el crecimiento en vida de los hermanos y hermanas que se quedan aquí no es suficiente, tendrán que actuar más". Estas palabras son muy significativas, porque en tal ambiente uno naturalmente actuará de una manera un poco más devota y un poco más espiritual. Todas estas actividades no son vida.

Cuando respondemos con cierta forma de vivir debido a la influencia de cierto ambiente o debido a la admiración o el temor, dicho vivir no es más que una actuación, una forma de comportamiento; y un día, cuando el ambiente cambie, nuestro comportamiento también cambiará. Así que, nuestro vivir no debe ser el resultado de la influencia del ambiente, sino del sentir de la vida que proviene de nuestro interior. Cuando el ambiente exterior me conviene, vivo así; cuando el ambiente exterior no me conviene, también vivo así. El ambiente puede cambiar, pero mi vivir no debe cambiar. Entonces tal vivir proviene de la vida.

Ahora que hemos visto la diferencia entre la vida y el comportamiento, debemos examinar nuestro propio vivir y revisarlo punto por punto. ¿Cuánto de ello no es una actuación? ¿Cuánto de ello no es imitación? ¿Cuánto de ello vivimos por la vida en nosotros? Cuando nos examinemos así, inmediatamente veremos que mucho de nuestro vivir sólo es comportamiento, imitación, sumisión y adaptación a ciertas reglas debido a la influencia exterior; muy poco se vive por medio de la vida interior. Esto indica que no hemos abandonado completamente el comportamiento del esfuerzo humano.

Entonces, ¿cómo podemos dejar el comportamiento del esfuerzo humano y expresar la vida en nuestro vivir? Debemos darnos cuenta de que el comportamiento nace de la exhortación o enseñanza de otra persona o de nuestra propia imitación y práctica, mientras que la vida brota de la iluminación de Dios. El comportamiento no requiere nada de iluminación; puede efectuarse por medio del esfuerzo humano. Sin embargo, sólo el resplandor de la luz puede producir la vida. Por lo tanto, si queremos ser librados de nuestro comportamiento y vivir la vida, debemos ser iluminados. Sin iluminación, lo máximo que podemos llevar a cabo es una clase de comportamiento; pero con el resplandor de la luz, podemos vivir la vida.

II. LA VIDA PROVIENE DE LA LUZ

Toda la Biblia revela que la vida proviene del resplandor de la luz. Cuando la luz entra, la vida la sigue. Donde hay luz, hay vida. La cantidad de vida está en proporción directa con la cantidad de luz. Génesis 1 y 2 dicen que antes de que Dios comenzara Su obra de recobro, toda la tierra estaba vacía y oscura, lo cual significa que estaba llena de muerte, pues la oscuridad es el símbolo de la muerte. Así que, el primer paso en la obra de Dios fue mandar la luz. Cuando vino la luz, destruyó la muerte que pertenecía a la oscuridad y comenzó a introducir la vida. Por consiguiente, la vida sigue la luz, y la vida comienza a partir de la luz.

El primer día Dios mandó que brillara la luz; luego, en el tercer día, la vida vegetal fue producida. Para la vida vegetal, la luz del primer día era suficiente. Pero para una vida más alta se requería una luz más fuerte. Por lo tanto, en el cuarto día, Dios mandó que resplandecieran el sol, la luna y las estrellas. De esta manera, la vida más alta fue introducida. No sólo había aves, peces, bestias y toda clase de vida animal, sino también la vida del hombre, quien fue creado a la imagen de Dios. Finalmente, en el séptimo día, Dios, representado por el árbol de la vida, apareció. Dios, siendo la luz más alta, introdujo la vida más elevada, la cual es la vida de Dios. El proceso de la aparición de las varias especies de vida nos muestra que la vida siempre sigue la luz. La vida comienza con la luz, y la vida llega a ser más elevada cuando la luz se intensifica.

La luz del primer día no era concreta; por lo tanto, produjo la vida vegetal, la vida más inferior, una vida sin consciencia. Esta simboliza el resplandor de la luz que recibimos por dentro cuando fuimos salvos (2 Co. 4:6). Aunque esta luz introdujo en nosotros la vida de Dios, sólo nos impartió vida en su etapa inicial, una vida que no tenía mucha sustancia y que no tenía forma.

La luz del cuarto día tenía más intensidad que la luz del primer día. Era más clara y definida, más concreta. Por eso introdujo una vida más elevada, la vida animal. Debido a que esta luz era más sustancial e intensa, la vida también tenía más sustancia y era más elevada. La luz progresaba y, por consiguiente, la vida también progresaba. Esto tipifica nuestra experiencia: cuando la luz brilla en nosotros de manera más intensa, más clara, más definida y más concreta, la vida en nosotros también crece y llega a ser más definida en forma. Así Cristo es "formado" dentro de nosotros.

La luz del séptimo día fue la más elevada; así que introdujo la vida más elevada, la vida de Dios, representada por el árbol de la vida. Cuando la luz llegó a la cumbre, la vida también llegó a la cumbre. Cuando la luz llega a ser completa, la vida también llega a ser completa. Cuando el resplandor de la luz que hemos recibido llegue a la cumbre dentro de nosotros, nuestra vida espiritual también habrá llegado a ser completa y madura y habrá llegado al punto de ser completamente semejante a Dios.

En los capítulos 1 y 2 de Génesis, el Espíritu Santo nos muestra continuamente que la vida sigue la luz. Nos muestra que la luz está dividida en tres etapas: el primer día, el cuarto día y el séptimo día; por lo tanto, la vida también está dividida en tres etapas. La luz señala el comienzo de cada etapa. La luz de una etapa particular introduce la vida de aquella etapa. El grado de luz que tiene esa etapa determina el grado de vida que se introduce.

El propósito de Dios era que el hombre, creado a la luz del cuarto día, tocara el árbol de la vida, que fue manifestado a la luz del séptimo día, y que así recibiera la vida increada de Dios representada por ese árbol. Desafortunadamente, antes de que el hombre recibiera esa vida, Satanás intervino para tentarlo. Persuadió al hombre a recibir la vida de Satanás, representada por el árbol del bien y del mal, y así el hombre fue corrompido. Luego, puesto que el hombre había sido corrompido, Dios no pudo sino bloquear el árbol de la vida para que el hombre no lo tocara (Gn. 3:24). De esta manera, la vida introducida por la luz del séptimo día fue hecha a un lado. Luego, Dios mismo se hizo carne y vino a la tierra para ser luz y vida. Juan habló de El, diciendo: "En El estaba la vida, y la vida era la luz de los hombres" (Jn. 1:4). El mismo dijo: "Yo soy la luz del mundo; el que me sigue ... tendrá la luz de la vida" (Jn. 8:12). Así que, la venida del Señor Jesús a la tierra significaba que la luz del séptimo día, junto con la vida del séptimo día, volvió a manifestarse entre los hombres para que todos los que creyeran en El y lo recibieran, recibieran esta vida. De esta manera, se cumple la intención original de Dios.

En los capítulos 21 y 22 de Apocalipsis aparece la Nueva Jerusalén. En aquella ciudad se encuentra la luz de la gloria de Dios; por lo tanto, no hay necesidad de la luz del sol ni de la luna. No hay noche tampoco. Al mismo tiempo, en medio de la calle de la ciudad, corre un río de agua de vida, y a uno y otro lado del río, está el árbol de la vida. Todos los salvos pueden beber libremente del agua de vida y participar del árbol de la vida. Así que, el interior de esa ciudad está lleno de luz y vida. Por una parte, la luz ahuyenta a las tinieblas; por otra, la vida absorbe la muerte. Esta es la escena gloriosa que sucede cuando la vida en la luz del séptimo día es recibida por los hombres y mezclada con ellos. Además, es la máxima consumación de Dios recibido por los hombres como vida en luz.

Todos estos pasajes muestran que en toda la Biblia hay una línea que habla continuamente de la vida y la luz juntamente. Donde hay luz, hay vida. Este es un gran principio en la Biblia. Salmos 36:9 dice: "Porque contigo está el manantial de la vida; en tu luz veremos la luz". Esto también habla claramente de la relación entre la vida y la luz. La vida siempre sigue la luz, y sólo la luz puede producir la vida.

Por lo tanto, si queremos saber cuál es la condición en vida de cierto hombre, debemos considerar cuánta luz interior tiene. Frecuentemente pensamos que si un hombre llega a servir con un poco más de celo, su vida ha crecido; o si es un poco más devoto, su vida ha mejorado. Tales conceptos están totalmente incorrectos. La vida no consiste en el celo de un hombre; tampoco consiste en la devoción de un hombre. La vida tiene una sola esfera y una sola fuente: la luz. La vida reside en la luz; la vida también proviene de la luz. Para determinar si una persona ha crecido en vida, debemos observar cuánta luz tiene interiormente.

Por lo tanto, si queremos ayudar a otros a crecer en vida, debemos ayudarlos a ser iluminados. Si otros pueden recibir iluminación de nosotros, pueden crecer en vida. Por ejemplo, en el ministerio de la Palabra, si lo que decimos sólo es una clase de exhortación o enseñanza, sólo puede inspirar a otros, influenciarlos o hacer que mejoren su comportamiento; no puede producir el resultado final de la vida. Nuestra obra entonces sólo puede tener un efecto temporal; su resultado no podrá durar mucho. Si nosotros mismos hemos sido iluminados y si vivimos en el resplandor de la luz, entonces nuestras palabras pueden traer luz, la cual hace manifiestos los verdaderos problemas de los hombres. (Efesios 5:13 habla de eso al decir que todas las cosas que son reprendidas son hechas manifiestas por la luz.) Después de que los hombres oigan estas palabras, tal vez no se acordarán de la doctrina con mucha claridad, pero en lo más profundo de su ser quedará algo vivo que los conmoverá constantemente, los tocará y efectuará cambios en su vivir diario. Tales cambios no son la reforma exterior efectuada por el esfuerzo humano, sino la manifestación de la vida, la cual proviene de la iluminación interior que reciben; por lo tanto, el resultado podrá perdurar sin cambio.

En la predicación del evangelio se aplica el mismo principio. Algunos que predican el evangelio pueden convencer a los hombres con sus palabras; no obstante, no consiguen que los hombres toquen interiormente la luz resplandeciente del evangelio. Por lo tanto, aunque un hombre dice con su boca que cree e incluso en su corazón está resuelto a creer, no puede recibir vida en su interior para nacer de nuevo y ser salvo. No obstante, algunas personas que predican el evangelio, predican palabras que están llenas de luz. Mientras los hombres escuchan, la luz del evangelio resplandece en ellos. Puede ser que continuamente nieguen con la cabeza y digan: "No creo", pero después de regresar a casa, en su interior algo les dice continuamente: "¡Cree, cree!". Luego no pueden sino creer. Esto es el resultado de ese resplandor de luz el cual hace que los hombres reciban luz interiormente y que así nazcan de nuevo y sean salvos. Todos estos ejemplos revelan que la vida procede de la luz. Con luz, la vida puede ser producida; sin luz, la vida no puede ser producida. En verdad la vida nace de la luz.

III. LA LUZ ESTA EN LA PALABRA DE DIOS

Dado que la vida reside en la luz, entonces ¿dónde reside la luz? En la Biblia vemos que esa luz reside en la Palabra de Dios. Esto también es un gran principio de la Biblia. Salmos 119:105 dice: "Lámpara es a mis pies tu palabra, y lumbrera a mi camino". Y el versículo 130 dice: "La exposición de tu palabra alumbra". Estos versículos nos muestran que la luz reside en la Palabra de Dios. Cuando obtenemos la Palabra de Dios, obtenemos luz. La razón por la cual no tenemos luz consiste en que carecemos de la Palabra de Dios.

La Palabra de Dios que mencionamos aquí no es la palabra escrita de la Biblia, sino la palabra que el Espíritu Santo nos habla en nuestro interior. La Biblia es la Palabra escrita de Dios; ciertamente eso está correcto. Pero esta Palabra, compuesta de meras letras, no tiene el poder de la luz resplandeciente y no puede ser luz para nosotros. Sin embargo, cuando el Espíritu Santo revela nuevamente la palabra de la Biblia, abriéndola y haciéndola viva para nosotros, entonces la Palabra tiene el poder de la luz resplandeciente y puede ser nuestra luz. Si sólo leemos la Biblia, aunque la leamos con esmero e incluso la aprendamos de memoria, lo que obtendremos simplemente es doctrina en letra. Todavía no hemos obtenido la Palabra de Dios; así que no hemos obtenido luz. Cuando el Espíritu Santo en nuestro espíritu nos da revelación, abriéndonos la palabra de la Biblia, esa palabra llega a ser la Palabra viva de Dios que puede proporcionarnos la luz de Dios.

En Juan 6:63 el Señor dice: "Las palabras que Yo os he hablado son espíritu y son vida". Aquí el Señor habla de palabras, espíritu y vida: tres cosas juntas. Puesto que la vida y el espíritu están en nosotros, está claro que las palabras que el Señor menciona aquí deben de también referirse a las palabras habladas en nuestro interior, y no a las letras exteriores de la Biblia. Todas las palabras fuera de nosotros son simple conocimiento; no son luz. Sólo las palabras que entran en nuestro espíritu son las palabras de Dios, vivas y resplandecientes. Si al tomar la Biblia ejercitamos constantemente nuestro espíritu en comunión para leer y abrimos nuestro espíritu para recibir, las palabras de la Biblia serán espíritu y vida para nosotros. Podrán entrar en nuestro espíritu y convertirse en palabras vivas, las cuales traen consigo la luz de vida.

Puesto que la luz está en la Palabra de Dios, debemos respetar la Palabra de Dios. Cuando el Espíritu Santo nos habla en nuestro interior, debemos obedecerlo de manera absoluta y no ser negligentes ni desobedientes. Isaías 66:2 dice que Dios mirará a aquel que tiembla a Su Palabra. El versículo 5 dice que el que tiembla a la Palabra de Dios debe escuchar Su Palabra. Si desobedecemos la Palabra de Dios, rechazamos la luz de Dios. Cuando rechazamos la luz, la luz se esfuma. Cuando la luz se esfuma, la vida también se va, la presencia del Espíritu Santo y de Dios se retira y todas las riquezas espirituales y bendiciones espirituales también se pierden. ¡Esto realmente es una gran pérdida! Por tanto, cuando alguien que en realidad conoce a Dios toca la Palabra de Dios, teme y tiembla y no se atreve a rechazarla ni desobedecerla.

Si Dios habla a usted una vez y no le presta atención, si El le habla otra vez y usted lo desobedece, y si por tercera vez El le habla y usted de nuevo lo pasa por alto, ciertamente no hay ni una pizca de luz en usted, ni la más mínima abertura, ni tampoco tiene la luz manera alguna de entrar. Si usted obedece todo lo que Dios le diga, su experiencia es muy diferente: Su primer acto de obediencia a la Palabra de Dios produce una abertura interior por la cual la luz puede resplandecer; y cuando usted obedece la Palabra de Dios otra vez, hay otra abertura a través de la cual más luz puede brillar. Si sigue obedeciendo así, será como uno de los cuatro seres vivientes, que estaban llenos de ojos alrededor y por dentro (Ap. 4:8), y que estaban muy transparentes, llenos de luz y llenos de vida. Por tanto, vemos que la vida está en la luz, y la luz está en la Palabra de Dios.

IV. LA LUZ ES EL SENTIR INTERIOR

Hemos visto que la luz está en la Palabra de Dios y que esta Palabra de Dios se refiere a la palabra que el Espíritu Santo nos habla interiormente; por lo tanto, la luz que recibimos no es una luz exterior y objetiva, sino una luz interior y subjetiva.

Juan 1:4 nos dice que la vida de Dios está en el Señor Jesús, y que esta vida es la luz de los hombres. Cuando recibimos al Señor Jesús como Salvador, esta vida entra en nosotros y llega a ser nuestra "luz de la vida" (Jn. 8:12). Por consiguiente, hablando con propiedad, esta luz no es una luz objetiva que nos ilumina desde afuera, sino una luz subjetiva que nos ilumina desde nuestro interior.

Efesios 1:17-18 dice que cuando recibimos el espíritu de revelación, los ojos de nuestro entendimiento son alumbrados, lo cual también significa que recibimos por dentro el resplandor de la luz. Puesto que la revelación del Espíritu Santo es un asunto interno y subjetivo, la luz que esta revelación trae consigo ciertamente no debe ser una luz objetiva fuera de nosotros, sino una luz subjetiva dentro de nosotros.

Debido a que la luz está dentro de nosotros, cada vez que la luz brilla, nos proporciona cierta consciencia o sensibilidad interior. Así que, podemos decir que esa luz es nuestro sentir interior. Consideremos mi ejemplo de llevar la túnica nueva en el tiempo del año nuevo. Al llevarla, no sentí paz por dentro. Aquella sensación fue la iluminación interior. Así que, la luz interior es el sentir interior, y el sentir interior también es la luz interior. Hace más de diez años, casi nunca usamos esta palabra, *sentir*. Ahora entendemos claramente que si hablamos del resplandor de la luz, no podemos evitar hablar de un sentir, porque el sentir que tenemos interiormente es la iluminación que obtenemos.

Hoy en día, si estamos en luz o en tinieblas, si hemos sido iluminados mucho o poco, depende de la condición de la sensibilidad dentro de nosotros. Una persona sin sensibilidad interior está en tinieblas y no permite que la luz de Dios resplandezca en él. Una persona que tiene sensibilidad interior está llena de luz y es transparente.

Hay algunos hermanos y hermanas cuya condición delante del Señor es semejante. Cuando otros tienen contacto con ellos, sienten que éstos son transparentes y tan claros como el cristal. Me dijeron que había un hermano que daba a otros la impresión de ser transparente cada vez que hablaba. Esta palabra es cierta. Cuando algunos hablan, uno siente que no son transparentes. Otros, según parece, tienen un poco de luz interiormente, pero no son exactamente transparentes. Y otros todavía, tan pronto como se levantan y hablan, nos hacen sentir que son completamente transparentes. Son así porque están llenos del sentir interior. Siempre pasa que cuanto más consciencia tiene un hombre, más transparente es.

¿Cómo podemos estar llenos de este sentir y llegar a ser transparentes? Esto depende de nuestra manera de tratar al Espíritu Santo cuando nos ilumina y nos hace conscientes. Si no obedecemos esta consciencia dada por el Espíritu Santo, no seremos transparentes interiormente, y nuestra capacidad de sentir inevitablemente se volverá lerda y embotada. Si desobedecemos una y otra vez, con el tiempo la consciencia interior vendrá a ser más embotada, más borrosa, hasta que se quede completamente endurecida, sin sensibilidad. Si estamos dispuestos a obedecer continuamente la sensibilidad dada por el Espíritu Santo, el Espíritu Santo ganará más terreno en nosotros y tendrá más y más oportunidad de obrar; la iluminación se hará más y más clara y la consciencia será más rica y más sensible.

V. LA ILUMINACION DEPENDE DE LA MISERICORDIA DE DIOS

¿Cómo podemos recibir iluminación? ¿De qué depende la iluminación? Por parte de Dios, la iluminación depende totalmente de la misericordia de Dios. Tendrá misericordia del que El tenga misericordia, y se compadecerá del que El se compadezca (Ro. 9:15). El que recibe revelación es aquel a quien Dios dé revelación. El que obtiene iluminación es aquel a quien Dios ilumine. Depende de Dios totalmente, y no de nosotros. Así que, nadie puede reclamar luz y nadie puede controlar la luz. Cuando la luz viene, viene sola, sin que la busquemos. Cuando la luz no viene, aun cuando uno la busque, no vendrá. Es precisamente como la salida del sol. Cuando sale el sol, sí sale. Puede ser que usted no quiera que salga, pero no le escuchará. Cuando el sol no sale, no sale; aunque usted quiera que salga, no le escuchará. De igual manera, si Dios nos ilumina, podemos ser iluminados; pero si Dios no nos ilumina, no podemos hacer nada. Saulo se había opuesto a Dios y no tenía ningún deseo de buscar la luz; no obstante, un día, mientras iba por el camino a Damasco, se le apareció la luz del cielo, haciéndolo postrarse y ser bendecido en gran manera (Hch. 9:3-4). Dios tuvo misericordia de él. Así que, la luz de Dios no es controlada por la mano del hombre, sino por la mano de Dios. Depende totalmente de la misericordia de Dios.

Por lo tanto, si queremos ser iluminados, sólo podemos esperar a Dios, mirar hacia El y confiar en El; no hay nada más que podamos hacer. Al hacer otras cosas, nosotros mismos podemos decidir, pero no podemos decidirnos a ser iluminados. No podemos decir que el hermano fulano de tal sabe leer la Biblia, y yo también sé leer la Biblia; que él puede recibir luz de la Biblia, y que yo también puedo recibir luz de la Biblia. Le es difícil a las personas que piensan así obtener la luz.

Algunos santos tal vez digan que aunque no podemos controlar la luz natural, podemos fabricar nuestra propia luz al usar electricidad o al encender lámparas de aceite o velas. Sin embargo, si queremos ser iluminados en asuntos espirituales, no podemos hacer esto. Sólo podemos esperar que Dios resplandezca. Si Dios no nos ilumina, ciertamente no debemos fabricar luz por nosotros mismos, ni buscarla por nuestra propia cuenta. Con respecto a esto, Isaías 50:10-11 dice: "¿Quién hay entre vosotros que teme a Jehová, y oye la voz de su siervo? El que anda en tinieblas y carece de luz, confíe en el nombre de Jehová, y apóyase en su Dios. He aquí que todos vosotros encendéis fuego, y os rodeáis de teas, andad a la luz de vuestro fuego, y de las teas que encendisteis. De mi mano os vendrá esto; en dolor seréis sepultados". En toda la Biblia, éste es el pasaje que habla con más claridad acerca del asunto de ser iluminado. Por un lado, nos indica la manera correcta: si tememos a Dios, obedecemos la voz de Dios pero si de repente caímos en tinieblas y nos falta la luz, no debemos hacer nada más que confiar en el nombre del Señor, apoyarnos en nuestro Dios y esperar hasta que resplandezca la luz de Dios. Esto se debe a que sólo Dios es luz, sólo Dios es la fuente de luz y sólo a la luz de Dios podemos ver luz. Por otro lado, este versículo nos advierte que cuando no tenemos luz, no debemos buscar salida por nosotros mismos encendiendo un fuego o fabricando nuestra propia luz. Si no esperamos a Dios y, al contrario, nos rodeamos de luz hecha por nosotros, aunque andemos un rato a la luz de nuestro propio fuego, al final en dolor seremos sepultados.

Al mismo tiempo, no podemos pedir prestada la luz de otros, tomando la luz que otros han recibido como si fuera nuestra para nuestro uso. Por ejemplo, supongamos que en una reunión de comunión alguien da testimonio de que, al encontrar problemas, aceptó la obra de la cruz y así fue bendecido por Dios. Quizás después de oír un testimonio así, cierto hermano se conmueva en gran manera y al regresar a casa se resuelva a aceptar la obra de la cruz de allí en adelante. Aunque esto no es buscar luz por su propia cuenta ni fabricar luz, es tomar prestada la luz de otros; es tomar la luz que otros han recibido como si perteneciera a uno mismo. El que hace esto, dentro de poco, indudablemente abandonará tal luz. Por tanto, la luz prestada no tiene utilidad; no puede tomar el lugar de la luz verdadera.

Entre nosotros los que temen a Dios y oyen Su voz pero se encuentran en tinieblas, deben recordar que no deberían hacer otra cosa que confiar en Dios, apoyarse en Dios, mirar hacia El de todo corazón, esperarle tranquilamente y buscar Su misericordia una vez más. Cuando Dios viene, cuando Dios nos concede Su misericordia, la luz de Su rostro es nuestra luz, Su aparición es nuestra visión y Su presencia es nuestra ganancia. Si sólo lo tocamos, vemos luz. El momento en que esconde Su rostro de nosotros, inmediatamente quedamos en tinieblas. Por mucho que nos esforcemos para obtener luz, es inútil; no importa cuánto luchemos, es en vano. No se trata de una falta de disciplina por parte de usted y por eso no puede ver la luz, y que para mí, por ser un poco piadoso, la luz viene; no es asunto de que usted, por ser un poco perezoso no puede ver la luz, y que yo, por ser un poco diligente veo la luz. La iluminación no depende de nuestro esfuerzo y lucha, sino de la misericordia de Dios. ¡Que lástima es que hoy en día haya muchos que fabrican su propia luz al encender lámparas y fuegos! Cuando llegan las tinieblas, no esperan el alba, hasta que salga el sol; ellos mismos van y encienden un fuego para fabricar luz por sí mismos. Dios dice que todos los que encienden un fuego para iluminarse a sí mismos terminarán en dolor. Esto es el decreto de Dios. ¡Qué asunto más serio es éste! Que nos sometamos y temamos a Dios acudiendo a El para recibir misericordia.

VI. LA MANERA DE SER ILUMINADOS

Ya que la iluminación depende totalmente de la mano soberana de Dios y de Su misericordia, entonces ¿debemos ser completamente pasivos e indiferentes? No, de ninguna manera. Por la enseñanza de la Biblia y en nuestras propias experiencias, vemos que todavía tenemos responsabilidad. En 2 Corintios 4:6 dice: "Porque el mismo Dios que dijo: De las tinieblas resplandecerá la luz, es el que *resplandeció* en nuestros corazones..." Este versículo nos dice que Dios ya ha tenido misericordia de nosotros, que ya ha resplandecido sobre nosotros. El Dios que resplandece en nuestros corazones es nuestra luz. Si somos salvos, ya tenemos a Dios en nosotros, y ya tenemos luz. Por lo tanto, la pregunta ahora no radica en la manera de pedir luz o de buscar luz, sino en cómo obtener iluminación o permitir que la luz resplandezca. Cuando el sol ya ha salido, no necesitamos buscar el sol otra vez; sólo necesitamos recibir su resplandor. Solamente los insensatos buscan el sol cuando ya pasó el alba. Efesios 5:14 dice: "Despiértate, tú que duermes, y levántate de los muertos, y te alumbrará Cristo". Usted solamente necesita despertarse; entonces recibirá el resplandor. Así que, la iluminación es un asunto de obtener, de aceptar; no es asunto de reclamar o buscar. La responsabilidad que tenemos consiste en quitar los velos a fin de aceptar la luz y ser iluminados. Esto incluye por lo menos los puntos siguientes:

En primer lugar, debemos desear la iluminación. Debido a que la luz no depende de nuestra petición ni nuestra búsqueda, sino de que la aceptemos y la recibamos, entonces nuestra disposición a aceptarla y recibirla es la primera condición para ser iluminados. El sol ya ha salido; así que no es necesario que usted busque ni pida; sólo necesita ser alumbrado por la luz y recibir el resplandor de la luz. Si usted no está dispuesto a recibir el resplandor, si usted no quiere ser alumbrado, sino que se cubre continuamente, entonces, aun cuando haga sol todos los días, todavía no podrá alumbrarlo a usted. Pasa lo mismo con la luz de la vida; ya ha resplandecido en nosotros. Hoy en día, no esperamos la luz, más bien la luz nos espera a nosotros. La luz está dentro de nosotros, esperando constantemente que recibamos su alumbramiento. Por lo tanto, si queremos la iluminación y la aceptamos, podemos ser iluminados. Si no la queremos ni la aceptamos, es difícil que seamos iluminados.

Hoy en día muy pocos realmente desean la iluminación. Algunos no la desean porque en su corazón son indiferentes, y otros no la desean porque han decidido rechazarla. Miles de cosas se han convertido en velos que cubren la luz que está en nosotros. Si no estamos dispuestos a quitar los velos, seremos personas que no quieren la iluminación y la rechazan. Entonces, obviamente no podremos ser iluminados. Por ejemplo, en la mañana, cuando leemos la Biblia y oramos, si realmente deseamos el alumbramiento, sin duda vendrá. Cuando viene la iluminación, entonces podemos ver algo interiormente. Esta visión es nuestro sentir interior. Cuando tenemos cierta consciencia en lo profundo de nuestro ser, esto demuestra que ha llegado el resplandor de la luz. Ahora la pregunta es si vamos a obedecer el sentir de este alumbramiento. Si obedecemos el sentir de este resplandor y eliminamos ciertas cosas, entonces nos quitamos los velos. De este modo, somos los que deseamos el resplandor de la luz y lo aceptamos, y tendremos el resplandor continuamente. Si no eliminamos las cosas conforme al sentir del resplandor, significa que no estamos dispuestos a quitarnos los velos. Entonces somos los que no quieren el resplandor, que rechazan el resplandor de la luz. Por eso no podemos obtenerlo.

En segundo lugar, debemos abrir nuestro ser al Señor. El Señor es luz; así que, si todo nuestro corazón está dirigido a El, ciertamente tendremos luz; pero si nos apartamos de El y nos inclinamos hacia otras cosas, ciertamente no tendremos luz. En 2 Corintios 3:16 dice: "Cuando su corazón se vuelve al Señor, el velo es quitado". Cuando el corazón no está dirigido al Señor, el velo se queda allí; pero cuando se vuelve al Señor, el velo es quitado. Luego uno puede ver al Señor cara a cara; uno puede ver la luz. Por lo tanto, si queremos recibir la iluminación, debemos abrir nuestro ser al Señor y, desde lo más profundo de nuestro ser, abandonarnos a El, poniéndonos delante del Señor sin la más mínima reserva. De esta manera será muy fácil recibir luz.

Sin embargo, el problema radica en la dificultad de abrir nuestro ser al Señor. Todavía nos escondemos frecuentemente; todavía nos guardamos. No sólo no nos atrevemos a abrir nuestro ser al Señor, ni siquiera nos atrevemos a orar al Señor. Somos como un niño que a veces tiene miedo de ver la cara de sus padres. Cuando sus padres lo llaman, contesta con la boca; sin embargo, no está dispuesto a venir, porque a espaldas de ellos él ha hecho cosas que no puede contarles. Oh, muchas personas tienen esta condición delante del Señor. Por tener cosas y asuntos que no agradan al Señor, ellos se esconden y se guardan. Temen que el Señor toque estas cosas y asuntos y, en tal caso, ¿qué harían? Quizás el Señor quiera que eliminen tales cosas y asuntos, y entonces ¿qué harían? Tal vez el Señor quiera que se sometan a El en algo que ellos estiman mucho; entonces, ¿qué harían? Debido a que tienen tanto miedo de ser iluminados por el Señor, no se atreven a abrirle su ser. Por lo tanto, son como una hoja de papel bien enrollada, nunca dispuestos a desplegarse y permitir que Dios escriba las palabras que quiere escribir.

Aunque estas personas que no están dispuestas a abrir su ser al Señor siguen usando su mente para escuchar mensajes y leer la Biblia, los mensajes que oyen y la Biblia que leen sólo vienen a ser una referencia con la cual juzgan a otros, un instrumento con el cual critican a otros, mientras que ellos mismos no reciben nada de luz. Esta situación es parecida a la de un hombre que está en un cuarto por la noche. Si el cuarto tiene luz, no puede ver claramente las cosas que están afuera; si el cuarto está oscuro, puede ver muy claramente las cosas que están afuera. De la misma manera, los que se cierran al Señor son expertos en juzgar y criticar a otros. Entienden claramente la condición de otros, pero no saben nada con respecto a su propia condición. ¡Esto prueba que están totalmente en tinieblas!

Tales personas que no están dispuestas a abrir su ser al Señor incluso predican y trabajan para el Señor. Aunque ellos mismos no están dispuestos a aceptar la iluminación, pueden persuadir a otros a buscarla. Aunque frecuentemente esperan que el Señor les conceda gracia y que les dé vida abundante para equiparlos y concederles dones para que puedan ministrar y obrar, tienen miedo del resplandor del Señor e incluso lo rechazan. Por lo tanto, las palabras que ministran y las obras que hacen no son más que exhortaciones muertas que no pueden impartir a los hombres el resplandor vivo.

Cuando un hombre no está dispuesto a abrir su ser al Señor, viene a ser vacío y desierto interiormente, oscuro y sin luz. Es semejante a estar en un sótano: no importa cuán brillante sea la luz por fuera, no puede alumbrar el interior. Pero, para el que está abierto al Señor, la condición es totalmente diferente. Se entrega completamente y desde el interior hasta el exterior expone todas sus cosas delante del Señor sin ninguna reserva, dejando que la luz de Dios resplandezca. Dicha persona definitiva y frecuentemente obtendrá iluminación. Ya sea al oír un mensaje o al leer la Biblia, en cuanto recibe el resplandor de la luz, lo acepta con humildad, por un lado está triste y por otro adora al Señor. Está triste debido a su propia desolación y fracaso; adora al Señor por Su misericordia y por el resplandor de Dios. Por estar en la luz, no ve las fallas de los demás, sino sólo sus propias deficiencias. Así que, no condena a otros; sólo siente que él mismo es una persona muy despreciable, como un gusano o una larva, que no puede alzar la cabeza delante del Señor santo. También acude a Dios por misericordia, pide que Dios lo salve y está dispuesto a recibir una iluminación más profunda. De esta manera, la luz de Dios lo ilumina continuamente por dentro, y la vida de Dios crece en él continuamente. Entonces llega a ser una persona transparente, llena de consciencia.

En tercer lugar, debemos detenernos. ¿Qué significa detenernos? Consiste en poner fin a nuestro punto de vista, a nuestra manera de enfocar las cosas, a nuestros sentimientos, nuestras opiniones y nuestras palabras, etc. Todos sabemos que no es fácil detenernos. Sólo hay unos pocos que realmente pueden detenerse así. No obstante, ser incapaces de detenernos también es un velo, un gran velo, que impide que seamos iluminados.

Por ejemplo, cuando algunos hermanos leen la Biblia siempre lo hacen con sus propios sentimientos e ideas, e introducen sus propios pensamientos en el significado. La Biblia dice claramente: "Simón Pedro", pero cuando éstos lo leen, se convierte en "Pedro Simón". La Biblia dice claramente: "Pablo, apóstol de Jesucristo", pero cuando lo leen, se convierte en "Pablo, apóstol de Cristo Jesús". Cuando no están leyendo la Palabra de Dios, sus opiniones no se ven; pero en cuanto leen la Palabra de Dios, sus opiniones surgen. Por lo tanto, cada vez que leen la Biblia, no hay ni un solo pasaje sobre el cual no tengan opinión y sentimiento; sin embargo, no saben que dichas opiniones y sentimientos son madera, heno y hojarasca, es decir, que no tienen ningún valor. Algunos hermanos son así en su ministerio. Mientras predican, sus palabras vuelan por todo el cielo, sin punto central o principal. Algunos hermanos y hermanas, al escuchar el ministerio, sencillamente pasan por alto todos los puntos importantes y esenciales, aun después de muchas repeticiones. Sin embargo, recuerdan claramente los fragmentos, las palabras no esenciales, las cuales normalmente se olvidan después de hablar. Esto también se debe a que tienen muchos pensamientos y sentimientos que no pueden detener. Estos hermanos y hermanas, que siempre están sumamente ocupados exteriormente e interiormente se permiten el lujo de imaginaciones fantásticas, no pueden frenar ninguna parte de su ser. Como consecuencia, no pueden obtener nada de luz.

Hay un ejemplo de esto en el Nuevo Testamento. Lucas 10 y Juan 11 hablan de una persona que estaba muy ocupada y a quien no se podía detener: Marta. Lucas 10 relata cuán ocupada estaba exteriormente, mientras que Juan 11 narra cuán activa era interiormente. Podemos decir que toda su persona estaba en un frenesí de actividad. No sólo tenía muchas opiniones y sentimientos, sino que también tenía muchas palabras; no podía ser detenida ni por un momento. Por lo tanto, ninguna palabra de lo que el Señor le decía podía entrar en ella. Cuando se encontró con el Señor, antes de que el Señor pudiera abrir la boca, ella abrió la suya y le culpó, diciendo: "Señor, si hubieses estado aquí, mi hermano no habría muerto". El Señor le respondió: "Tu hermano resucitará". Y en seguida Marta tuvo una opinión y respondió: "Yo sé que resucitará en la resurrección, en el día postrero". Ella desenvolvió las palabras del Señor tan maravillosamente que el tiempo de la resurrección fue aplazado hasta muchos miles de años después. De nuevo, el Señor le dijo: "Yo soy la resurrección y la vida; el que cree en Mí, aunque esté muerto, vivirá. Y todo aquel que vive y cree en Mí, no morirá eternamente. ¿Crees esto?" Ella le dijo: "Sí, Señor; yo he creído que Tú eres el Cristo, el Hijo de Dios..." Su respuesta de ninguna manera contestó la pregunta que Él había hecho. No oyó en absoluto lo que el Señor había dicho; tenía muchas opiniones y era muy habladora. Cuando ella terminó estas palabras, se fue inmediatamente y llamó secretamente a su hermana María, diciendo: "El Maestro está aquí y te llama". Esto fue totalmente algo que inventó ella; fue su propia idea, propuesta para el bien del Señor. Los que son muy locuaces y que tienen muchas opiniones, son los que pueden dar sugerencias y expresar opiniones. Tales personas no pueden detenerse en absoluto; así que, están totalmente separadas de la luz por muchos velos, y en realidad no pueden ser iluminadas.

El problema de no poder detenerse reside en el hombre. Muchos leen la Biblia sin luz y escuchan el ministerio sin captar los puntos esenciales, no por ser pecaminosos y mundanos, sino por las muchas opiniones, sentimientos, ideas y palabras que tienen. Hablando con propiedad, el pecado y el mundo son como una prenda de vestir ya gastada, la cual no es difícil quitar. Pero nuestras opiniones, sentimientos e ideas no son tan fáciles de desechar. Esta es la razón por la cual hoy en día se han convertido en el velo más serio que tenemos por dentro; nos impiden obtener el resplandor del Señor.

Por lo tanto, si queremos ser iluminados, debemos calmarnos y detenernos. No sólo deben detenerse nuestras actividades exteriores; incluso las opiniones, sentimientos, ideas, puntos de vista y palabras que hay en nosotros deben detenerse. Cuando una persona que se ha detenido completamente se acerca al Señor, puede recibir simple y sencillamente la palabra del Señor. Todo lo que diga el Señor, lo oye y lo entiende. Cuando lee la Biblia, no introduce en ella su propia opinión y explicación; más bien, al leerla recibe el significado dentro de sí. Al principio, da la impresión de no comprender lo que lee. Pero cuando viene la luz, los grandes puntos de la Biblia resplandecen en él, proporcionándole revelación. Pasa lo mismo cuando escucha un mensaje. Toda su persona, desde el interior hasta el exterior, espera tranquilamente delante del Señor, deseando oír Su hablar. Por consiguiente, cuando las palabras son liberadas, puede captar el punto esencial del mensaje y recibir en su interior la palabra del Señor. Tal persona, debido a que tiene la capacidad de detenerse, puede recibir sin cesar la Palabra viva de Dios, la cual es la luz de Dios, porque la luz de Dios reside en la Palabra de Dios. Por lo tanto, el detenernos constituye el tercer requisito para ser iluminado.

En cuarto lugar, no debemos razonar con la luz. Este es otro requisito básico para ser iluminados. En cuanto tenemos la iluminación y el sentir por dentro, inmediatamente debemos aceptarlo, someternos y actuar en conformidad; no debemos permitir ninguna discusión al respecto. Cuando disputamos con la luz, la luz se retira.

Cuando el Espíritu Santo lleva a cabo esta obra de iluminación dentro del hombre, es un asunto muy frágil y delicado. En cuanto encuentra resistencia en el hombre, se retira. Es muy fácil que el Espíritu Santo se retire ante nuestra resistencia, pero pedirle que regrese resulta muy difícil. Aun cuando nos confesamos, nos arrepentimos y así obtenemos el perdón del Señor, puede ser que el Espíritu Santo no regrese inmediatamente. Descubrimos una situación

parecida al leer el libro Cantar de los Cantares. Cuando el
Señor tocó a la puerta de Su amada, ella no la abrió. Más
tarde, cuando ella se dio cuenta de lo que había hecho y fue
para abrir la puerta, no pudo encontrar al Señor. Cuando el
Señor se esconde de esta manera, nos está castigando.

No sólo el Espíritu Santo es el que trabaja de esta manera,
incluso los que tienen el ministerio del Espíritu Santo
trabajan así. Un siervo que conoce a Dios y es usado por Dios
siempre se alegra de ayudar a otros. Sin embargo, si usted
lo critica o resiste intencionalmente, él no contenderá, no
razonará ni discutirá con usted acerca de lo correcto o lo
incorrecto. El tiene una sola manera: sencillamente se retira,
porque no tiene nada más que decirle a usted y ya no puede
ayudarlo. Por tanto, la persona a quien le gusta contender es
necia, ¡y la pérdida que sufre es tremenda! ¡Debemos ejercer
mucho cuidado con respecto a una persona que tiene el
ministerio del Espíritu Santo! Usted puede criticar libremente
a los que andan por la calle, pero no debe criticar libremente
a alguien que tiene el ministerio del Espíritu Santo ni debe
disputar con él intencionalmente. Esto no significa que su
crítica no esté correcta ni que su argumento no sea razonable;
tal vez todas sus críticas estén correctas, y todos sus
argumentos sean razonables; no obstante, una cosa es cierta:
en cuanto lo critica y disputa con él, con respecto a usted su
ministerio se ha acabado. Tal vez él pueda ayudar a miles
de personas, pero a usted no. No rehusa ayudarlo; más bien
no puede ayudarlo. Aun cuando quiere ayudarlo, usted no
ganaría nada. ¡Qué asunto más serio es éste! ¡Cuán cuidadosos debemos ser!

Por tanto, con respecto al Espíritu Santo que nos habla
en nuestro interior y a los ministros que nos hablan por fuera,
no podemos entablar ni crítica ni disputa. La iluminación del
Espíritu Santo dentro del hombre no puede ser disputada,
porque una vez que entre en disputa con El, usted estará en
tinieblas por lo menos varios días. Este período de oscuridad
le servirá de castigo y también de recordatorio. Usted piensa
que no importa ofender a Dios una vez, porque todavía puede
pedir Su perdón. Sí, El puede perdonarlo, pero Dios tiene Su
gobierno; usted no puede escaparse del castigo que El tiene

para usted. Y si lo ofende muchas veces, su fin será aun más trágico. En el desierto, el pueblo de Israel disputó continuamente con Dios y le ofendió. Cuando llegaron a Cades-Barnea, se mostró la mano gubernamental de Dios: sólo pudieron regresar al desierto para vagar. Aunque lloraron y se arrepintieron, resultó imposible restaurar la situación. Así que, ya sea la iluminación que recibimos del Espíritu Santo o la iluminación que recibimos de los ministros de la Palabra de Dios, debemos obedecerla y no disputar. Esto también es un principio serio en la búsqueda de las cosas espirituales.

Cuando el Espíritu Santo nos ilumina, si estamos verdaderamente débiles y no podemos someternos, lo único que podemos decir es: "Oh Dios, debo obedecerte en este asunto, pero soy débil; ten compasión de mí". Esta actitud del corazón todavía pertenece a Su misericordia. Pero cuando somos iluminados es mejor someternos inmediatamente y no disputar en lo más mínimo. De esta manera permitimos que Dios nos ilumine continuamente.

En quinto lugar, debemos vivir continuamente en la luz. Cuando en cierto asunto recibimos iluminación y así llegamos a conocer la voluntad de Dios, no es cuestión de obedecer una sola vez y con eso basta. Debemos aprender a continuamente mantenernos bajo la iluminación que hemos recibido. Esto significa que cuando recibe iluminación en cierto asunto, usted debe someterse no sólo en ese momento particular, sino continuamente en conformidad con ese principio.

Estos cinco puntos son la manera de obtener la iluminación. Si delante del Señor prestamos la debida atención a estos cinco puntos, podemos obtener iluminación frecuente y vivir en la luz. En esta etapa, cualquier clase de guía que necesitemos por dentro, Dios nos la dará; cualquier clase de luz que nos haga falta, Dios nos la mostrará; y cualquier crecimiento que necesite nuestra vida, Dios, por medio del resplandor de la luz, hará que nuestra vida tenga tal crecimiento. ¡Que el Señor nos conceda Su gracia!

8.25